乡村旅游经营者多维目标研究

李　鹏　王秀红　著

国家自然科学基金项目(编号 41061056)
云南大学"211"工程三期重点学科项目　　资助
云南大学"中青年骨干教师培养计划"项目

科 学 出 版 社
北 京

内 容 简 介

本书首先分析了乡村旅游的研究及发展现状,然后选取具有代表性的上海、武汉、成都三地的农家乐入手,对乡村社区旅游经营者的多维目标进行了深入的研究,最后就我国乡村旅游经营者多维目标与澳大利亚昆士兰州乡村旅游经营者多维目标进行了对比分析,并指出了二者之间产生差异的原因。

本书适合乡村旅游经营者、农村基层干部、党校农村干部、旅游管理相关专业师生、旅游管理人员、乡村旅游专业研究人员等参考。

图书在版编目(CIP)数据

乡村旅游经营者多维目标研究 / 李鹏,王秀红著. —北京:科学出版社,2011

ISBN 978-7-03-032367-5

I. 乡… II. ①李… ②王… III. 乡村–旅游业–经营管理–研究 IV. ①F590.6

中国版本图书馆 CIP 数据核字(2011)第 189300 号

责任编辑:张 震/责任校对:纪振红
责任印制:钱玉芬/封面设计:无极书装

科 学 出 版 社 出版
北京东黄城根北街 16 号
邮政编码:100717
http://www.sciencep.com

骏 杰 印 刷 厂 印刷
科学出版社编务公司排版制作
科学出版社发行 各地新华书店经销

*

2011 年 10 月第 一 版 开本:B5 (720 × 1000)
2011 年 10 月第一次印刷 印张:13 3/4
印数:1—1 000 字数:261 000

定价:56.00 元
(如有印装质量问题,我社负责调换)

序　　一

乡村旅游是一种以乡村环境为背景，以农业生产生活为依托，以农事民俗为对象的旅游形式。近年来，乡村旅游以其特殊的魅力、迅猛的发展、满足近距离市场需求的特征，成为我国最具发展潜力的旅游活动。在我国，乡村旅游的作用不仅体现在满足人民群众需求、缩小城乡差距、提高生活质量等方面，而且体现在推动新农村建设、统筹城乡协调发展、推进乡村小城镇建设等领域。

从 20 世纪 80 年代现代意义上的乡村旅游产生以来，"农家乐"已成为我国乡村旅游最具代表性和典型性的旅游形式。"农家乐"以其自身独特的魅力反映着乡村旅游在中国的实践和探索，农家乐从内容到形式均深深地烙上了深刻的中国文化的印迹，延续了中华农耕文化深远的内涵和中国人对田园生活的追求。从字面上来讲，"农"即乡村性，是乡村旅游区别于其他旅游的本质特征；"家"即家庭性，这种乡村旅游的接待、经营大多以家庭为单位，具有浓厚的家庭氛围；"乐"即娱乐性，指农家乐主要是为城镇居民提供休闲娱乐的功能。李鹏、王秀红两位博士的《乡村旅游经营者多维目标研究》一书，为我们解读"农家乐"这一中国特色乡村旅游的内涵与外延、演变与形式、经营与管理、营销与推广等，无疑是一部颇具创新与启示意义的著作。

两位博士选择农家乐经营者这一在中国存在最广泛、最具代表性的乡村旅游经营者为研究对象，力图通过农家乐经营者这一独特视角来解析中国农民和农民问题，是一项极具价值且具有难度的研究工作。通过农家乐经营者这个小窗口来认识中国"三农"大问题，以小见大、以滴水窥江河、以一树览森林，使研究建立在实证与数据基础之上，尽管这种透视和剖析还有待深入，分析视野还可以进一步拓宽，但是作者的探索精神和执著的努力是值得鼓励与赞许的。作者选择"开办起始目标"、"正式经营目标"和"家庭相关目标"三个方面的指标来测度农家乐经营者的多维目标，运用需要层次理论、中小企业理论等，从农家乐经营者视角来解读中国农民的困惑与困难，来认识中国农民问题的深层原因与现实矛盾，因而该书的研究具有一定的探索性与创新性。书中字里行间表现出作者活跃的思维、缜密的分析、严谨的推导和孜孜不倦的探索精神。

该书的研究结论值得我们深思：西方乡村旅游经营者更大程度上是追求乡村

田园生活方式。经营者以农场生产活动为主，农家客栈旅游服务仅仅是农场的辅助和补充。中国乡村旅游经营者更大程度上是出于一种谋生的需要和生计考虑开展经营活动，经营者以旅游接待为主，家庭农业生产则成了旅游接待的辅助和补充。西方乡村旅游经营者更关注乡村生活品质和乡村本土文化，而中国农家乐经营者更多地看重经济目标和家庭关系的维系。

作为国内首部研究"农家乐"的学术著作，作者的研究工作前后历时六个年度，足迹遍布全国大江南北，反映出作者充满激情的探索精神和求真务实的严谨学风，对"农家乐"这一研究题材的挚爱和关注，以及对中国农民问题的关切与重视。

对关注乡村旅游的政府部门、管理部门、研究机构、大专院校、经营管理单位等的决策者、管理者、研究人员、教师、学生、经营者来说，该书都是一部值得一读之书。

是为序。

田 里

于云南大学东陆园

2011 年 6 月 26 日

序 二

我国休闲意义的乡村旅游开始于 20 世纪 80 年代后期，并冠以独具中国特色的名字"农家乐"。"农家乐"以农家庭院为接待地，以乡村民俗、农事体验、田园风光、民间美食、特色村镇和建筑等为吸引物，已经发展成为我国乡村旅游最为重要的形式。我的两位博士李鹏和王秀红的这本著作从经营者角度为我们解读农家乐社区诉求，无疑是一个全新的视角。

旅游社区研究曾经是国内研究的薄弱环节，最近几年的研究成果逐渐增多。以乡村旅游社区的农家乐经营者为研究对象，通过农家乐经营者这个视角来认识中国"三农"的农民问题，并促进新农村建设和新型农民培养，是一件具有开创性的工作。作者选择"开办起始目标"、"正式经营目标"和"家庭相关目标"等三个方面构成多维目标体系，了解农民开办农家乐过程中的目标追求和变化，不仅具有学术创新性，而且对为政府了解农家乐经营者的想法提供针对性的指导具有重要的实际意义。研究结论表明相对于西方乡村旅游经营者的过度关注自身价值目标实现等高层次目标追求，我国的"农家乐"经营者表现出重视家庭传统和过度关注经济目标的特性，显现出我国乡村旅游初级阶段的特点。中西方的经营者多维目标差异既表现出乡村旅游发展阶段上的差异，也是中西方文化不同引起的结果。

该书是国内第一本研究农家乐的学术专著，凝聚了作者的不少心血和追求。李鹏和王秀红都曾经是我的硕士研究生、博士研究生，他们开始攻读硕士学位的时候就过了而立之年，博士攻读完之时都已过了不惑之年。工作十多年之后，能一口气读完硕士、博士，还能坐下来深入踏实地研究，并深入国内外乡村旅游社区从事田野调查，其严谨的工作作风和吃苦耐劳的精神值得称赞。同时，两位博士能够把各自的优点结合起来完成本书，也算是学术研究领域团结协作的典范。

该书对关注乡村旅游的政府官员、企业经营者以及研究人员、学生来说都是一本难得的好书。

杨桂华

于云南大学东陆园

2011 年 6 月 28 日

目　　录

第一章 研究总论

在许多发达国家，乡村旅游是一种重要的旅游产品，也是城市居民的一种生活方式。在中国，农家乐是乡村旅游的新业态，也是许多农民的一种生计方式。发展农家乐已经成为各地政府解决三农问题的一个重要抓手。本章在阐述农家乐发展背景、研究意义的基础上，进一步确定本书的研究目标、研究方案和总体框架。

第一节 研究背景

经过多年发展，全国各地的农家乐发展取得了长足进步和巨大成就，对中国社会，特别是对中国农村社会产生了巨大影响。

一、农家乐成为解决"三农"问题的抓手

(一) "三农"问题的核心是农民问题

农业问题、农村问题和农民问题，又称"三农"问题，始终是关系我国经济和社会发展全局的重大问题，也是我国构建和谐社会国家目标的重要基础，而"三农"问题的核心又是农民问题。"三农"问题实质上是一个问题的三个方面：农业问题主要是没有从制度上建立起相应机制，粮食生产具有明显的不稳定性，农业生产仍然没有摆脱"靠天吃饭"；农民问题主要是与城镇居民收入和国民经济增长的速度相比，农民相对贫困，属于低收入阶层、部分地区农民甚至绝对贫困；农村问题主要是农村的教育、医疗、社会保障等公共服务供给不足、社会保障不全。"三农"问题的本质都是因为中国农民人口太多而总体素质偏低，难以在全国范围内实施快速的城市发展战略。

(二) 中国经济发展对农民欠债很多

改革开放前的 30 年，由于我国的经济基础差、底子薄，农业除了自身发展之外，也要为工业化、城镇化积累原始资金。1949 年以后，为迅速推动现代化，中国政府选择了以城市为发展重点的现代化战略，采用超经济手段以及通过工农业

产品"剪刀差"的形式，为工业化提供稳定的资金保障。按照国务院农村发展研究中心的估算，改革开放前 20 多年，国家以工农产品价格"剪刀差"形式从农业中提取的经济剩余估计在 6000 亿~8000 亿元，这些资金为中国现代化建设提供了支撑，也是国民经济取得巨大成果的基础(王梦奎，2004)。

改革开放后，中央提出：放开、搞活农村经济，给农民经营自主权，实行家庭承包，允许农民发展副业，特别是乡镇企业，全面放开农产品市场，活跃农村经济。但是，在此阶段农业仍然肩负着支持工业、为工业提供积累的重担，工业剥夺农业的政策并没有完全消除。这种发展历程不只中国独有，与世界工业化国家发展在工业化初始阶段的历程基本相似。在农业服务工业的大背景下，国家难以重视农业的壮大、农村的建设和农民的培养。

从世界范围来看，主要发达国家在其工业化达到相当程度、国民经济积累到一定基础以后，开始实行工业反哺农业、城市支持农村的政策，从而实现工业与农业、城市与农村协调发展。自改革开放之后，我国国民经济长期高速发展，外向型工业发展为国家积累了大量的物质财富，但农村长期落后、农业仍然停滞不前、农民相对贫困。进入 21 世纪之后，一方面，国家开始意识到"三农"问题的迫切性；另一方面，国民经济发展也为解决"三农"问题提供了可行性。2004 年12 月，在中央经济工作会议上，胡锦涛总书记明确指出，我国现在总体上已到了"以工促农、以城带乡"的发展阶段。新农民培养、新农村建设、新农业发展开始被列入国家发展战略的议事日程。

(三) 农家乐成为解决"三农"问题的重要途径

农家乐作为一种乡村旅游新型业态，以农民为主体，以农村为基础，意欲实现农业向旅游业转型。在许多地方，发展农家乐已经成为体现农民主体地位的方式、实现传统农业向第三产业(服务业)转型的途径、解决"三农"问题的一个重要抓手。

从农业的视角来看，发展农家乐是全面拓展农业的多功能性和涵盖领域，实现"大农业"和"大旅游"有机结合、第一产业与第三产业融合的有效途径。农业多功能性是人们对于农业功能认识的进步：农业是人类与自然界的一个巨大的接口，是人类与大自然和谐相处的一个广阔的平台，农业开始从传统意义上的一个产业部门向一个社会事业部门转变(姜亦华，2004)。在我国这样一个历史悠久、人口众多的发展中国家，农业的社会、生态、文化功能具有更加特殊的内涵。不同的农业区域由不同的农业生态系统构成，农业多功能性的每个方面因不同的农业生态系统而有所区别。农田生态系统主要表现为经济和社会功能，而森林生态系统主要表现为生态功能。同样是农田生态系统，农业多功能性的每个方面在我国不同的地方、不同的历史时期所表现的比重也是不同的。就横向来看，偏远农村、经济落后地区，农业主要表现的是经济功能和社会功能；而城郊农村、经济发达地区主要强调的是生态功能和文化功能。纵向来看，在 20 世纪 90 年代以前，农业强调的是经济功能和社会功能，注重解决温饱问题；20 世纪 90 年代以后，农业开始转向强调生态功能和文化功能，开始注重休闲娱乐作用(李鹏，2005)。发展农家乐也是推动旅游经营者融入社会主义新农村建设大局、引导广大农民向非农领域转移、加快农民脱贫致富步伐、优化和调整农村产业结构、形成农村经济新的增长点、推动中国现代农业发展的积极实践。

从农村的视角来看，第一，发展农家乐让农民走上了发展经济的新路子，形成了新的生计方式，给村民创造就近从业机会，减少农村人口外流，加快了农村地区经济发展，促进了农民的脱贫致富奔小康；第二，农家乐的发展带动了区域经济的发展，改善了农村地区交通、通信、文化等基础设施，游人给农家乐发展区域带来了内容丰富的科技文化资讯、现代文明的理念，推动了农村地区人们观念、意识变化，文明程度不断增加，促进了城乡一体化萌芽；第三，农家乐发展促进了和谐社会的构建。农民不离本土增加收入，自我价值得以体现，自信心不断增强。城乡交流通畅，差距日益减少，社会和谐有了保障，农村基础设施改善，文明程度提高，文化生活丰富，人流、资金流、信息流等在这些地区交汇，为农村发展奠定了基础，为农村地区和谐发展提供了保障。

从农民的视角来看，中国农业人口数占全国总人口数的 1/3 以上，体现农民的主体地位、培养新农民、提高农民素质、提升农村的人力资本，是建设"生产发展，生活宽裕，乡风文明，村容整洁，管理民主"社会主义新农村的关键。近年来，许多省市区农民为了改善生存条件、提高生活水平、发展地方经济，充分利用当地独特的自然和人文旅游资源，在许多城市郊区和景区附近的村寨发展农家乐。发展农家乐，不仅为农民提供了一条"既不离乡也不离土"的就业致富途径，而且通过农民自身的商业经营、城乡居民之间的文化互动，改变了当地居民自身的精神面貌，实质上从一定程度上为培养"有文化、懂技术、会经营"的新型农民作出了积极的探索。

二、旅游产业转型升级的产物

中国旅游业经过 30 多年的发展，已经取得了长足进步，也面临着转型升级的重大调整。中国旅游业转型升级包含了旅游市场转型升级、旅游产品转型升级、旅游资源利用方式转型升级三个方面，其中旅游市场转型升级是原因所在，旅游产品转型升级、旅游资源利用方式转型升级是旅游业发展的必然选择。

(一) 旅游市场转型升级

由于中国经济的持续快速发展，国民收入逐步提高，个人可支配收入增加和闲暇时间增多，中国旅游市场的需求发生了比较深刻的变化。一方面，旅游市场格局由以入境旅游为主，转向入境旅游、出境旅游和国内旅游三足鼎立的局面；另一方面，国内市场旅游需求也开始出现多元化、多层次、复合型的特点，旅游市场出现了结构性的转变，旅游消费更加追求品质，旅游过程更加追求体验。在旅游业起步早、发展速度快、经济基础较好的地区，游客对参与性强，集休闲、娱乐、享受为一体的旅游产品的需求更为迫切，农家乐能在一定程度上满足这一需求。农家乐是国内旅游市场发展的重要组成部分，也是旅游市场结构性转变的供给适应，农家乐发展得好坏在一定程度上影响了国内旅游市场的健康发展。

(二) 旅游产品升级换代

旅游市场转型升级必然导致旅游产品转型升级，旅游产品升级是对旅游市场升级的一种积极响应。在中国市场变化的情况之下，原有以观光为主的旅游产品开始转向以休闲度假为主。在观光旅游产品主导的时代，旅游吸引物是以封闭式的景区建设为基础，旅游组织是以线状的旅行社团队组织为主体。休闲度假旅游产品要求旅游吸引物的多元化、旅游组织的自主化和自助化，必须以提升旅游服务质量为落脚点，以经济基础为前提。鉴于我国人均收入水平还不到 4000 美元，还未达到大量推出度假产品的阶段，农家乐以其距离短、消费实惠、既能观光又能短期度假的特点，恰好可以成为观光产品向度假产品过渡并实现良好结合的旅游开发形式。农家乐的形成和组织方式符合观光旅游产品向休闲度假产品转变的时代要求，农家乐大发展是旅游产品转型升级的结果。

(三) 旅游资源利用方式改变

在观光旅游时代，旅游资源利用主要是开发观赏性资源为主，强调旅游资源的奇异度、美景度、美誉度，以满足人们旅游过程中对名山大川的审美需求；而休闲度假时代，旅游资源利用强调旅游资源的舒适性、生活性，以适应人们对海滨等旅游资源舒适性、乡村等旅游资源生活性的需求。农家乐所依赖的生活性旅游资源，按照中国传统的观光旅游资源评价标准，难以进行旅游资源品质和级别评价，也不能满足观光需求。但广大的中国农村地区所拥有的生活性、生产性的乡村性旅游资源，可以满足人们休闲度假的需求，农家乐就是乡村性旅游资源利用的新方式。

三、农家乐自身发展的战略需求

(一) 农家乐发展存在限制性因素

中国农家乐发展 20 多年来取得了很大的成功,为全国各地的新农村建设和城乡统筹发展作出了巨大贡献。但全国各地的农家乐发展不平衡,也存在许多问题,如行业管理滞后、管理制度不够健全、产品同质化严重、基础设施建设相对滞后、产业链跟不上发展需求等。同时,国民旅游需求和旅游行为的更加个性化和高端化,市场对农家乐产品和农家乐服务提出了更高的要求,要求农家乐服务更为人性化和品质化。许多地方的农家乐发展难以适应新的形势,农家乐自身发展必须作出正确的战略选择,才能适应形势发展和市场需求,否则就有可能被淘汰出局。

(二) 农家乐发展面临的关键选择

在农家乐发展比较成熟的地区,管理部门和农家乐经营者已经意识到农家乐发展的理想和现实之间的差距、旅游市场需求与农家乐供给之间的矛盾。2008 年 12 月 30 日,成都市第十五届人民代表大会常务委员会第八次会议通过了《成都市旅游业促进条例》,其中第十七条提出:在本市从事农家乐旅游经营活动的,其旅游服务设施、食品卫生、垃圾处理、污水排放应当符合法律、法规和规章的规定。本市鼓励农家乐旅游向乡村度假旅游转型升级,对全市重点乡村旅游度假区建设项目,给予建设用地指标、基础设施配套等政策支持。该条例对成都市农家乐的转型升级提出了要求和支持。

2010 年 10 月 9 日,由农业部、国家旅游局和四川省人民政府主办的"2010 中国(郫县)休闲农业与乡村旅游节",在中国农家乐旅游发源地——成都郫县友爱镇农科村举行。在旅游节期间召开了中国(郫县)农家乐发展大会,与会的农家乐经营者共同发表了中国(郫县)农家乐发展大会"郫县宣言"。该宣言提出了五点建议:①坚持标准引领,规范先行,因地制宜,走绿色环保生态可持续发展之路;②坚持以人为本,不断改善软硬件设施和条件,满足消费者多样化的需求;③坚持把农耕文化、民俗民风的内涵作为农家乐发展的灵魂,突出特色,做强做大优势品牌;④坚持以市场为导向,不断开发新品种,不断提升新档次;⑤坚持规范化、标准化、特色化服务,提高经营者和从业人员整体素质。

《成都市旅游业促进条例》和中国(郫县)农家乐发展大会所提出的"郫县宣言"都是对农家乐发展需要提档升级的一种倡导和促进,也说明农家乐到了需要提升的时候。在农家乐发展提档升级的过程中,农家乐经营者素质和能力的提高最为重要,只有农家乐经营者能力和经营水平的提高才会有农家乐的发展。在这种背景下，研究农家乐经营者的多维目标显得尤为重要。

第二节 研 究 意 义

从我国东部、中部、西部三个地区，选取农家乐发展较为成熟的上海、武汉、成都三个城市周边的农家乐为案例地，对乡村旅游经营者多维目标进行研究，不仅具有理论意义，对农家乐的健康发展也具有重要的现实意义。

一、现实意义

(一) 深入认识农民多元需求

农民问题，始终是一个关系党和国家发展全局的根本性问题。由于农民居住的分散性、生产方式的相对封闭性和落后性、社会交往与联系的局限性、组织程度的低下性，农民的实际地位与理论和法律的地位还存在着一定的距离。正是农民在整个社会结构中地位的不对称性，使得农民在集团性的利益角逐中总是处于很不利的位置，属于弱势群体。在中国这样一个有着近 6.5 亿农民的农业大国，农民问题的彻底解决不是在短时间内可以做到的。

农民问题的解决途径主要在于农民素质的提高和农民数量的减少，这两个方面都可以与农家乐经营者联系起来。一方面，农民综合素质的高低，直接决定着他们的经济利益和社会地位。通过开办农家乐，农家乐经营者可以尽快增加新知识，增强市场观念，提高他们的经营能力，在旅游经营的实践中接受教育、经受锻炼、提高素质，全国各地农家乐发展的情况都在不断地证明这一点。另一方面，一部分农家乐经营者的规模不断扩大，农民收入也逐步提高，农家乐经营者由兼职的农民经营者向专职的旅游经营者转变，农村社区也逐步转变成旅游社区。农家乐发展起到了减少农民数量和调整产业结构的双重作用。

实质上大部分农家乐经营者都是当地农民中的精英，了解这些精英生存、发展的概况，以及他们的想法和做法，更能深入地认识中国农民的追求和状况。本书采用实证调查的方式研究农家乐经营者的多元需求和多维目标，试图从体现农民主体性的视角对中国农民问题进行更加深入的剖析，揭示城乡一体化进程中，以及产业转型过程中农民的心理诉求和目标追求，为解决农民问题提出有意义的科学依据。

(二) 促进乡村旅游健康发展

建设社会主义新农村是增强我国经济实力和保持社会稳定的根本，发展农家乐作为建设社会主义新农村的很重要的一个方面，其健康稳定发展关系重大。经营者是农家乐经营的主体，其经营动机和目标追求关系到农家乐发展的成败，也是关系到农村富强稳定的大事。因此，研究我国农家乐经营者多维目标，认识农家乐经营者开办过程中的目标追求和目标变化，对构建和谐社会以及建设社会主义新农村均具有重要的现实意义。

本书选取上海、武汉和成都三地城郊型农家乐作为本研究的实证调查对象，不仅具有样点的典型性，而且还具有地域的广泛性，研究结果对不同地域的农家乐发展具有一定的指导作用和借鉴意义。同时，在借鉴澳大利亚乡村旅游发展的基础之上，本书对中国乡村经营者与西方国家乡村经营者之间的多维目标进行横向比较，以帮助地方政府根据当地农家乐经营者目标追求和具体情况，为农家乐今后的发展提供方向引导和宏观指导，对于促进农家乐发展，促进新农村建设，具有很重要的社会意义。

二、理论意义

(一) 加强旅游经营者研究

在以往的研究中，对于旅游者、旅游社区研究比较多，而对于旅游经营者研究相对薄弱。早期的研究中，也更多把旅游经营者看做唯利是图的"傻瓜"(Swarbrooke，1999)。这种观点是比较偏颇的，追求赢利是旅游经营者的主要目标，但不是唯一目标。

国内外对于乡村旅游经营者研究也比较少。Knight(1996)以日本乡村旅游为案例探讨了经营者的人员结构以女性为主的特点，有学者以西班牙的乡村旅游经营者为研究对象，强调了女性经营者在家庭乡村旅游企业中发挥了传统、独特和不可替代的作用，Aliza 和 Abraham(2002)就以色列的乡村旅游经营者进行了研究，指出了以色列的乡村旅游经营者和欧美的经营者有着同样的目的，即一方面补充家庭收入，另一方面可以在农场生活。Getz 和 Carlsen(2000)则对澳大利亚西部乡村旅游的特征和目标进行了研究，发现从业者大多为已婚夫妇，生活方式和家庭相关目标占主导地位，但要保证农家客栈基本赢利。Ying 和 Zhou(2007)以中国安徽的西递村和宏村乡村文化旅游村为例探讨了社区、政府和外来投资者等利益相关者对乡村发展的权利角逐，并指出对社区发展权的法律表述是各利益相关者之间达成期望的内部关系的前提。McGehee(2007)以美国弗吉尼亚乡村家庭为例探讨了乡村旅游创业者的性别特征和创业动机的关系，结果发现女性的创业动机和男性没有差别，都是为了独立、珍惜为社区作贡献的机会，但也存在细微的差异，比如在自立方面，女人更倾向于降低开支导向，而男性更倾向于增加收入导向。

国内，文军和李星群(2007)在对广西乡村旅游经营者基本信息调查与分析中发现乡村旅游经营者具有性别差别不大、已婚居多、青壮年为主、教育程度不高、本地居民占绝大多数、工作经历较为丰富、总体收入状况较好，以及个性多是中间型或偏保守型等特点。

本书对农家乐经营者多维目标进行深入研究，为农家乐发展以及其他类型的乡村旅游发展提供借鉴，其成果将丰富我国乡村旅游研究理论，具有重要的理论意义。

(二) 深化中西方旅游比较研究

旅游研究中的中西社区参与对比已经成为研究的热点问题，也取得了较多研究成果(保继刚和孙九霞，2006)，这种比较研究对于我国旅游业的健康发展无疑具有很强的指导作用。由于条件的局限性，已有的比较研究更多是一种定性描述，难以进行定量对比研究。

本书的一个亮点就是对中西方乡村旅游经营者的多种诉求和多维目标进行横向定量比较。通过对同一研究主题进行中西方对比研究，发现中西方乡村旅游经营者在开办初期、正式经营过程中以及家庭相关方面的目标差异，不仅可以探讨相关方面深层次中西方文化的差异，而且可以通过借鉴国外乡村旅游不同发展阶段经营者目标追求的不同，为国内农家乐经营者不同发展阶段的目标追求提供参考。

第三节　研　究　方　案

乡村旅游案例和经营者涉及对象点多面广，必须选择合适的案例地、确定的调查对象、合理的研究方法和科学的技术路线，才能确保研究结论的科学性。

一、研究假设

本书以大的空间尺度和长的时间尺度为基础，力图对国内乡村旅游经营者多维目标开展系统研究。从农家乐经营者这一特殊农民群体入手，深入研究旅游经营者的多维目标。在开办、经营过程中，农家乐经营者内部因素、关联因素和环境因素三个方面都会对农家乐经营者目标实现产生不同程度的影响。

经营者内部因素主要是经营者开办农家乐的动机、追求，以及个人素质和能力等个人要素；关联因素包括家庭支持、社区环境友好等社群要素；环境因素包括社会、市场需求，以及来自政府政策支持与否的政策因素等。由于研究时间和研究角度存在局限性，本书所指农家乐经营者的影响因素主要包括农家乐经营者自身的内部因素、家庭关联因素两个主要方面，并没有涉及社区、社会等社群要素，以及市场、政策等环境因素的研究。

二、调查方案

(一) 确定调查对象

确定被调查农家乐的城市。要对我国目前的农家乐发展有全面的认识，调查地点的选择就显得相当重要。我国地域辽阔，而且地区差异较大，难以面面俱到，只能选择有代表意义的案例地。相对于其他类型的农家乐，城郊型农家乐起步早，发展比较成熟，且交通便利，便于调查，故选取城郊型农家乐作为研究的类型。为使调查对象更具代表性，本书对网络搜索结果和文献研究结果进行研究，发现在东部沿海发达地区、中部与西部内陆欠发达地区大城市周边的农家乐发展情况中，上海、武汉、成都三个城市在三个区域中的农家乐发展最为突出，被选为本区域农家乐发展的案例地。

确定被调查城市农家乐的区域分布。对于同一个城市，要对所有类型的农家乐进行调查，不仅成本高，而且时间和精力都不允许。为方便调查，故选取三个城市农家乐发展最为成熟的片区进行实证调查研究。确定了调查地区和调查城市后，需对三个城市的农家乐构成及分布情况进行网络搜索，并向三个城市的旅游主管部门进行电话咨询，最后确定其片区。根据各方面的情况进行综合平衡，最终选出 5 个城郊型的、发展较好的且具代表性的农家乐样点作为调查对象，即上海市的前卫村和瀛东村、武汉市的木兰山和慈惠农场、成都市三圣乡的"五朵金花"。其中，上海前卫村和成都三圣乡红砂村属于第一批国家农业示范点。

(二) 调查过程

本书的写作过程历时 6 年。2005 年，为了完成《农家乐经营手册》一书，作者对全国各地农家乐经营者进行了深入调查。后来，作者继续围绕农家乐经营者及其多维目标的主题进行研究。在国内，作者对 7 个农家乐发展比较好的省、市进行了调查和访谈，收集了较为翔实的第一手资料。调查地区主要包括东部地区的上海、浙江，中部地区的湖南、湖北、河南三省，西部地区的四川、云南两省。2005 年 8 月，作者对湖南省益阳市的农家乐发展情况进行了考察，并对农家乐经营者进行了调查；2006年3~5月，作者对上海、武汉、成都的农家乐进行了调查，完成了经营者的相关问卷调查，本书研究的数据主要从这次调查中得来。

2009年之后，为了进一步完成本书稿，作者又对四川、河南、浙江、上海和广东五省(市)的乡村旅游进行了实地考察。大量的全国性调查访谈，既是对原有调查数据的进一步深化和补充，又是对全国乡村旅游发展的整体情况进行摸底。2009年8~10月，作者两次前往成都、乐山、攀枝花作进一步考察，对当地经办农家乐的情况作进一步访问，并调查了农家乐经营者的发展情况。2009年5~9月，作者考察了河南省农家乐发展情况，并对农家乐发展对农民培养的促进作用进行调研。2010年3月，作者前往广东省广州市增城区和番禺区考察了城市绿道建设情况和乡村旅游发展情况，听取了当地旅游部门的情况介绍，访谈了当地乡村旅游经营者。2010年5月，作者前往上海、浙江考察上海、杭州两市周边的农家乐的经营发展情况。这些考察内容在书中均有所反映。

在尽量熟悉和清楚国内农家乐发展情况的同时，作者也对国外的乡村旅游发展情况进行了调查，为乡村旅游的中西比较获取第一手资料。2010年7~8月、2011年1~3月，作者两次前往加拿大不列颠省温哥华周边的 Delta、Hope，不列颠省中部的 Sicamous、Salmon Srm，美国西雅图北边的 Skagit Valley 等乡村小镇，考察北美洲地区当地的南瓜采摘、蓝莓采摘等农场接待和 B&B(bed and breakfast)家庭接待等多种乡村旅游形态，并对当地的乡村旅游经营者进行访谈，为完成最后一章收集了第一手资料。

(三) 调查方法

本书实证调查的调查方法采用直接调查法和抽样调查法。直接调查法是对有一定代表性的调查对象，在事先拟定好调查提纲、设计好调查问卷的情况下，使用观察法、访问法和座谈法等进行采访调查。

抽样调查法运用了现代广泛应用的概率抽样的简单随机抽样法和类型抽样法。简单随机抽样(纯随机抽样，SPS 抽样)，也就是从总体中不加任何分组、划类、排队等，完全随机地抽取调查单位。类型抽样(分层抽样，STR 抽样)，就是将总体单位按其属性特征分成若干类型或层，然后在类型或层中随机抽取样本单位。武汉农家乐由于总体规模较小，所以采用了简单随机抽样法发放调查问卷；上海农家乐由于经营者投资规模大致相当，只存在服务水平的差异，所以采用以不同星级为划分类型的类型抽样法；成都农家乐由于经营者投资规模差异很大，所以采用以不同的投资规模为划分类型的类型抽样法。具体调查步骤如下：

第一步，了解农家乐发展整体情况。作者每到一地，都先找当地的村委干部进行面谈，说明来意，获得当地干部的支持，同时了解当地农家乐发展的整体情况和农家乐经营者的典型代表。

第二步，与典型代表座谈。根据村委干部提供的相关情况，对农家乐经营者的典型代表进行深入访谈，说明调查意义，进一步了解一些具体情况和细节问题。

第三步，填写调查问卷。选择有代表性的农家乐经营者填写调查问卷，同时给予他们必要的说明和解释，使其更加了解问卷的书面意思。

(四) 数据处理

首先，数据录入。2006 年，上海、武汉、成都三市农家乐都还处于初期发展阶段，规模相当有限。经过作者对上海、武汉和成都城市近郊农家乐的调查，获得记录访谈笔记若干，取得有效调查问卷 136 份，有效率为 97.84%，符合统计学要求。研究的调查样点与样本如表 1-1 所示。同时，作者还对访谈笔录进行了整理，把原始调查问卷录入计算机，形成原始资料。

表 1-1　2006 年上海、武汉、成都三地样点调查情况

选点城市	选点景区	调查时间(2006年)	调查问卷/份	有效问卷/份	问卷有效率/%
上海	瀛东村	3 月 7~8 日	13	13	100
	前卫村	3 月 8~9 日	37	37	100
武汉	木兰天池	3 月 4 日	35	32	91.4
	慈惠农场	3 月 5 日	6	6	100
成都	东篱菊园	3 月 14 日	10	10	100
	江家菜地	3 月 15 日	5	5	100
	幸福梅林	3 月 15 日	10	10	100
	荷塘月色	3 月 16 日	10	10	100
	红砂花乡	3 月 16 日	13	13	100
合计			139	136	97.84

其次，抽样调查。由于三地农家乐规模的有限性，最终只选取 136 位经营者作为调查对象。武汉通过随机抽样选取 38 家，抽样数占总数的 76.0%；上海按不同星级进行类型抽样选取 50 家，按比例选取一星级 8 家、二星级 16 家、三星级 26 家，抽样数约占总数 50%；成都按投资额度不同进行类型抽样选取 48 家，按

比例选取投资额 1000 万元以上 4 家、100 万~1000 万元 8 家、50 万~100 万元 12 家、10 万~50 万元 20 家、10 万元以下 4 家，抽样数约占总数的 16%。

最后，数据处理。调查问卷录入后，利用 EXCEL 软件对农家乐经营者的特点，如经营者的年龄、性别、婚姻状况、是否为当地居民、投资、营销方式等，经营者的开业起始目标、正式经营目标和家庭相关目标进行数据分析和处理，并将结果作为分析的基础和依据。

三、研究方法

本书是旅游与管理学、社会学、统计学等多学科交叉的研究成果，主要运用的方法如下。

(一) 文献资料法

虽然乡村旅游在国外已有 100 多年的发展历史，但以农家乐为代表的中国乡村旅游却只有 20 多年的历史，发展时间相对较短。国外的乡村旅游文献研究比较丰富，涉及面广，但国内相关研究还很有限，且研究面窄，深度有限，农家乐理论研究已远远落后于农家乐实践。本书除了参考了大量的国内专业研究文献外，也对一定数量的国外相关文献进行了分析研究。

(二) 网络资讯收集

最近几年，全国各地的农家乐经营者都纷纷开设自己的网站，将一些基本经营信息用文字和图片等方式在网站上宣传出来，作为营销手段。同时，有一部分农家乐经营者还实施品牌营销战略，将一些名人造访和相关组织活动安排等内容挂在自家的农家乐网页上，以达到提高知名度的目的。也有一些公益性网站和经营性网站，为各地的农家乐提供资讯服务，让农家乐信息通过网络公共平台得以发布。这些网站为了解农家乐的经营情况和发展情况提供了良好渠道，且有力地补充说明了全国各地农家乐的发展情况。

(三) 问卷调查

问卷调查是社会调查的一种重要的数据收集手段。首先，确定所要问的问题，然后将相关问题制作成调查问卷，编制成书面的问题表格，交由调查对象填写，然后收回整理分析，从而得出结论。本书采取对农家乐经营者问卷调查的方式，经过对问卷统计结果的分析，为本书理论研究提供了第一手资料。

(四) 对比研究

本书的对比研究主要体现在三个层次：

农家乐经营者多维目标构成要素比较。对三地农家乐经营者的开业起始目标、正式经营目标以及家庭相关目标的构成要素，进行总体上的共性和差异性分析，探讨不同目标内部存在的规律。

国内不同地域农家乐经营者相同目标横向比较。针对上海、武汉、成都三地不同的地域和农家乐发展的不同阶段，对农家乐经营者多维目标体系中的不同目标进行横向对比分析，探讨不同地域和不同发展阶段的农家乐经营者目标的内在规律，为国内农家乐发展提供宏观指导。

中西方乡村旅游经营者相同目标横向比较。结合国内和国外的乡村旅游发展，对中西方乡村经营者多维目标中相同目标的差异情况进行对比研究及其原因分析，探讨基于文化背景、价值观念和不同发展阶段等前提下的中西方乡村旅游经营者多重目标的共性和差异性规律，提供彼此可能的借鉴和参考。

(五) 心理学研究方法

本书在一定程度上借鉴了心理学研究的基本程序和方法。心理学研究的基本程序大致包括下列步骤：①提出问题；②查阅文献；③形成假设；④制订研究方案；⑤搜集数据和资料；⑥统计处理数据和资料；⑦分析结果；⑧作出结论。科学研究是从问题开始的，前三个步骤是选题过程，其主要任务是提出假设和考虑选择验证假设的途径和手段，考察选题的合理性和科学性。中间两个步骤是围绕着验证假设制订研究方案，确定自变量、因变量及其操纵和记录的方法，并对无关变量加以控制，然后搜集论证假设的证据。后三个步骤主要是运用逻辑方法、统计方法和其他方法对搜集到的数据资料进行加工整理，对研究中的现象和变化规律作出解释，说明获得的结果与假设的符合程度，形成结论。最后，以论文的形式反映该项研究的成果。本书的前期调研及编写思路也遵循了这一逻辑。

四、技术路线

本书的技术路线如图 1-1 所示。

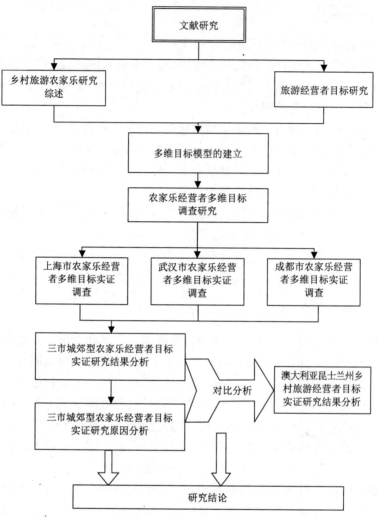

图 1-1　本书的技术路线

第二章　乡村旅游发展概述

世界各国乡村旅游发展都有其特定的时代背景，经济发展是乡村旅游发展的主要动因，乡村与城市的差异是乡村旅游发展的潜在推手。乡村旅游者对于乡村是相对陌生的，而这种陌生感也促使了旅游者旅游动机的形成。乡村性是表征乡村特点的重要指标。理解乡村、乡村性等基础概念是进一步理解乡村旅游概念的前提条件。

第一节　乡村旅游概念及特点

乡村旅游概念是整个乡村旅游理论体系的基础，乡村旅游概念研究从一开始就被各国学者广泛关注。关于乡村旅游有多种说法，如农业旅游、农庄旅游、休闲农业、观光农业等，实质上它们是指同一个对象或者同一件事情。用不同的视角关注相同的问题，侧重点不同就有不同的结果。如果站在农业部门和研究农业的视角，更多采用休闲农业和观光农业的说法；而站在旅游研究和旅游管理的视角，就更多地采用乡村旅游、农业旅游、农庄旅游的说法。也有一部分学者提出了相同的看法，Inskeep（1998）、Deegan（1997）都认为农业旅游（agrotourism）、农庄旅游（farm tourism）和乡村旅游（rural tourism）是可以不加区分的。在本书中，把这些概念统一视为乡村旅游。

一、乡村

乡村理论在许多学科中都是重要的基础理论，如地理学、社会学和城市科学等。许多学者从自身的学科出发，提出了基于各自学科的乡村概念。界定乡村概念是困难的，因为乡村整体发展的动态性演变、乡村各组成要素的不整合性、乡村与城市之间的相对性，以及这三大特性形成的城乡连续体（张小林，1998）。本书将各种有代表意义的乡村概念进行归纳总结以进一步理解乡村和乡村旅游。

(一) 空间视野中的乡村概念

很多研究者把乡村视为一个有别于城市的空间。空间视野中的一种方法就是评估空间的土地利用。乡村，也就是农、林、渔、牧的产业土地利用占有较大比例，而建成地所占的土地比例较少。同时，乡村还有实质空间的地理特质，如开放空间的比例高、自然或生态资源较多以及丰富的地形地貌景观等。Lane (1994)也认为城市、乡村实际上不易区分，是个连续体的概念。乡村性是与居住地的分散、低人口密度和开阔的空间相联系的。乡村具有几个特点：位于乡村地区；乡村活动规模小；社会结构和文化具有传统特征，其变化慢和家庭有联系；资源和历史不一，类型不同。

乡村是相对城市而言的，其空间区域也是变化的，不少学者已经关注到了这种空间变化的相对性，认为乡村不是有别于都市的另一个空间，而是即将发展为都市的地区，所以乡村成为未开发、边际的或落后等概念的同义语。《人文地理学词典》(2004 年)认为：乡村是(不论是最近还是不久前)由大片像农业或林业这种土地使用所构成的地区，或是大部分仍未发展的开放空间；它包含着很小的低密度聚落，展现出一种房舍与周遭延伸的开放地景之间的强烈关系；而且它被认为会生成一种生活方式，其特征是由一种基于对于环境的尊重以及生活行为内质由广阔的地景所造成的和谐识别。实际上，各个乡村之间是大不相同的，从那些仍然被依其机能定义的(土地使用与地理区位)地区，到那些靠近都市中心但因为社会与文化的建构而引发争议的"乡村"地区，都可算是乡村。

(二) 时间视野中的乡村概念

在《乡村与城市》一书中，英国文化研究学者 Williams (1975)曾提出了一个这样的看法：很明显的，一般将乡村视为一个过去的意象，而将城市普遍看成是一个未来的意象……于是，如果我们将它们区隔开来，就会剩下一个未被识别的现在。这一段话说明：乡村或城市的定义都是与时俱变的，而且是对称的变。对于乡村与城市而言，由于不断地变化，今天的城市有可能是昨天的乡村，今天的乡村有可能是明天的城市。因此，乡村也是一个具有时间属性的概念，乡村是相对于现在城市的过去。

从时间视野来看，乡村更多地表达出时间脉络的要素和联系，如传统的生产方式、传统的血缘、地缘关系的根源，无不依赖历史作为纽带，个人的自我认同也是在寻找历史的脉络感中实现的。相比之下，现代社会的城市则更多地是一个以空间为核心的社会，现代建筑、快节奏生活、个人之间广泛的联系等都体现了空间要素，个人的自我实现也是通过个人的空间扩展来实现。

(三) 管理视野中的乡村概念

区分乡村和都市，也有其管理目的和发展目标。Mormont（1990）认为乡村包含重叠的社会空间，这些社会空间有各自不同的思维方式、社会制度和行为网络。乡村的吸引力在于它能提供都市生活所不能提供的东西。这种乡村认识概念就是基于管理视野的。

在统计学中，人口是定义乡村、城市的关键指标。因为各国状况不同，所以定义的标准也不同。例如，美国户政机关在 1990 年将 2500 户以下的聚落定义为乡村，而西班牙定义的乡村是少于 2000 户的地区，新西兰则是少于 1000 户。即使是同一个国家，不同部门的定义标准也不一样。例如，美国经济研究中心（Economic Research Service）将常住居民低于 2500 人的社区定义为乡村，但是美国人口调查局将所有非城市地区（non-urban）定义为乡村，而城市地区是指常住居民超过 50 000 人的区域。但是，有学者认为：人口数量不是定义"乡村"的最佳因素。

世界经济合作与发展组织（OECD）于 2010 年也采纳了这种方式定义农村和城市。为了将地区之间的差异纳入考量范围，并对同类型同等级的地区进行有意义的比较，OECD 为农村制定了定义，将它应用于"地方层面"和地区分类。OECD 对每个成员国里的各个地区进行了划分。OECD 的小区域（3 级地区）根据它们的地理位置被划分为"农村为主地区"、"中间地区"和"城市为主地区"。其分类方法基于以下标准：区域内的人口密度、农村化（rurality）程度以及城市中心的规模。"城市为主的地区"（predominantly urban，PU）是指农村地方单位（local unit）的人口比例低于 15%；"农村为主的地区"（predominantly rural，PR）是指农村地方单位的人口比例超过 50%。为了将各个地区划分为"城市为主地区"或者"农村为主地区"，有必要界定每个地区内的农村化程度。如果地方单位的人口密度小于 150 人/km^2，则该单位属于农村地区。

二、乡村性

20 世纪 70 年代末期，乡村研究中的农业生产、土地使用和乡村小区的实证研究已告一个段落。自 80 年代起，乡村研究集中在所谓"地区"（locality）研究和"经济转型"研究，把政府的干预政策、农业资本累积的危机变成研究主轴，而自 90 年代起，受到后现代主义和后结构观点的影响，乡村性（rurality）开始变成研究重点，乡村性如何被建构（construction）与再现（representation）则变成主要议题（Bascom，2001）。各国学者都力图通过研究"乡村性"问题，进一步了解当今的乡村社会生活。

乡村性是描绘乡村空间特征的重要概念，包含生态区位(ecological)、产业、职业(industrial-occupational)与社会文化(social-cultural)三个方面。乡村性概念是联系乡村与乡村旅游的中间概念，乡村性概念可以根据以下四个方面进行进一步解读和认识(图2-1)。

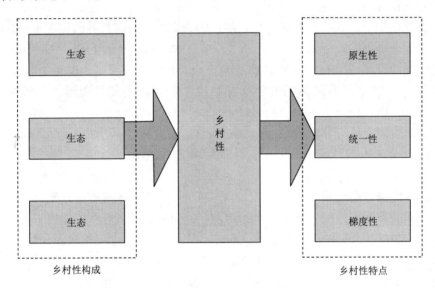

图 2-1　乡村性构成及其特点示意图

(一) 原生性

乡村生态系统是一个半人工半自然的生态系统，与城市全人工生态系统相比，受到的人为干扰相对较少。"乡村性"所指的原生性就是原生的自然环境和原真的人文环境，是基于未被大规模开发而保持的自然状态。乡村旅游者非常看重这一点，乡村的原生自然和人文环境是发展乡村旅游的个性特征，是城市居民前往游览的追寻目标。特别是作为乡村原真性的景物、景观，更不能改变其原真形貌。但保持原真性，绝不是在保护乡村环境的落后面(卢云亭，2006)。

(二) 统一性

在传统乡村识别中，不仅农业显现乡村经济活动的特性，而且由农业所衍生的人文区位和社会文化活动也综合形成乡村性。乡村不仅有平实、守成、改变缓慢、宿命、隔离独立、具有宗教倾向、纯朴、安静等情调，同时又有人情味、环境清新和景观和谐等多面性质。所以，乡村性解释是涵盖各学科对传统乡村的指涉。乡村性就是农业经济活动、乡村社会活动和村民生产活动的集合，是乡村地区和乡村社会中生态、生产与生活，即"三生"的统一体。

(三) 多面性

在综合特征统一的前提之下，乡村性又可以进一步表现为生态、生产、生活三个层面：一是乡村自然生态景观(生态)，以乡村聚落环境为依托，明显区别于城市景观，这是乡村性的外在条件；二是乡村产业，包括乡村农业、林业、牧业、渔业、商业以及通过乡村产业体现的乡村传统和现代生产方式等(生产)，这是乡村地域中人和环境的接口；三是乡村文化，通过乡村居民生活、生活传统、风俗节庆、民间传说等隐性文化，乡土建筑、历史文化等显性文化等展现出来(生活)，这是乡村性的精髓所在。

(四) 梯度性

区域自然和经济社会发展条件的差异，将导致同一乡村发展类型与其乡村发展程度不一致。各乡村类型的城市化发展程度或者乡村性保留程度的差异，可采用乡村性指数(rurality index)来刻画。Cloke 等曾利用包括人口、住户满意度、就业结构、交通格局及距城市中心的远近等社会经济统计数据，构建一个乡村性指数，将英格兰和威尔士地域划分为极度乡村(extreme rural)、中等程度乡村(intermediate rural)、中等程度非乡村(intermediate non-rural)、极度非乡村(extreme non-rural)和城市(urban)五个类型(龙花楼等，2009)。

三、乡村旅游

各国学者对于乡村旅游(rural tourism)的认知不同，产生很多不同的概念，正如 Sharpley(2002)对乡村旅游作了精练概括："乡村旅游的概念可以从精神角度进行定义，也可以通过相关的活动、目的地和其他可衡量的有形的特点进行技术定义。"这些乡村旅游概念大体可以分为国外乡村旅游概念和国内乡村旅游概念两大类。

(一) 国外乡村旅游概念

Patmore(1989)认为乡村本身是介于城市和荒野山地的连续体，因而城市和乡村并没有严格的区别，乡村本身并没有什么特性使乡村成为旅游资源。相反，是由于生活在这个连续体中人们的文化特点而使乡村变得富有魅力。

Lane(1994)也认为城市和乡村实际上不易区分，是个连续体的概念。乡村旅游不仅仅是以农场或农庄为基础的旅游，还包括在乡村进行的运动休闲旅游、保健旅游、科普旅游、生态旅游、传统文化和民族文化旅游等。乡村旅游的本质特征是乡村性。

Gilbert 和 Tung(1990)认为乡村旅游是农户为旅游者提供食宿等条件，使其在农场、牧场等典型的乡村环境中从事各种休闲活动的一种旅游。Lane (1994)总结了乡村旅游所具有的一些特点：乡村旅游开展于乡村地区。这些乡村综合功能发达，也就是说，旅游活动开展是基于小型传统机构和企业而存在，同时也要依赖环境条件及其所拥有的自然文化遗产；乡村旅游具有乡村特色，依托小型建筑和民用住宅；乡村旅游依赖乡村自然资源和文化传统，并由当地民众自发管理，因此发展缓慢；乡村旅游的形式并不是一成不变，也就是说，需要在充分考虑乡村环境概况的前提下采取不同形式。Oppermann(1996)将野外旅游(wilderness tourism)或户外休闲(outdoor recreation)从乡村旅游中分离出来，认为它既包括农庄旅游也包括在乡村进行的其他形式的旅游活动，它是在人类永久居住的、以农业活动为主的非城市区域进行的旅游活动。同时，他认为在城市中心区、旅游胜地、修养地的旅游活动和"第二个家"都不属于乡村旅游。

Inskeep(1998)则将偏远乡村的传统文化和民俗文化旅游称为"village tourism"。Long (1998)从旅游者去乡村旅游可能感受到的生活方式的角度对乡村下了定义：乡村是指这样一个地方，在那里人们感受到安全、稳定的价值观、被广阔的空间和自然美景包围，同时受到尊重和友好的对待(Gartner, 2004)。

意大利撒丁岛地区法律规定：乡村旅游在非城市区域为满足旅游者的需求，向旅游者提供住宿、修建、组织活动及其他服务等(Sokolov and Pulina, 2006)。

欧盟和OECD认为乡村旅游是发生在乡村的旅游活动，并进一步认为"乡村性(rurality)是乡村旅游整体推销的核心和独特卖点"。乡村性是识别乡村旅游和其他旅游方式的关键之一(Reichel et al., 2000)。

(二) 国内乡村旅游概念

国内学者也对乡村旅游的定义作了大量的研究，也加入了中国元素。杨旭(1992)认为所谓乡村旅游，就是以农业生物资源、农业经济资源、乡村社会资源所构成的立体景观为对象的旅游活动。马波(1996)认为乡村旅游是"以乡村社区为活动场所，以乡村独特的生产形态、生活风情和田园风光为对象系统的一种旅游类型"。杜江和向萍(1999)认为，乡村旅游是以乡野农村的风光和活动为吸引物，以都市居民为目标市场，以满足旅游者娱乐、求知和回归自然等方面的需求为目的的一种旅游方式。王兵(1999)认为乡村旅游以乡野农村的风光和活动为吸引物、以都市居民为目标市场、以满足旅游者娱乐、求知和回归自然等方面需求为目的的一种旅游方式。熊凯(1999)认为乡村旅游是以乡村社区为活动场所,以乡村独特的生产形态、生活风情和田园风光为对象系统的一种旅游类型。肖佑兴和明庆忠(2001)等认为乡村旅游是指以乡村空间环境为依托,以乡村独特的生产形态、民俗风情、生活形式、乡村风光、乡村居所和乡村文化等为对象,利用城乡差异来规划设计和组合产品,集观光、游览、娱乐、休闲、度假和购物为一体的一种旅游形式。何景明和李立华(2002)借鉴国外的乡村旅游的定义,认为狭义的乡村旅游是指在乡村地区,以具有乡村性的自然和人文客体作为旅游吸引物的旅游活动,认为乡村旅游须包含两个方面:其一,乡村旅游活动发生的地点须在乡村地区;其二,乡村旅游须以乡村性作为旅游吸引物,二者缺一不可。乌恩等(2002)认为乡村旅游是指在传统乡村地区开展的,以乡村自然环境、风景、物产及乡村生活为旅游吸引物,不过多依赖资本和技术,较少使用专用接待服务设施的旅游活动形式。郑健雄和施欣仪(2005)认为:乡村旅游是非当地居民到非都市土地上进行的观光旅游活动,利用原有的自然生态、农业生产、农村生活与文化活动,并在某种程度上与当地居民产生互动,而产生休闲游憩活动的旅游形态。刘德谦(2006)认为乡村旅游是以乡村地域及与农事相关的风土、风物、风俗、风景组合而成的乡村风情为吸引物,吸引旅游者前往休息、观光、体验及学习等的旅游活动。

2004 年在贵州举办的乡村旅游国际论坛上,各位专家、学者在乡村旅游的内容方面取得了比较一致、全面的看法:独具特色的乡村民俗民族文化是乡村旅游的灵魂,并以此提高其品位和丰富性;农民应成为乡村旅游的主体;应主要以城市居民为乡村旅游的目标市场,满足都市人享受田园风光、回归自然、体验民俗的愿望(付方东,2006)。

(三) 乡村旅游概念评述

本书认为乡村旅游的概念可以从四个方面理解。

(1) 乡村旅游是一种旅游活动。这种认识是从旅游者的视角出发的,把乡村旅游视为旅游者的一种旅游活动。从供给的经营者和需求的旅游者两个视角来看,乡村旅游又是一种旅游产品,是旅游经营者满足旅游者需求的结果。

(2) 乡村旅游是一种资源利用形式。乡村旅游主要利用具有乡村性的自然资源和人文资源,包括原有的自然生态、农业生产、农村生活与文化活动四种类型。自然生态资源包括地形地质景观、气候资源、植物生态、动物生态以及乡村的溪流、河床、温泉等;农业产业资源包括茶产业、蔬菜栽培、果树、渔产品等;农村生活包括地方乡土风味餐等;文化活动包括地方民俗节庆活动、传统建筑、传统雕刻艺术及手工艺品等。

（3）乡村是乡村旅游开展的空间范围。乡村旅游空间范围主要是乡村地区，强调非当地居民至非都市土地上的旅游。实质上，这个概念并没有认为乡村旅游者一定是城市居民，而是非当地居民。实际上，随着人们生活水平的提高，一个地方的非城市旅游者是可能到另外一个地方进行乡村旅游的。

（4）城乡居民互动是乡村旅游开展的组织形式。乡村旅游强调旅游者与经营者、社区居民之间的互动和交流。这一点是由乡村旅游经营者和所在环境所决定的。大部分经营者就是当地居民，而且有一部分业主亲自参与经营；同时，乡村环境适宜人与人的交流，更有一些经营者就是出于交流的目的而开办乡村旅游。

四、乡村旅游的特点

（一）乡村旅游既是服务产品也是精神产品

从旅游的基本要素来看，乡村旅游是一种旅游服务产品，乡村旅游经营者提供的都是实在的服务，如吃、住、玩等，这与其他旅游服务的本质基本一致，存在着服务品质和旅游者的满意程度等问题。国内外的研究均表明了这一点。Reichel 等（2000）对以色列乡村旅游的服务质量和服务意识进行了调查，并基于调查结果对以色列乡村旅游的服务质量的提升的管理和营销进行了讨论，提出对乡村旅游服务提供者进行培训的急迫性。Clarke 等（2001）指出将来的乡村旅游的发展重点应着眼于产品质量、专业化服务和产品高性价比，以应付国际产品的竞争。Albacete-Sáez 等（2007）构建了乡村旅游住宿产品满意度的测度模型，对乡村旅游住宿产品的服务质量进行有效的量化，以方便乡村旅游的行业管理。Maestro 等（2007）探讨了旅游者的态度对旅游产品的质量和满意度的影响。

同时，乡村旅游者对乡村性的关注超过了其他因素。乡村旅游者更多地关注乡村环境和乡村文化，在乎深厚淳朴的传统文化和宁静自然的田园生态文化带来的不同的享受和感觉。在这种意义上，乡村旅游又是一种精神产品，乡村旅游给城市居民带来的是一种心灵回归和精神体验。Albaladejo-Pina（2009）就旅游者对乡村农家客栈的偏好进行了研究，结果发现旅游者最喜欢乡村客栈的自然环境和本质性的乡村特色，当然其他方面比如客栈的大小、建筑类型以及设备、服务和活动质量等也很重要。也如彭兆荣（2005）所言，乡村旅游其实是在"乡村概念"中旅游，"乡村魅力"对于都市人群来说或许并不是换一个"地方"，而是换一种体验"价值"。

(二) 乡村旅游既是空间范畴也是时间范畴

从空间来说，乡村旅游是城市居民对农村环境的造访，或者是一地乡村居民对另一地乡村环境的造访，这是旅游者空间改变的结果。从世界各地来看，乡村旅游以近程客源市场为主，也有研究者提出开发远程的乡村旅游客源市场，如 Murphy 和 Williams(1999)提出加拿大乡村旅游应扩大日本旅游远途旅游者的市场。对于近程市场而言，乡村旅游实现的是旅游者的城市生活和乡村旅游空间的互换，旅游者从常在的城市生活转移到非常在的乡村生活。

对于大多数城市人口而言，城市是现在，乡村是城市的过去。因此，乡村旅游是现在的城市居民对自己和他人过去生活时间的造访，这种现象在一些以古镇、古村为旅游吸引物的乡村旅游目的地较为明显。如 Daugstad 等(2007)以挪威乡村旅游为例，从乡村景观资源的价值和需求、体验方式及发展前景三个方面探讨了乡村旅游经营者、旅游者和农民对乡村景观资源的看法和观点，结果表明尽管三者的观点差异较大，但均对乡村景观的变化和保存传统的饮食文化表现出较高的兴趣。而这种对时间的造访，如果没有处理好保护和开发之间的矛盾，就有可能造成对原有资源的破坏。如 Fan 等(2008)以中国乡村水镇甪直为例指出乡村景观的商业化开发最终导致古镇原有价值和乡村氛围的破坏。

(三) 乡村旅游既有城市背景又有乡村色彩

乡村旅游不完全是城市居民的旅游方式，但主要是城市居民的旅游方式。乡村旅游是城市居民生活与乡村居民生活的共同界面，也是城市和乡村这个没有边界但有区别的连续体联系的纽带之一。对于城市居民而言，乡村旅游就是中断日常的、有规律的城市生活，暂且置身于文化和社会不同，特别是生活节奏不同的乡村环境之中生活。

乡村旅游的实现是城市、乡村两种不同生活空间的作用力推拉的结果。对于乡村旅游目的地——乡村而言，乡村旅游实现的拉力是乡村地区乡村性所产生的吸引力；对于乡村旅游客源地——城市而言，乡村旅游实现的推力是城市的环境恶化和繁重的生活压力所形成的驱动力。这一对推拉作用力是连接城市和乡村的桥梁。乡村旅游的实现也是城乡之间存在乡村性级差或梯度的原因。客源地的城市性与目的地的乡村性级差或梯度是乡村旅游的动力源泉(邹统钎，2006)。

(四) 乡村旅游发展既有民间参与又有政府推动

乡村旅游的发展一方面是乡村地区居民追求经济发展的结果，另一方面也是各国政府不遗余力采取措施促进其发展的结果。乡村旅游的带动作用很早就被世界各国所认识。广泛发展社区参与乡村旅游，不仅能使乡村剩余劳动力得到有效利用，提高当地居民的收入和生活水平，还能改善当地社区的基础设施和环境。

各国政府对乡村旅游发展的作用一直给予极大的关注，把乡村旅游看成解决农村问题和农业问题的抓手。Luloff 等(1994)对美国政府推动的乡村旅游计划进行了评估，结果表明从 1991 年开始，美国有 30 个州进行了直接的政府支持的乡村旅游计划，14 个州有间接的政府支持计划，仅有 6 个州没有相关的支持，这显示了美国政府对乡村旅游的高度支持。Hjalager(1996)从欧盟的整体发展角度分析，认为乡村旅游是促进农业多元化和乡村发展的一种不错的选择。芬兰乡村发展委员会有关乡村旅游的定位：全面开发乡村资源，创造能够出口产品的途径和工具。通过增加量和质两个方面的努力，乡村旅游可以被作为整个芬兰乡村就业和收入的基本来源。大多数西方国家的政府对乡村旅游持积极鼓励的态度，以积极的政策刺激和鼓励当地乡村旅游的发展(Hjalager，1996)。

第二节　国外乡村旅游发展

国外乡村旅游发展的过程，大致上分为三个阶段：萌芽-兴起阶段，在 19 世纪初都市人开始认识到农业旅游价值，并参与了乡村旅游，如法国、意大利；观光-发展阶段，在 20 世纪中期后乡村观光农业发展，形成农业和旅游相结合的新产业，如西班牙、日本、美国；度假-提高阶段，20 世纪 80 年代以后观光农业由观光功能朝休闲、度假、体验等多功能方向扩展，如日本、奥地利、澳大利亚(郭焕成等，2000；郑健雄和施欣仪，2005)。

一、国外乡村旅游发展阶段

(一) 萌芽-兴起阶段

中世纪时，欧洲大陆各国的贵族就已经有定期到乡村休闲度假的习惯。国外现代形式的乡村旅游起源于 19 世纪，1855 年法国参议员欧贝尔带领一群贵族到巴黎郊外的农村度假。以后，英国和德国的贵族也养成了到乡村农场、农庄旅游的习惯。1865 年的意大利"农业与全国协会"的成立标志着现代意义上乡村旅游的诞生。

从 19 世纪现代乡村旅游的起源到 20 世纪 60 年代以前是国外乡村旅游发展的早期阶段。始于英国而后遍及整个欧洲的工业革命使广大工人的收入得以提高，并由此带来城市居民可支配收入的增加。大机器生产代替原来的手工操作，极大地提高了生产力并带来了工作时间的缩短和工人空闲时间的增多。日益紧张的劳动促使城市居民产生休闲和放松身心的需求，越来越多的城市居民加入到乡村旅游的行列，乡村旅游已不再是开始阶段的贵族阶层才可以享受的专利。

20世纪30年代，乡村旅游由欧洲传往美洲和亚洲，美洲和亚洲的乡村旅游逐渐发展起来(任虹，2004)。初期阶段的乡村旅游是农场主利用自己的农场，在不耽误农活的前提下，为游客提供简单 B&B，国外早期的乡村旅游大多分布在大城市的郊区和周边地带。国际范围内的乡村旅游分布相对集中在意大利、英国、法国、德国、挪威、波兰和奥地利等欧洲国家。北美的加拿大和美国的乡村旅游开始起步，且规模很小。亚洲的规模更小，只有日本有零星的分布。

(二) 观光–发展阶段

在20世纪中期后，乡村观光农业发展，形成农业和旅游相结合的新产业，如西班牙、日本、美国。20世纪60年代的西班牙、日本、美国等传统农牧业收益急剧下降(Frater，1983)，大量乡村居民迁往城市(Hjalager，1996)。为了促进乡村的稳定发展，欧美国家政府纷纷出台措施，增加农场主的收入。乡村旅游作为各国政府大力倡导的传统农牧业替代手段，在日益扩大的旅游消费市场的作用下得到了迅猛的发展。乡村旅游进入了快速发展阶段。

(三) 度假–提高阶段

20世纪80年代以后观光农业由观光功能朝休闲、度假、体验等多功能扩展，如日本、奥地利、澳大利亚和新西兰。20世纪60年代以后，乡村旅游在欧洲和澳大利亚迅速发展，并于70年代波及所有发达国家(Weaver and Lawton，2001)。20世纪70年代后，乡村旅游在美国和加拿大等美洲国家得到较大发展，80年代初期美国的乡村旅游已经随处可见。日本的乡村旅游发展得益于1987年政府通过的《市民建设农园促进法》(*General Recreation Establishment Law*)，这条法律的通过刺激了大规模度假村的建设。到目前为止，法国、英国、意大利、奥地利和德国等国家，每国所拥有的乡村旅游小企业或家庭都在 20 000~30 000 家。

二、国外乡村旅游典型案例

综观世界各国乡村旅游的发展，在欧洲、美国、日本、新西兰、澳大利亚等最为盛行，其以各式各样的休闲农场等为旅游吸引物，每年均吸引数以百计的游客前往休闲度假(詹玲等，2010)。

(一) 法国专业农场：非政府组织引导型的发展模式

早在 1855 年，法国有一位名叫欧贝尔的国家参议员带领一群贵族到巴黎郊区的农村度假，他们品尝野味、伐木种树、观赏田园、学习养蜂，与当地农民同吃、同住，开创了观光农业旅游之先例。真正发生于法国的休闲农业浪潮是 19 世纪 70 年代的农庄旅游。

自从法国推出"农业旅游"后，以农场经营为主的休闲农业得到较快的发展。据统计，法国现有农场 101.7 万个，其中大于 50hm^2 的农场数量为 17.2 万个，占农场总量的 17%；50hm^2 以下的中小型农场 84.5 万个，占农场总量的 83%。这些农场基本上是专业化经营，主要有 9 种性质：农场客栈、点心农场、农产品农场、骑马农场、教学农场、探索农场、狩猎农场、暂住农场以及露营农场（何景明，2003）。

法国休闲农业的发展得益于多个非政府组织机构的联合。1998 年，法国农会常务委员会（APCA）设立了农业与旅游接待服务处，并联合其他社会团体，如互助联盟（CNMCCA）、国家青年农民中心（CNJA）等组织，建立了"欢迎莅临农场"的组织网络，为法国农场规划出明确的定位区域，它连接法国各大区农场，成为法国农场强有力的促销策略。

(二) 意大利绿色假期：从城市走向农村

意大利是最早发展休闲农业的国家之一。1865 年，意大利成立的"农业与旅游全国协会"标志着休闲农业的发展进入萌芽时期。"农业与旅游全国协会"专门介绍城市居民到农村去体味农业野趣，与农民同吃、同住、同劳作，或者在农民土地上搭起帐篷野营，或者在农民家中住宿。意大利休闲农业发展的巅峰时期，学术界称之为"绿色假期"，始于 19 世纪 70 年代，发展于 19 世纪 80 年代，到 19 世纪 90 年代到达鼎盛时期。

乡村旅游已成为意大利现代农业和旅游业的一部分，融合当地自然、人文、社会等环境，综合开发和利用当地的农业资源，对城乡统筹具有重要意义。2002 年，意大利大约有 1.15 万家专门从事"绿色农业旅游"的经营企业，当年夏季就招来了 120 万本国旅游者和 20 万外国游客前来休闲度假。"崇尚绿色、注重提高生活质量"，在"绿色假期"出现后成为意大利人的新追求。"绿色农业旅游"的发展使得农村成为一个"寓教于农"的"生态教育农业园"，有效地扩大了生态农业耕地面积。此外，在休闲农业发展中，意大利还通过合作经济组织的桥梁作用，为休闲农业提供了完善的管理体系。

(三) 美国社区参与的市民农园：利益共同体的形成

美国可追溯至 19 世纪上流阶层的乡村旅游。第一个休闲牧场于 1880 年在北达科他州诞生。1925 年，为加强与铁路公司的联系和整体推介休闲农业品牌，许多地区的休闲牧场纷纷成立协会。1945 年左右，许多东部的富裕家庭前往西部的怀俄明州或蒙大拿州度长假，慢慢地这种颇为贵族化的度假方式逐渐普及至中产阶层而成为一种大众化的休闲方式。到 1970 年，仅美国东部就有 500 处以上的休闲农场。

美国休闲农业得以发展的主要原因之一是为解决第二次世界大战后食物生产过剩的问题，由美国农业部(USDA)协助进行农地转移计划，政府在经费和技术上协助农民转移农地非农业的使用，其中一部分转移为野生动物保育与游憩。美国市民农园采用农场与社区互助的组织形式，参与市民农园的居民与农园的农民共同分担成本、风险和赢利。农园尽最大努力为市民提供安全、新鲜、高品质且低于市场零售价格的农产品，市民为农园提供固定的销售渠道，双方互利共赢，在农产品生产与消费之间架起一座连通的桥梁。这种市场农园在北美发展很快，至 19 世纪 90 年代中期已有 600 多个。这种市民农园极大地改善了农民和消费者的关系，增加了区域食品的有效供给，有效地促进了当地农业的顺利发展。

(四) 德国市民农园：自家庭院的农家生活体验

德国的休闲农业大致可分为度假农场、乡村博物馆及市民农园三种类型。德国休闲农业作为欧美休闲农业中比较有代表性的是市民农园，德国人习惯于在自家的大庭院里画出小部分土地作为园艺用地，栽种花、草、蔬菜，享受亲自栽培作物的乐趣。但真正成熟发展起来的市民农园，一般认为是 19 世纪初德国政府为每户市民提供的一小块荒地，以实现蔬菜自产的活动。

1919 年，德国制定了《市民农园法》，成为世界上最早制定市民农园法律的国家。1983 年，德国修订《市民农园法》，其主旨转向为市民提供体验农家生活的机会，使久居都市的市民享受田园之乐，经营方向也由生产导向转向农业耕作体验与休闲度假，生产、生活及生态"三生"一体的经营方式，并规定了市民农园五大功能：提供体验农耕之乐趣；提供健康、自给自足的食物；提供休闲娱乐及社交的场所；提供自然、绿化、美化的绿色环境；提供退休人员或老年人最佳消磨时间的地方。

市民农园土地来源于两大部分：一部分是镇、县政府提供的公有土地；另一部分是居民提供的私有土地。每个市民农园的规模约 2hm^2。大约 50 户市民组成一个集团，共同承租市民农园，每个承租人租地 100m^2。租赁者与政府签订为期

25~30 年的使用合同，自行决定如何经营，但其产品不能出售。若承租人不想继续经营，可中途退出或转让，市民农园委员会选出新的承租人继续租赁，新承租人要承担原承租人合理的已投入费用。2006 年，德国市民农园呈兴旺之势，承租者已超过 80 万人，其产品总产值占全国农业总产值的 1/3（辛国荣，2006）。

（五）日本都市农业：城乡互动的"食"与"绿"的结合

日本的乡村旅游可分为自然景观、高品质农产品和体验型农业三种基本形态，有市民农园、观光果园、观光渔业、自然休养村、观光牧场、森林公园、自助菜园、农业公园等多种类型。日本观光农业经营者以城郊互动型的都市农业著称，日本都市农业经营者集中于三大都市圈（东京圈、大阪圈和中京圈）。

日本都市农业形成于 19 世纪 40 年代到 60 年代中期的第二次世界大战以后的经济高涨期，当时农场主结合生产经营项目的改造，兴建多种观光设施，先后开辟了超过 40 hm^2 的观光农园。农园内设有动物广场、牧场馆、花圃、自由广场、跑马场、射击场等。这种观光农园主要以日本岩水县小岩井农场为代表，小岩井农场独辟蹊径，用富有诗情画意的田园风光、各具特色的设施和完善周到的服务，吸引了大量的游客，平均每年接待约 79 万人次，为农场赢得了可观的经济收入。

1990 年，日本实施《市民农园整备促进法》，推动 50~100m^2 的大面积的体验型市民农园面世，规定承租市民与其承租的农园土地之间的距离，原则上在 30min 的车程以内，较大都市可以是一个或一个半小时，东京可达两个多小时车程的距离；市民农园的农地可以租借，一次租借期以 5 年为限。1995 年 4 月，《农山渔村停留型休闲活动的促进办法》规定了"促进农村旅宿型休闲活动功能健全化措施"和"实现农林渔业体验民宿行业健康发展措施"，推动绿色观光体制、景点和设施建设；规定都府县及市町村要制订基本计划，发展休闲旅游经济，国家需协调融资，确保资金的融通，从而规范绿色观光业的发展与经营。同时，随着日本加入 WTO，日本通过采取相应的激励措施（给予贷款及贴息），使得小规模的产区得到较快发展，生产手段也逐渐向自动化、设施化、智能化发展，生产经营管理向网络化发展。

（六）新西兰家庭牧场：旅游与牧业相结合

新西兰观光旅游业非常发达，观光旅游业的收入已成为新西兰主要的外汇收入。其休闲农业经营以观光休闲牧场为主，新西兰包括各种不同特色的大小牧场，许多大型牧场皆开放住宿，拥有大规模房舍并安排导览活动；但一般家庭式牧场因为子女长大后独自在外居住，所以牧场主人利用空出的多余房间或仓库，对其稍加整理而开放经营。

新西兰有各种不同特色的大小牧场，许多大型牧场都开放B&B，这些牧场大都是专业级观光牧场，拥有大规模房舍，并安排各种导览活动；但是一般家庭式牧场，兼营B&B，设备虽然没有观光旅馆的豪华，但价格便宜许多。夫妻俩一边经营牧场，一边兼营副业，让外国游客有机会亲身体验真正的新西兰牧场生活。上述两种牧场各有千秋，牧场中参观活动丰富多样，客房具有专业住宿水准；家庭牧场属于农场接待(farm stay)，比较类似于家庭接待(home stay)，游客可以品尝牧场女主人亲自下厨做的料理，亲身感受牧场中的生活。

除传统的农场住宿外，这几年，新西兰观光局大力推动顶级庄园，即"Lodge"度假行程。"Lodge"一词原是指欧陆地区专供外出打猎或钓鱼人士住宿的小木屋，原本就含有"住宿"之意。目前在新西兰境内，到处可见"Lodge"，都是一种风格讲究、别树一帜的顶级民宿，多位于林间湖边，坐拥大自然美景。"Lodge"之所以会成为今日新西兰顶级度假场所的代名词，并不是因为建筑物的外观或房地产的价值，而是它本身所包含的内在意涵，大多数庄园主之所以愿意将家中多余的房间提供给旅客住宿，是因为对他们而言，"Lodge"并非只是出租房间的商业行为，而是以一家之主的身份，与访客分享主人心爱的家园，让来客充分感受到宾至如归，这才是他们的初衷。

(七) 澳大利亚乡村：羊背上的农庄

与新西兰一样，澳大利亚是世界闻名的畜牧王国。为了让旅客更好地体验牧场文化，澳大利亚发展出独特的牧场住宿、举世闻名的农场度假旅游，为游客提供"农场住宿"，让游客绝对有机会跟牛羊近距离接触、打招呼，而且餐桌上的牛奶、羊奶保证新鲜。澳大利亚是以畜牧业与自然景观闻名于世的观光大国。澳大利亚的观光旅游业收入也占市民生产毛额的6%，且呈现逐年递增的趋势。澳大利亚的绵羊头数是人口数的10倍，马也是该国牧场的主角。

澳大利亚农庄住宿的发展主要是以畜牧业为主的观光牧场所附设的民宿。农庄住宿主要可分为两种形式：一种是当晚住宿于农庄，与农庄家庭成员共同生活，强调互动性，中国台湾地区称之为"民宿"；另一种则是和农家分开居住，炊事自理。在澳大利亚，B&B的含义为借宿家庭、热情欢迎，游客可以在各个地方找到各式各样的B&B，有历史悠久的古迹建筑、传统民舍、市中心宅邸以及最受欢迎的农庄民宿。

因为这些观光农场均把农场特色及牲畜饲养过程作为主题和诉求重点，呈现给游客的是鲜明的农场生产、生活、生态以及牧场风光；同时，澳大利亚的农业观光组织非常健全，紧密地与观光旅游业结合，亦间接促进了观光牧场结合B&B知性之旅的蓬勃发展。游客至观光牧场参观度假，可住在养牛或养羊农家兼营的民宿，并亲身体验牧场生活，尤其是与牧场主人聊天、享受其亲切的待客风格，体验牧场生活的点点滴滴。

第三节　国内乡村旅游发展

我国的乡村旅游始于 20 世纪 50 年代的政治性接待，在 80 年代成都郫县农科村诞生了以园林、农家接待等为特色的城郊型农家乐，这是中国现代乡村旅游和农家乐的起源。国内居民休闲时间延长、人均可支配收入增加、汽车进入家庭等因素使得中国乡村旅游得到了空前的发展。

一、国内现代乡村旅游起源

最早始于 20 世纪 50 年代，为接待外事的需要，山东省潍坊市石家庄村率先开展乡村旅游活动（贺小荣，2001）。70 年代初，北京近郊四季青人民公社、山西昔阳县大寨大队出现了政治性乡村旅游活动。这些零星的乡村旅游更多的是一种中国人为外国人所做的乡村生活的政治表演。

我国真正意义上的现代乡村旅游开始于 20 世纪 80 年代末的深圳荔枝节、贵州朗德上寨的民俗风情旅游，以及成都郊区郫县农科村的城郊休闲观光。其中，成都郫县农科村的农家乐影响较大。乡村旅游在休闲之都——四川成都的城郊型乡村旅游成功示范效应的带动下，在全国各地迅速推广开来。

根据《全国乡村旅游发展纲要(2009—2015 年)》，2008 年全国乡村旅游接待游客超过 3.85 亿人次，乡村旅游收入达 573 亿元。农民直接就业达 495 万人，间接就业、季节性就业达 1840 万人。到 2015 年，全国力争实现乡村旅游接待人数 7.71 亿人次，收入 1145 亿元，直接就业 989 万人，间接就业 3680 万人，旅游从业农民人均年纯收入增长 5%。

二、国内乡村旅游发展驱动因素

促进国内乡村旅游发展的驱动力有多个方面，下面是比较重要的几个方面。

（一）居民休闲时间延长

法定节假日是指根据各国、各民族的风俗习惯或纪念要求，由国家法律统一规定的用以进行庆祝及度假的休息时间。法定节假日制度是国家政治、经济、文化制度的重要反映，涉及经济社会的多个方面，涉及广大人民群众的切身利益。

我国法定节假日逐步延长。自 1995 年起，开始实行了 5 天工作制，1999 年 9 月，国家又实施了"三个长假日"（即春节、五一、十一），再加上元旦，我国居民全年的法定假日就至少达到了 114 天，几乎占一年的 1/3。2007 年法定节假日再次调整，一年有 115 天的法定休息时间，加上 2 个黄金周，5 个小长假，共 144 天。休息时间的延长既是社会进步的表现，也为乡村旅游发展提供了条件，在周末和小假期，乡村旅游成为城市居民出行的首选。

(二) 人均可支配收入增加

2008 年，根据国家统计局的资料，人民币对美元的平均汇率为 6.948：1，我国国内生产总值已超过 43 200 亿美元，以全国 13.2465 亿的人口来计算，2008 年我国人均 GDP 已达到 3266 美元，登上了 3000 美元的新台阶，中国经济社会步入了发展新阶段。2009 年，全国人均 GDP 达到 3752 美元，上海、北京等地的人均 GDP 超过 10 000 美元。2010 年，全国人均 GDP 接近 4000 美元。根据世界旅游发展的规律，人均 GDP 超过 3000 美元，旅游消费和休闲消费将进入一个爆发性增长期。人均 GDP 的持续大幅增加，使得城市居民消费发生了很大的变化，休闲消费也发生了深刻变化，乡村旅游开始成为城市居民日常消费。

人们的闲暇时间和可支配收入越来越多，休闲已经不再是少数人所享有的"奢侈品"，它不但已经渗透到了我们的生活之中，而且正掀起一股"休闲风暴"，引领我们进入休闲时代。正如著名的未来预测家格雷厄姆·莫利托所说："休闲是新千年全球经济发展的五大推动力中的第一引擎。"休闲发展也极大地推动了乡村旅游的发展。

(三) 家庭汽车改变了生活方式

家庭汽车对欧美国家人们生活方式的影响是深远的，中国的家庭汽车时代也已经到来。家庭或个人拥有汽车，出行更便捷，活动半径更大，人们的生活方式也可能因此而改变。随着汽车产销量的大幅攀升，中国汽车产业的发展也逐渐成熟。反过来，汽车时代既带来新生活方式的变革，又带来巨大的示范效应，从而改变人们的消费观念，使越来越多的人加入汽车拥有者的行列。

根据国家统计局的数据，中国 2008 年的每千人汽车拥有量为 37 辆，2009 年增加到了 40 辆以上。居民消费方式和消费观念的改变，使汽车市场进一步繁荣；汽车新生活方式的普及，极大地促进了汽车消费和居民出行。目前，大部分乡村旅游地尚未被纳入城市公共交通系统，旅游者必须自行解决交通问题。因此，家庭汽车为乡村旅游的实现提供了便利条件。

(四) 城市化进程加速的影响

随着工业化及都市化的加速，许多城市居民长期居住在都市的水泥丛林中，每天生活在拥挤、喧嚣、污染充斥的环境里；生活步调的加速让人们容易产生内心焦虑、紧张、过度压抑，生活环境品质低下让人们更向往大自然，乡村的宁静、视野的辽阔、景色的优美能让生活紧张的都市居民暂时摆脱日常生活的烦琐事物，达到放松身心、愉悦心情、锻炼体魄、联络情感等目的。

中国经历着世界上最大规模的城市化，城市化的结果导致了城市规模的迅速膨胀。近几年，各地城市化的道路越走越快，城市化的摊子越铺越大。许多地方，出现了不同程度的城市病，特别是一些特大城市给人很大压力。乡村的山清水秀、良好的空气质量，纯天然的绿色食品，也在一定程度上吸引了城市居民。城市化和城市的蔓延使得乡村旅游这种返璞归真的旅游活动也逐渐盛行。

农村怀旧情结的吸引。在中国，大部分人都来自农村，农村是绝大多数中国人的根。而且现有的许多中国人都有在农村工作和生活的经历，对于部分中老年人而言，有三线建设、知青下乡的经历和记忆；对于部分中青年而言，有在农村奋斗和打拼的经历，而且许多人的老家在乡村，逢年过节、黄金周也免不了探亲访友、访祖追宗；还有出于教育的需求，许多出生在城市的青少年，对于农村的生活、生产十分陌生，不少父母总要带孩子们回到农村，去体验农村生活，认识自然。这些因素也在一定程度上激发了一部分城市居民再次返回乡村的兴趣和行动。

(五) 新田园主义的兴起

在经济低迷的 20 世纪 80 年代之后，大都市人口向乡村地区移动，以悠闲生活为口号的"生活样式兴业"、"生活样式产业"纷纷在乡村中出现。20 世纪 80 年代起，欧美国家新乡村主义逐渐兴起，80 年代后半期，欧洲出现返乡现象，使田园农舍不动产价格大幅上扬，这被称为"新田园主义时代来临"（郑健雄和施欣仪，2005）。

在美国，20 世纪 80 年代初期出现的"下乡现象"被称为"乡村文艺复兴"，在美国乡村社会受到广泛讨论。90 年代，这种现象加速，10 年间从大都市移居到人口 2500 人以下的小乡镇的人数高达 220 万人。最吸引人的核心地区，为"具有美丽草原"之称且社区产业活性化处于持续发展中的蒙大拿州山区。

世界正流行一股绿色休闲的风潮。逃离大都市，向往乡野悠闲情调的乡村生活个案正急速增加，中国的上海、北京等城市也不例外。有些人以选择"移居田园、享受绿色假期生活形态"为基本的生活态度目标。世界旅游的最新趋势充分显示新田园主义时代的来临，从绿色旅游、生态旅游、古遗旅游，朝向田园定居、乡村旅游方向发展。随着绿色休闲生活的风行，乡村旅游在世界各地崭露头角，发展亦渐趋完善，各个国家逐渐酝酿出丰富多彩的乡村旅游度假活动。

(六) 国家发展政策的影响

产业政策和城乡统筹战略的实施对农家乐的发展起到了很大的推动作用。产业政策是指国家根据国民经济发展的内在要求，调整产业结构和产业组织形式，从而提高供给总量的增长速度，并使供给结构能够有效地适应需求结构要求的政策措施。产业政策是国家对经济进行宏观调控的重要机制。产业结构政策是最重要的产业政策之一。

2003 年，我国三次产业增加值占国内生产总值的比重为 15：52：33，三次产业就业人数之比为 49.1：21.6：29.3。与国际标准模式比较，产业结构明显不合理，第二产业产值比重偏高，第三产业发展滞后，第一产业滞留了过多的劳动力，城市化落后于工业化。导致结构偏差的原因主要是 20 世纪 80 年代以前中国长期实施"重工业优先发展"的经济发展战略。"十五"期间产业结构的调整目标是：巩固和加强农业的基础地位，加快工业改组改造和结构优化升级，大力发展服务业，加快发展国民经济和社会信息化，继续加强基础设施建设。随着服务业的产业地位日益提高，旅游业作为服务业的重要组成部分得到了国家的高度重视。农家乐作为旅游业中的新业态也得到很大的政策支持，从而赢得了空前发展。同时，国家出台了限制"两高一资"产业发展的政策，也使得一部分农民由原来的工业生产转向从事服务业。

城乡统筹战略的实施对农家乐影响深远。城乡统筹是指城乡互动发展，以实现"城"、"乡"发展双赢为目的发展格局。充分发挥工业对农业的支持和反哺作用，城市对农村的辐射和带动作用，建立以工促农、以城带乡的长效机制，促进城乡协调发展。一方面，我国经过 30 年的改革与发展，城市先发优势越来越明显，发展能量越来越大，城市有义务也有能力加大对农村带动的力度，城市带农村完全能带出"双赢"的结果。另一方面，长期以来我国城乡经济社会发展形成了严重的二元结构，城乡分割，城乡差距不断扩大，"三农"问题日益突出，因此必须实行城乡统筹以解决"三农"问题。2007 年，国务院批准成都和重庆为国家城乡统筹发展综合改革的试验区。试验区既享有国家给予的许多具有高含金量的政策扶持，同时又是中央给予的"创新机制和体制"的平台。试验区将在财政专项补助、税收、银行贷款、金融市场改革、土地流转试验以及加大基础设施投入等方面享有国家的优惠政策。这些措施都对农家乐的发展起到了促进作用，尤其是土地流转政策试验对乡村旅游的影响深远。

三、国内乡村旅游发展特点

中国乡村旅游经过 30 多年的发展，其发展历程、资源利用、业态模式、管理方式及其格局都已经呈现出一定的中国特色。

(一) 经历多个发展阶段

乡村旅游伴随社会的发展而不断发展，从全国各地来看，乡村旅游发展的驱动力、道路和形成模式各有不同，但都经历了不同的阶段。归纳起来，其发展阶段可以划分为产生、发展、提升、规范等阶段。在总结前人研究的基础上，基于自身的实际调研成果，本书把国内现代乡村旅游发展分为以下三个发展阶段。

1. 第一阶段(1998 年以前)：自发发展阶段

乡村旅游首先在城市的郊区和旅游发达的地区产生，并以依托城市周边便利的交通和知名旅游景区的形式自发发展起来。最具代表性的是峨眉山风景区周边的乡村旅游、西双版纳的曼景兰傣族村以及成都郫县农科村和龙泉驿桃花村等。这一阶段的特点是，乡村旅游是自发性地产生、零星分布，而且乡村旅游社区多少具有被动接待的色彩。

2. 第二阶段(1999~2005 年)：倡导发展阶段

以 1998 年亚洲金融危机为标志，我国提出通过发展旅游扩大内需的方针，乡村旅游在城市和景区周边迅速发展；在地方乡镇政府的倡导下以多个乡村联合为载体，乡村旅游实现了较快的发展。这一时期最具有代表性的是成都"五朵金花"和上海崇明岛前卫村。这一阶段的特点是，乡村旅游发展地域性相对集中，不同地区间的差异较大。这一阶段全国各地的农家乐成为乡村旅游的主要形式，但成都郊区较大规模的以企业形式出现的乡村旅游实体也开始出现。为促进乡村旅游的发展，国家旅游局推出"98 华夏城乡游"和"99 生态旅游年"。此后，全国各地出现了乡村旅游开发的热潮。2004 年，我国推出"中国百姓生活游"的旅游主题，其目的就是通过旅游者走进百姓生活，百姓参与旅游活动，城乡游客互动的方式带动乡村社会经济的发展。

3. 第三阶段(2005 年以后)：大力发展阶段

2005 年我国十六届五中全会的召开，提出了新农村建设的国家目标。受十六届五中全会建设社会主义新农村政策的影响，乡村旅游从开始阶段的局部分布开始向国内各地扩散，在城市周边以及风景秀美的景区周边出现了大量的农家食宿接待服务形式的农家乐，农家乐在全国各地得到了快速发展，成为乡村旅游中一种举足轻重的旅游形式。而在乡村旅游开展较早的地区，随着市场同质竞争的加剧，部分小型、无特色而失去竞争力的农家乐开始倒闭，规模大、服务设施齐全的乡村旅游企业开始占据市场竞争的有利地位。乡村旅游进入多元化、规模化的全新发展阶段。这个阶段的特点是，乡村旅游开始上档次，开始由单一的农家乐向企业乡村旅游、农家乐等多种形式转变。

2005 年，国家旅游局公布了首批全国工农业旅游示范点（306 个），其中全国农业旅游示范点 203 个。全国农业旅游示范点包括了度假村（如北京蟹岛绿色生态度假村）、农业科技园（如津南国家农业科技园）、种养基地（如本溪市虹鳟鱼良种场）等多种类型；农家乐也是其中一个主要类型，如山东长岛渔家乐、益阳市花乡农家乐、崇明前卫村、郫县友爱镇农科村等农家乐被列为示范。这是国家旅游局对农家乐工作的高度肯定和认可，也在一定程度上激励了全国各地农家乐的发展。

2006 年，为了推动乡村旅游进一步发展，国家旅游局确定 2006 年全国旅游宣传的主题为"2006 中国乡村游"，宣传口号为"新农村、新旅游、新体验、新风尚"。2006 年元旦，国家旅游局还在河北省平山县西柏坡村举行"2006 中国乡村游"启动仪式，拉开了 2006 年"乡村游"主题年的序幕。"乡村旅游年"的确定和发动，无疑为全国乡村旅游和农家乐的发展注入了强心剂。2006 年，国内旅游人数 13.94 亿人次，收入 6230 亿元人民币，分别比上年增长 15.0%和 17.9%，乡村旅游迅速发展为该年度国内旅游发展作出了巨大贡献。

(二) 利用多种旅游资源

与传统的观光旅游相比，乡村旅游对资源的依赖性更为宽泛，而且全国各地的自然环境和人文环境差异很大，形成的旅游资源差别也很大。从全国来看，乡村旅游依赖的资源包括以下几点。

1. 自然生态环境资源

依托优美的自然环境，而成为具有特殊魅力的乡村旅游点，这种情况在西部景色优美的地区尤为明显。例如，云南滇中依湖泊盆地而形成的濒水而居的乡村旅游点，滇西高山深谷依山而建的错落有致的乡村旅游点，滇南低山河谷地貌形成的傣族居坝区、布朗族居山脚、基诺族居山头的乡村旅游点。文山广南八宝镇、丽江拉市海、德宏瑞丽大等喊村、昆明西山团结乡等为该类旅游的代表。

2. 农村农业景观资源

农村农业生态环境是在农业生产过程中形成的景观资源，包括人工和自然景观两个部分，其中农田、旱地、果园等为景观中的人工部分；天然林地、草地、湖塘等为自然景观部分。中国部分农村地区，都是以农耕文化及农耕生活方式为主。在中部的河南、湖北等省区，乡村旅游对这种农业景观的依托尤为明显。如湖北省，既有大大小小湖泊周边的淡水渔场景观，又有鄂中江汉平原及周边丘陵地带的鱼米水乡景观、旱地景观、梯田景观等，还有分布在鄂东大别山脉及鄂中大荆山、大洪山和鄂西神农架等林区的森林景观和种植园景观等，举不胜举。

3. 村落古镇特色建筑资源

村落古镇特色建筑旅游资源是指以古村落、古街、古巷、古民居、特色民居、特色村庄建筑、新型特色村落建筑等文化为基础，构成独特的村落景观，形成村落景观的基础，是"村落型旅游新农村"。这种资源依托形式在中国中部山区和西南地区比较多，如安徽、江西的徽州古民居村落，云南的民族村寨、原生态村落、特色村落等。这些古村落、古街、古巷、古民居，与当地居民一起构成一种活态文化，承接着文化的过去和将来。

4. 民族民间文化资源

乡村作为民族民间文化的载体，既包物质型文化遗产，也包括非物质型文化遗产，主要产品形态包括传统工艺、传统建筑、民族服饰、语言文字、民族节日、宗教信仰、民族歌舞、传统体育、民间杂技、口头文学等。如云南丽江纳西族的东巴文化、南涧彝族的跳菜文化、耿马傣族的造纸文化、大理白族的歌舞文化等。

5. 传统、现代农业生产资源

农事农耕文化及现代农业旅游资源是指在长期农业生产过程中形成的各式各样的农业生产的特点，不同类型的耕作方式、耕作器具及在此基础上发展而来的特色服饰、饮食、器皿、交通工具以及现代农业技术等旅游资源。包括果林观光与瓜果采摘、大棚观光采摘与冬季生态餐饮、花卉园艺观光与销售、禽畜渔猎与鲜食餐饮、宠物观赏与领养、家庭农副产品加工参与体验、农业劳作体验、农家牧家渔家生活体验、乡村民俗体验等方式。湖北、河南、湖南等省的农事农耕文化各具特色，异彩纷呈。如湖北省的江汉平原的种植业和湖南洞庭湖的渔业历史悠久，农民渔民设计、制作的各种具有水乡特色的农具，至今仍在发挥作用。游客可以在当地农民的示范下，操作各种传统的农耕、捕鱼、碾米和纺织等工具；鄂西北、鄂东山区农民的生产生活活动同样能对现代旅游者产生巨大的吸引力；还有鄂西南土家族等少数民族的农业生产生活也独具魅力。

6. 农村民俗文化资源

农村民俗文化旅游资源的范畴包括了农村民俗信仰、农村民俗技巧、农村民俗艺术、农村民俗体育、农村民俗生活五大类。以湖北省为例，其农村民俗文化丰富多彩，集民族性、地域性、历史性、艺术性和实用性于一体，极具个性和特色。武汉、鄂城等地都有数以百计的雕花匠，剪纸工艺也极具艺术魅力，并且在清末民初就有剪纸的行会组织。在北方地区，如河南、河北、陕西等的农村民俗文化，主要通过"庙会"、"赶庙"等民间集市集中展示，也是乡村旅游发展的重要资源。随着经济的发展，"庙会"就在保持祭祀活动的同时，逐渐融入集市交易活动，会有商人贩卖民间玩具和小吃，使这些活动中的商贸气息随着群众性、娱乐性的加强而相应增加，成为中国集市的一种重要形式。

7. 农业特色物产资源

农业特色物产资源是指依托农业特色经济作物而形成的资源。而农业特色经济作物是指一个地区以其特有的自然、经济条件和生物资源，为繁荣市场、增加收益而从事具有地方特色农产品生产的产业。我国幅员辽阔，各地的生态环境的差异很大，因此形成了各种各样的农业特色物产，如云南斗南花卉种植业、弥勒高原葡萄种植业、富民特色果蔬园艺生产业、蒙自万亩石榴园、罗平油菜花等。产业化农业生态观光园区、特种养殖业基地等也逐步成为特色产业的乡村旅游产品。

8. 其他特色资源

除了传统的耕作农业资源之外，还有大量的非耕作农业资源，如牧业、渔业等。依托牧业资源的乡村旅游，如草原乡村旅游，包括骑马、住蒙古包、参加篝火晚会、烤全羊、喝奶茶、吃牛羊肉等方式。这种方式在草原分布比较多的地方，如内蒙古、新疆和河北等地。依托渔业类的乡村旅游，以江河湖海鱼池水塘为基础，都可以开展包括垂钓、捕鱼等活动；以渔家生活、渔船生活为依托，可以开展渔家乐旅游。城市近郊渔家乐以较小的水面为基础，以鱼塘荷塘为特色，是乡村旅游重要的组成部分。特别是在长江中下游地区和沿海地区，这种方式相当普遍。

(三) 催生多种旅游业态

乡村旅游在全国各地已经形成了多种业态。从 2007 年开始，北京市旅游局经过市场调研，根据区县乡村旅游产业的发展实践，总结推出了 8 种全新的乡村旅游业态，分别是：乡村酒店、国际驿站、采摘篱园、生态渔村、休闲农庄、山水人家、养生山吧、民族风苑。这 8 种乡村旅游新业态产品的推出是北京市旅游局在乡村旅游业蓬勃发展的基础上，为打造第二代乡村旅游而提出的崭新概念，在国内乡村旅游领域中尚属首创，提升了乡村旅游产业的规模和质量，形成了"乡村旅游北京模式"（北京市旅游局，2010），促进了乡村旅游产业的升级换代。

1. 乡村酒店

具有休闲、娱乐、求知、教育功能的乡村酒店，是将农业景观、生态景观、田园景观与住宿、餐饮设施进行结合，为游客提供乡村休闲体验。昌平区的乡村酒店聚集区，东起小汤山温泉大道，西至流村绿色走廊的百里山前暖带，分为温泉康复疗养型、特色餐饮型、体验农事型、餐饮会议型、采摘休闲型、田园风格型、拓展登山型、特殊风格建筑型等。

2. 国际驿站

国际驿站是以家庭（户）为基本旅游接待单位，并形成一定规模的经营主体。国际驿站是朝阳区重点打造的新型业态。它所接待的群体以国际游客为主，游客居住在国际驿站，可亲身体验当地人的日常生产、生活，传统或当地传统节日及其他特色活动，参与人们日常休闲及娱乐活动，可观赏独具中国或地方特色的自然和人文景观等，可获得物质和精神上的纯中国乡土的旅游体验。

3. 采摘篱园

采摘篱园是能提供观赏和采摘特色蔬菜、果品或其他特色农作物等休闲活动的高新农业实验基地或种植基地，具有观赏、采摘、学习和科普等综合功能。采摘篱园是大兴区重点打造的新型业态。

4. 生态渔村

生态渔村是依托乡村良好的自然生态、村容风貌和渔业特色产业，以"鱼、渔"和水体景观为主题旅游吸引物，可提供特色餐饮、观光游览、休闲娱乐等服务的乡村旅游接待场所。因为有密云水库，密云才被称为天然的生态渔村。

5. 休闲农庄

休闲农庄占地 100 亩以上，以农业生产和乡村生活为依托，以农耕文化为核心，利用田园景观为游客提供乡村生产生活、休闲体验以及住宿、餐饮等基本服务。目前北京发展较好的休闲农庄有通州区禾阳休闲农庄、通州区天地和庄园、昌平区中科捷奥休闲农庄、延庆县怡情园休闲农庄等。

6. 山水人家

山水人家指具有一定规模，以自然山水景观为资源实质，以游山玩水为代表活动，能够为游客提供集观光、娱乐、住宿、餐饮、购物等多功能于一体的山水环境度假场所。山水人家是延庆县重点发展的新型业态。

7. 养生山吧

养生山吧是依托山地资源，以绿色健康、修身养性为经营理念，可作为颐养身心、健康休闲、舒适度假等活动的场所。它将绿色、养生理念融入乡村旅游发展，以自然生态、环境保护为出发点，提供安全、健康的宜憩、颐养产品，并引导社会公众节约资源、树立环境保护意识。养生山吧是房山区重点打造的新型业态。

8. 民族风苑

民族风苑是以少数民族建筑、服饰、风俗生活形式、宗教信仰与生产方式等为依托，集中展示少数民族风情，以提供少数民族风情体验为特色的旅游休闲娱乐的综合接待场所。民族风苑是怀柔区重点打造的新型业态，最具特色的当数七道梁村。

(四) 造就多样发展格局

从空间特点来看，全国乡村旅游已经形成了点、线、面、体 4 种乡村旅游发展格局，或者说是空间结构形式。

1. 点状发展格局

点状发展格局是指乡村旅游发展的分布格局是点状的，不是连续的状态。这种结构的形成包括两种形式：一种是城市化水平比较低的个别地方，城市还是呈珠状分布，没有形成整片的城市空间，如西部地区的许多小城市周边。另外一种是依托成熟、知名景区发展起来的。例如，在云南省，依托石林的五棵树彝族村、大理的周城白族村、西双版纳的曼景兰、丽江的黄山纳西族乡等。这些地方都形成了较为发达的乡村旅游，是对观光旅游的一种有效补充。

2. 带状发展格局

这种发展格局的形成主要依托交通，在连接城市之间的公路沿线较多。例如，以武汉为中心、向沪蓉及京珠沿线扩展的 400 万亩商品蔬菜产业带，以江汉平原腹地为主的 600 万亩水产养殖带，江汉平原 1200 万亩速生林产业带和江汉平原 1500 万头优质三元猪产业带等。湖南长沙周边的乡村旅游发展格局也呈现出相同的结构特点。

3. 环状发展格局

环状发展格局，即围绕城市周边形成的乡村点，由于城市较大，乡村旅游的需求较大，且交通呈环线分布。北京乡村旅游主要集中在近郊和中郊地区，城区 5 环之内有 3 个，在 5 环和 6 环之间集中分布了 11 个，城区 6 环内农业园占总量的近 1/3，开展的项目以科研、观光、采摘、科普、康体为主，以"新技术、新品种、高科技、现代化"为主要特色，充分体现现代农业、都市农业的发展水平。中郊地区有 20 个观光园，项目以采摘、娱乐为主；远郊地区有 11 个观光园，通常依托其他景区存在，项目种类涉及颇多，如十渡民俗风情园有采摘、垂钓、游戏、演出等多种活动；近郊平原地带受距离影响形成一个 6 环附近的度假环带，主要是通州和顺义地区；在中远郊地区，具有明显的"环水"情结，在各郊区分别围绕密云水库、怀柔水库、十三陵水库、金海湖、红螺湖、永定河、拒马河、清水河形成了密集的度假村、度假区，而具有一定人文景观或山地景观的地区密集程度尤其高 (北京市旅游局，2010)。

4. 体状发展格局

体状发展格局就是以城市为依托，通过多种交通方式、休闲方式将乡村旅游多个要素进行耦合，而形成的立体乡村旅游发展格局。目前，广州市周边的新增城市旅游绿道建设就是一种乡村旅游的体状发展格局。通过打造自驾车游绿道、自行车休闲健身游绿道、增江画廊水上游绿道三条"有形绿道"，形成了市民休闲健身之道、游客观光消费之道、农民增收致富之道三条"无形绿道"，形成了一个立体的乡村旅游发展格局。增城的绿道网络主要包括三个方面：一是自驾车游绿道，以广汕、荔新、增白、新新、增正等旅游大道为主线，建设多层次、多色彩的生态景观林带和景观节点；二是自行车休闲健身游绿道，以自行车道为主线，突出乡村体验、健身休闲的功能，打造富有田园风光特色的休闲精品线；三是增江画廊水上游绿道，以增江为主轴，把初溪枢纽上游 50km 河道的两岸打造成现代生态型的山水画廊。各条绿道沿线，将结合农村居民点、景点和果园，建设休息驿站（码头）和配套设施，围绕"衣、食、住、行、娱、购" 6 大旅游要素，把沿线村庄逐步打造成自驾车游和生态旅游的节点和驿站，让城市人留下来消费，让农民就地实现创业和就业。以绿道为藤，以沿线村庄为瓜，通过以藤结瓜的方式，将绿道建设成发展绿色经济之道，市民休闲健身之道，游客观光消费之道，农民增收致富之道。

(五) 形成多态经营模式

中国乡村旅游发展根据不同的主体选择不同的发展道路。从乡村旅游经营模式来看，全国各地的乡村旅游形成多种经营组织形式，其中比较有代表性的有以下几种。

1. 个体农庄模式

个体农庄模式是以规模农业个体户发展起来的，以"旅游个体户"的形式出现，通过对自己经营的农牧果场进行改造和旅游项目建设，使之成为一个完整意义的旅游景区（点），能完成旅游接待和服务工作。通过个体农庄的发展，吸纳附近闲散劳动力，把手工艺、表演、服务、生产等形式加入到服务业中，形成以点带面的发展模式，多个个体之间没有形成组织，是一种无组织模式，如湖南益阳赫山区的"花乡农家"和内蒙古乌拉特中旗的"瑙干塔拉"。通过旅游个体户自身的发展带动了同村农牧民的参与(郑群明和钟林生，2004)。

2. "公司＋农户" 开发模式

在发展乡村经济的实践中，高科技种养业成功地推出了"公司＋农户"的发展模式，因其充分地考虑了农户的利益，所以在社区全方位的参与中带动了乡村经济的发展。"公司＋农户"模式吸纳社区农户参与乡村旅游的开发，通过公司这个纽带，把分散的农户组织起来，是一种松散型组织模式。在开发浓厚的乡村旅游资源时，这种模式充分利用了社区农户闲置的资产、富余的劳动力、丰富的农事活动，增加了农户的收入，丰富了旅游活动，向游客展示了真实的乡村文化，如昆明鼎业开发的束河古镇、柏联集团开发的和顺古镇、橄榄坝农场投资建设的傣族园等。

3. 股份制开发模式

在开发乡村旅游时，可采取国家、集体和农户个体合作的方式，把旅游资源、特殊技术劳动量转化成股本，收益按股分红与按劳分红相结合，进行股份合作制经营，通过土地、技术、劳动等形式参与乡村旅游的开发。企业通过公积金的积累完成扩大再生产和乡村生态的保护与恢复，以及相应旅游设施的建设与维护；通过公益金的形式参与乡村的公益事业(如导游培训、旅行社经营和乡村旅游管理)，以及维持社区居民参与机制的运行等，这是一种相对更为紧密的组织方式。通过"股份制"的乡村旅游开发，把社区居民的责(任)、权(利)、利(益)有机结合起来，引导居民自觉参与他们赖以生存的生态资源的保护，从而保证乡村旅游的良性发展(郑群明和钟林生，2004)。

4. 乡村组织型开发模式

在乡镇或村两级的组织下，按照统一的部署和建设要求，开展乡村旅游接待和配套设施建设，这更多的是一种集体经济组织模式，村集体经济处于主导地位，村集体经济参与企业的经营和管理，如昆明福保文化村，该村是中国十大名村、中国十佳小康村之一，是云南乃至全国新农村建设的一个样板。在福保村历届村"两委"班子的带领下，全体村民艰苦奋斗，开拓创新，敢为人先，开创了一条新型的现代农村发展的路子，形成了统一集中管理的良好局面，集体乡镇企业从粗放、单一的粗加工业发展到科技含量高、上档次、上规模、创名牌，在市场中占有一席之地的支柱产业。福保文化村在其他产业发展的基础之上，大力发展乡村旅游，建设了"福保文化城"，水上世界，并举办了"中国乡村文化艺术节"等活动。

5. 综合型开发模式

综合型开发模式，即一级政府主导规划设计，投资建设旅游设施和基础设施，吸引社会资金开发建设旅游服务设施，引导城乡居民参与旅游接待服务。政府只是一个引导者，从事旅游促销和管理等工作，并不参与乡村旅游的经营和管理，为当地居民或者外来经营者提供的是一个乡村旅游发展平台。四川成都锦江区区政府为"五朵金花"的农家乐发展提供了用地等支持。云南省罗平县政府通过举办一年一度的"油菜花节"，扩大营销等方式，为以菜花为主要吸引物的全县乡村旅游创造了良好条件(李鹏和杨桂华，2006)。

四、国内乡村旅游发展趋势

随着乡村旅游业的蓬勃发展，乡村旅游出现了许多新的特点，正确认识这些特点，有利于把握国内乡村旅游的发展趋势。

(一) 经营走向一体化

发挥农村基层管理人员的作用，积极构建以土地联合经营为核心的多种旅游经营联盟，探索多样化的旅游开发模式是推动乡村旅游规模发展的有效途径。而从实际情况来看，经营联盟的开发模式在全国各地的乡村旅游发展中已经出现。例如，村"两委"主导型、村办旅游公司主导型、"公司+农户"型、"公司+旅行社+农户"型、"农庄+农户"型等，都是一种组织型的农家乐。这些不同的经营联盟都通过拟定完善的制度的方式，以契约的形式划分了各自的经营范围，从而形成了乡村旅游发展的错位互补经营，消除了恶性竞争，同时以联合营销的方式对外宣传，实现了规模优势下的利益共享和合作发展。

(二) 观光转向度假化

中国经济正在由中国制造向中国服务转型；旅游产业正在由传统的观光型向休闲度假型和体验型转变；中国各地的乡村旅游也从乡村观光向乡村度假、乡村体验化转变。农家乐从原有乡村观光旅游的初级阶段，向乡村旅游的高级阶段迈进，乡村度假、乡村生活、乡村体验成为乡村旅游的主旋律，特别是一部分经济发达地区"反城市化"、"逆城市化"现象的出现，使得乡村成为一部分城市居民向往的地方。

(三) 出行方式自助化

国内汽车的普及，使得城市居民出行更为自由和便利。出行方式的改变也对乡村旅游的发展产生了深远影响。旅游者在出行方式的选择上，不再像过去那样，大多由旅行社安排行程，而是尽情地去享受自助游带来的乐趣。但是，全国大部分乡村都是城市公共交通系统尚未覆盖的区域，乡村旅游开展必须依赖旅游交通和自驾车。私家车的发展在一定程度上解决了乡村旅游的交通问题。目前，全国的私家车保有量已经突破 1.2 亿辆，而且是每年以两位数的速度递增，这为城市居民自驾车去乡村旅游提供了条件。根据北京市各区县的旅游统计数据可知，在 2008 年"五一"期间接待的游客中，自驾车游客占 70%，其中很大一部分就是乡村旅游。

(四) 开发利用生态化

乡村旅游强调"生态性"，要求将对环境的破坏降到最低。乡村原生的自然环境、人文景观和农耕文化是乡村旅游的核心资源，它是吸引城市居民前往游览的直接动力。乡村旅游的可持续发展不能以资源的掠夺性开发为手段，而应注重人与村落的和谐进步，人与乡村文化的共同成长。因此，保持乡村自然和人文环境的原真性，实现开发与保护的有效结合是未来乡村旅游发展的趋势。乡村旅游应以都市文化作为比较样本，进一步"做大差异"，彰显农耕文化，保持乡村旅游的乡土性、乡村意象，从而实现开发与保护的有效结合。

(五) 产品提升特色化

目前，全国各地的乡村旅游产品以垂钓、棋牌、球类、健身、娱乐等为主，缺少地方特色，虽然出现了一些乡村酒店等新业态，但数量有限。随着各地乡村旅游的发展，"大路货"形式的乡村旅游难以满足市场需求，各地开始根据地理优势，以当地相关产业发展为依托，选择适合自身目标群所需的产品组合，向高档次(定制化农庄)、特色化(主题乡村酒店)、精品化(乡村精品酒店)方向发展，如北京周边出现的多种乡村旅游新业态和新产品。

第三章　农家乐与乡村发展

农家乐作为中国特色的乡村旅游项目，是中国乡村旅游的最主要形式，也是世界乡村旅游和中国实际相结合的产物。农家乐的概念、起源、发展历程和特点都值得关注，这也是研究农家乐经营者多维目标的基础。本章从农家乐和乡村旅游的关系入手，探讨农家乐在中国长期存在的可能性和促进农家乐发展的根本途径。

第一节　农家乐起源及其概念

在中国，乡村旅游发展要早于农家乐发展。20 世纪 50 年代，为了满足外事接待的需要，在北京、山西等地诞生了具有政治色彩的乡村旅游，这种乡村旅游更多的是具有表演性，而缺少娱乐休闲性。20 世纪 80 年代之后，产生了满足人民群众休闲娱乐需求的农家乐。这种休闲意义上的农家乐发生在乡村空间范围，强调旅游者与经营者互动和交流，属于一种新的旅游活动和资源利用形式，是具有中国特色的乡村旅游形式，也是我国乡村旅游的最重要组成部分。

一、农家乐起源

目前有关"农家乐"一词的来源还没有统一的说法。在古代诗歌里，也有描写农家乐的诗句，唐代著名诗人孟浩然在《过故人庄》一诗中，为我们生动地描绘了当时典型的农家乐场景。北宋诗人彭汝砺的《鄱阳集》诗文中就已经出现了"丰年谁及农家乐，老稚欢讴自涤场"的诗句。南宋诗人陆游，在其《剑南诗稿》之《岳池农家》中写道："农家农家乐复乐"。

在我国，现代形式的农家乐是 20 世纪 80 年代以后经济发展到一定阶段的产物，是在城市居民收入和空闲时间增加，农村完成产业结构调整的背景下出现的（郑群明和钟林生，2004）。20 世纪 80 年代初，深圳举办的荔枝节和贵州朗德上寨的民族风情旅游是真正意义上的现代农家乐。但把这种独特的乡村旅游形式以农家乐来命名，则始于 1987 年休闲之都——成都市郊区郫县友爱镇农科村。农科村依托自身开展园林苗木种植和距离成都市较近等优势,开展乡村接待服务。1987年,成都日报记者王学成对郫县农科村的乡村旅游发表了专题报道,首次把这种旅游形式以"农家乐"来命名。从此,各种形式、各具特色的农家乐在我国广泛开展起来。

二、农家乐概念

(一) 农家乐内涵

概念是科学研究的基础问题,农家乐也不例外。农家乐概念一直以来是研究的热点问题和难点问题。由于农家乐旅游的经营主体多元,经营方式多样,类别也比较复杂,兼之学者的不同学科背景,导致我国理论界对于农家乐的概念一直没有达成统一,众多学者各执一词。国内关于农家乐概念主要的观点,如表 3-1 所示。

表 3-1　农家乐概念

提出者	关于农家乐概念主要的观点
卢璐和刘幼平 (2002)	农家乐是农业旅游的一种产品,以农场,林场,鱼塘为对象,集具体的旅游项目,即观光、休闲、参与生态旅游为一体,以可持续发展为指导理念的一种生态工程,一种非大众旅游方式
何红 (2003)	所谓农家乐旅游,就是以农民所拥有土地、庭院、经济作物和地方资源为特色,以为游客服务的经营手段的农村家庭经营方式吸引市民来此休闲度假、观光娱乐和体验劳作的一种新型旅游活动
田喜洲 (2002)	狭义的农家乐,从购买者的角度来讲,它是指游客在农家田园寻求乐趣,体验与城市生活不同的乡村意味;从经营者的角度来讲,它是指农民利用自家院落所依傍的田园风光、自然景点,以低廉的价格吸引市民前来吃、住、玩、游、购、娱的旅游形式。而广义的农家乐源于农业的概念,即广义的农业,它包括农、林、牧、副、渔,所以广义的农家乐概念不仅包括狭义的农家乐,还包括林家乐、渔家乐等形式
胡卫华和王庆 (2002)	农家乐是一种以农业文化景观、农业生态环境、农事生产活动以及传统的民族习俗为资源,融观赏、考察、学习、参与、娱乐、购物、度假于一体的旅游活动
周荣华 (2004)	农家乐是一种利用乡村自然资源和人文资源,将第一产业和第三产业有机结合的新型农业旅游形式
任虹 (2004)	强调了农家乐旅游的"乡村性",一是发生在乡村地区,二是以乡村资源为吸引物,三是主要以城市居民为吸引对象
杨桂华和王秀红 (2006)	是指发生在乡村地区,以具有乡村特点的自然和人文景观为旅游吸引物的旅游形式。它包含两个方面的主要内容:第一,必须是发生在乡村地区的旅游活动;第二,必须有乡村特点的自然和人文景观作为旅游吸引物,二者缺一不可

这些概念都是从不同的侧面，对农家乐概念进行的界定，主要阐述三个问题：①农家乐是一种旅游活动。从旅游者的视角出发的（旅游需求的视角），农家乐是旅游者的一种旅游活动，是为了满足休闲娱乐的需求。从旅游者和经营者视角出发（旅游供给和需求的视角），农家乐又可以理解为一种旅游产品。②农家乐是一种资源利用形式。这种看法是从农家乐的资源利用形式来阐述的，农家乐主要利用乡村的自然资源和人文资源。③乡村是农家乐开展的空间范围。这种说法主要阐述农家乐的空间范围，主要是发生在乡村地区，强调了农家乐的乡村性。以上三个方面关于农家乐的限定并没有超过乡村旅游概念的范畴。

农家乐是中国特色的旅游形式，从中国文化背景来分析农家乐的特点也是一种理解农家乐的有效途径。

1."农"——乡村性

乡村旅游的本质特征是乡村性，这也是区别于其他旅游形式的根本。乡村性是和居住地的分散、低人口密度和开阔的空间相联系的，包括乡村地域和乡村资源两大方面。乡村具有以下特点：位于乡村地区；乡村活动小规模；社会结构和文化具有传统特征，变化慢，而且和家庭有联系；各地资源和历史不一，类型不同。农业、农村和农民是构成乡村性的外在形式，也是农家乐首先依赖的物质基础。

2."家"——家庭性

农家乐接待大都以家庭为基本单位开展旅游接待活动，这一点在农家乐发展早期尤为明显。农家乐起步的时候，由于举办者的经济条件和能力有限，所以难以组织更多资源和要素，大都是利用家庭现有的生产设施和生活设施，开展接待活动。同时，也有一部分农民，利用自身家庭的生活气氛和生活方式作为旅游吸引物，用其与旅游者进行价值交换，这样使得旅游者感觉到更为浓烈的农民家庭氛围。

3."乐"——娱乐性

早期的农家乐大都是城市居民的休闲娱乐方式，一种是利用乡村环境进行休闲活动，将休闲娱乐活动由城市环境转移至乡村环境，如麻将、扑克、卡拉 OK 等；另一种是利用农家生产、生活，如摘采、垂钓等，体验农家生产生活方式。随着各地农家乐条件的逐步提升，很多地方的农家乐可以提供的娱乐方式也在逐步增加，但以麻将、扑克为代表的休闲娱乐方式仍然是农家乐的主旋律。

本书认为：农家乐发生在乡村空间范围，以"吃农家饭、住农家屋、干农家活、享农家乐"为基础，具有乡村性、家庭性、娱乐性三个特征，是一种强调旅游者与经营者互动和交流的旅游活动和资源利用形式，是具有中国特色的乡村旅游形式，也是我国乡村旅游的重要组成部分。

(二) 农家乐外延

研究者不同的学科背景和不同的研究视角,在不同分类的标准下,产生了农家乐的多种不同分类结果(表 3-2)。

表 3-2 农家乐分类一览表

考虑要素	划分依据	类型	资料来源
空间要素	按区域位置	景区周围边沿型、老少边贫地区型、城市郊区型	(王兵,1999)
	地理位置	城市郊区型、边远型、景区周围边沿型	(肖佑兴和明庆忠,2001)
资源要素	资源和市场的依赖程度	资源型、市场型、中间型	(肖佑兴和明庆忠,2001)
	资源基础	观光娱乐乡村游、民俗文化乡村游、劳动教育乡村游	(张利民,2003)
	乡村特点	乡村自然风光旅游、农场或农庄旅游、乡村民俗旅游和民族风情旅游	(何景明和李立华,2002)
形成方式	按投资主体	农民自己投资、外来投资、联合投资	(刘娜和胡华,2001)
	开发类型	田园观光型、乡村科考型、乡村参与型和乡村度假型	(范春,2002)
	开发场地	田园型、居所型和复合型	(肖佑兴和明庆忠,2001)
市场要素	旅游目的	观光型、休闲型、体验参与型、度假型、游乐型、商务会议型、品尝型、购物型、研究型和综合型	(杨建翠,2004)
		观赏性农家乐、品尝性农家乐、购物性农家乐、务农性农家乐、娱乐性农家乐、疗养性农家乐、度假性农家乐、科普教育性农家乐	
	活动类型	田园观光型、科考科普型、休闲度假型、体验参与型观赏游览型、参与交流型、产品提供型、休闲度假型和农田文化型	(姚素英,1997)
特色	民族	汉家乐、白家乐、傣家乐、佤家乐、彝家乐	
	主题	果乡农家乐、花乡农家乐、茶乡农家乐、酒乡农家乐、水乡农家乐等	
	行业性质	农家乐、林家乐、渔家乐、牧家乐、副业工艺农家乐	

根据不同的区域位置、地理方位、资源基础、投资主体、体验类型、乡村特点、景点开发类型、游客的旅游目的、旅游活动类型、科技含量、旅游对象、资源和市场的依赖程度等,农家乐可以划分为很多不同的类型。

农家乐的主要消费者是城市居民，而农家乐的供给是以城市居民休闲需求为导向的。目前，国内农家乐发展的空间格局基本沿着"环城、沿路、临景"的发展思路[①]，即环绕城市形成了城郊农家乐旅游圈（如四川成都），沿主要交通干道形成了沿路农家乐旅游带，依托大型旅游区形成了农家乐旅游群。本书借鉴这一分类标准，把农家乐划分为以下三种形式：城郊型农家乐、沿路型农家乐、临景型农家乐。三种农家乐发展凭借的对象各不相同：城郊型农家乐主要依靠区位，沿路型农家乐主要依靠交通，临景型农家乐主要依靠景观（表3-3）。

表3-3　本书采纳的农家乐分类方法

名称	空间布局	特点	案例
城郊型农家乐	环状	一般在城市近郊，交通方便，提供舒适的食宿服务，娱乐设施齐全。只提供娱乐休闲服务，没有相应的景点可供游览	四川成都近郊三圣乡"五朵金花"农家乐、云南昆明近郊团结镇农家乐等
沿路型农家乐	线状	沿主要交通干道扩展，主要提供休闲娱乐及餐饮等服务	湖北省武汉周边农家乐沿沪蓉高速及京珠高速沿线分布
临景型农家乐	点状	位于著名景区周边，为游客提供简单的食宿服务和当地特产的农家乐	湖南张家界景区周边农家乐、四川九寨沟景区周边农家乐等

其中，城郊型农家乐是农家乐的主要形式。城郊型农家乐凭借良好的地理区位，以农业、农村、农事等为载体，利用庭院、鱼塘、果园、花圃等农林牧渔资源，根据城市市民的需求开发园林乐、林家乐、果园乐、菜园乐、渔家乐等多种产品，为旅游者提供观光、娱乐、运动、住宿、餐饮、购物等服务。即使沿路型农家乐，仍然基本以城市为中心，在交通沿线扩展成放射状分布，充分说明了乡村旅游市场城市性的特点。

与城郊型农家乐、沿路型农家乐不同，临景型农家乐更多的是对大型景区旅游要素比较单一（如只提供游览服务）的一种有效补充，通过农家乐提供的吃、住等旅游要素，使得旅游者出行更加方便，体验更加多元。

第二节　农家乐发展历程

1987年，在四川成都等地产生了乡村旅游意义上的农家乐。尔后，全国各地的农家乐发展取得了很大的成就。从全国各地的农家乐发展历程来看，大致可以分为三个阶段。

---

① 田里主持的"云南省乡村旅游发展总体规划"，2010年。

一、农家乐发展阶段

(一) 萌芽诞生阶段

第一阶段(1987~1998 年)为萌芽诞生阶段，这一阶段农业生产结构开始发生变化，党中央、国务院有关农业政策有所调整，传统农业开始向现代农业转变。面临逐渐增多的城市旅游者，城市郊区和著名风景区周边的一部分农民被动地利用自己的庭院和责任田从事旅游接待活动。这就催生了休闲意义上的现代农家乐的最初形式。

1. 土地制度改革为农家乐的发展提供了制度保障

新中国成立以来，农村土地制度实行过三次比较大的改革：①第一次是"耕者有其田"时期。新中国成立初期的农村土地改革，将土地分配给农民所有，结束了长达 2000 多年的封建制度，使农民第一次真正拥有了土地的产权，为农民真正当家做主、发挥生产积极性奠定了基础，同时也形成了分散经营、小规模生产的基本格局。②第二次是农村土地集体所有阶段。在"人民公社"化时期，农村土地又收归农村集体所有，土地实现了从分散耕作到集中经营的过渡，形成了规模化经营的雏形。这种规模化经营模式，在特定时期对当时农业生产力的提高和农民生活的改善起到了积极作用。③第三次是农村土地的家庭承包经营制度阶段。这种经营方式符合当时中国农村的客观实际，具有强大的生命力，为中国的农业、农村和农民的发展提供了重要保障，使得农业生产力得到前所未有的提高，农村经济得到前所未有的发展，农民生活水平得到前所未有的改善。但是，这种"按人配地"的分散经营模式，在促进农业生产力提高的同时，也阻碍了农业的现代化进程。

因此，必须在家庭承包经营制度的基础上，对土地经营权进行调整，才能充分保护农民的切身利益，也才能进一步促进农家乐的发展。萌芽阶段的农家乐以土地联产承包的土地制度为基础，农民可以利用自己承包的土地和庭院进行多种形式的自由经营，可以开展农业之外的接待服务业。实施农村土地流转政策更能为农家乐发展注入活力，四川成都农家乐的发展充分说明了这一点。

2. 市场需求是农家乐发展的催化剂

随着我国改革开放的日益深入，城镇居民收入有了明显的提高；双休日和"黄金周"使城镇居民有了更多的闲暇时间，交通条件的改善，城镇周边美丽的自然环境吸引越来越多的城里人前来游玩。为满足城镇居民固有的"乡土情结"，缓解其工作压力的需求，城镇周边的农村居民自发组织起来，利用自家的房舍提供简单的食宿服务，这便形成了我国最初阶段的农家乐。1987 年休闲之都——成都的郊区郫县农科村开办的农家乐，标志着我国以"农家乐"命名的现代休闲意义农家乐的开始。

3. 国家政策支持是农家乐发展的助推剂

为切实提高农民收入，政府把发展旅游业作为传统农牧渔业的替代形式加以大力推广，也作为政府扶贫和解决"三农"问题的手段。政府的鼓励政策推动了农业和服务业的有机结合，实现了产业融合。同时，农村大量的富余劳动力得以从传统农牧业中脱离出来，投入到旅游服务业。这既增加了农村劳动力就业，提高了农民收入，又促进了农业产业结构的调整。

4. 农家乐初期阶段的特点

农家乐在初期阶段的发展中呈现出如下特点：①产生的自发性。农家乐最初是由一些城市郊区的村民自发组织的，目的是为到乡村游玩的城市居民提供简单的食宿和便利，具有自发性的特点。②政府的支持。当地农民自发组织的农家乐，由于与国家"扶贫"和农业结构调整的政策相适应，因而得到了各级政府的大力推行，并给予了许多实质性支持。③投资开发盲目。我国农家乐最初是由农民自发组织的，加之农家乐作为一种全新的旅游形式缺乏相关的理论指导等原因，农家乐一开始就具有盲目性的特点。盲目地开发，导致了诸如环境破坏、旅游产品雷同单一、服务质量低下和恶性竞争等问题。初期阶段的农家乐迫切需要理论的指导、政府的干预和行业的规范。

(二) 初步发展阶段

第二阶段(1999~2005 年)为初步发展阶段，1997~1998 年爆发的亚洲金融危机席卷东南亚和东亚国家，我国经济也受到了严重的影响。为了减少出口锐减带来的负面影响，国家采取政策措施，鼓励发展旅游扩大内需，农家乐作为一种准入门槛较低的旅游接待形式开始得到了快速的发展。这一阶段发展农家乐的指导思想为"先开发后规范"。农家乐发展步伐大大加快，从事旅游接待的农户迅速增加，规模不断扩大。2004 年，一批农家乐经营单位被授予首批"全国农业旅游示范点"。

经过十几年的发展，农家乐已经从开始的农民自发组织发展到系统的旅游规划，从数量众多、但规模有限的农家小院发展到目前的数量有限、但规模较大的休闲农庄。农家乐的产品类型和规模也出现了多样化的趋势，可以满足不同的市场需求。

大部分农家乐由于距离城市近且花费低而受到城市居民的欢迎，成为广大市民经常光顾的观光休闲场所。良好的市场预期反过来又刺激了更多农家乐的兴建。政府的支持和鼓励政策也起了进一步的促进作用。截至目前，1998 年国家旅游局推出农家乐旅游线的跨度就达 20 个省、1 万多个村庄(贺小荣, 2001)。2004 年年底, 有我国农家乐发源地之称的四川成都, 其周边各类型的农家乐就达到 4500家, 这充分说明全国农家乐规模之巨大。各地农家乐的起步时间和基础条件不同, 导致全国农家乐的非均衡发展。除了极个别的地方出现了暂时的相对过剩, 农家乐在大部分地区仍保持快速发展的局面。

(三) 快速发展阶段

从 2006 年年初开始, 以"十六届五中全会召开"和"2006 年中央一号文件"为标志, 全国各地农家乐开始进入快速发展阶段, 农家乐开始向品牌化、规模化和规范化方向发展, 这标志着我国农家乐旅游进入树立形象和打造品牌的新阶段。同时, 农家乐发展也开始出现分化的局面: 有的农家乐经营规模和服务水平越来越高; 有的农家乐经营能力没有得到提高, 规模仍然偏小, 面临着被市场洗牌的窘境。

2010 年 10 月 9 日, 由农业部、国家旅游局和四川省人民政府主办的"2010中国(郫县)休闲农业与乡村旅游节", 在中国农家乐旅游发源地——成都郫县友爱镇农科村举行。农业部和国家旅游局授予郫县"中国首家休闲农业与乡村旅游示范县"的称号。这是农家乐转型发展的标志性事件, 是农家乐转型升级的一个良好开端。

二、 农家乐发展趋势

了解农家乐的未来发展趋势对农家乐的发展有着重要的指导意义。纵观全国, 以下四个方面在一定程度上代表了农家乐的未来发展方向。

(1) 越来越多样化, 越来越注重特色。特色是旅游产品的生命力所在, 农家乐也不例外。大量的农家乐没有自身特色、"千店一面", 会失去对游客的吸引力, 逐步被挤出竞争激烈的农家乐市场。

(2) 统一品牌, 统一经营销售。长期以来, 由于缺乏现代经营观念与品牌意识以及家庭小规模经营, 农家乐基本上没有统一的品牌, 统一的经营销售也很少。在旅游市场竞争日趋激烈的今天, 由当地政府或者行业协会出面组织统一的农家乐的品牌, 进行联合经营销售将是农家乐发展的一大趋势。

(3) 农家乐和生态旅游、文化旅游的结合。和谐的自然环境是农家乐得以开展的前提, 而民俗文化、农耕文化和民居村落文化则是农家乐的核心精髓, 农家乐与二者的结合代表了农家乐的未来发展方向。既有良好的生态环境、又融入了当地文化特色的农家乐具有较强的竞争力。

(4) 农家乐的经营、服务将进一步被规范。低水平的农家乐经营服务阻碍了农家乐的健康发展，各地政府已认识到对农家乐经营者进行培训的重要性，并相应地出台了一些农家乐的服务规范和地方标准，如北京市颁布了《乡村旅游特色业态标准及评定》系列（含 9 个地方标准）、河北省出台了《乡村旅游服务质量标准》（DB 13/T 1009—2009）、浙江省出台了《农家乐经营户（点）旅游服务质量星级划分与评定》（DB 33/T 669—2007）、广东省出台了《"渔家乐"休闲旅游服务规范》（DB 44/T636—2009）。与乡村旅游、农家乐相关地方标准的出台，促使农家乐向着越来越规范的方向发展。也有一部分经营者将酒店管理的先进经验自觉地运用到农家乐经营中，促进了农家乐服务水平的提高。

第三节　现阶段农家乐发展特点

从全国来看，区域特点和经济发展情况都不同，各地农家乐发展差异较大，但现阶段农家乐发展有几个比较具有共性的特点。

一、农家乐服务更多体现为基本服务

(一) 农家乐主要是提供基本服务

早期的农家乐经营者向旅游者提供的旅游产品，主要是一些垂钓、麻将、棋牌、卡拉 OK 等传统休闲娱乐旅游产品，近年来又增加了登山、台球、乒乓球、烧烤、跳绳等新型旅游产品。但许多农家乐的经营，主要还是围绕旅游者的吃、住、玩等需求展开。早期的研究也反映了这一点，田喜洲（2002）认为农家乐旅游产品有交通优势、环境优势、价格优势、特色优势、饮食优势、娱乐优势 6 个特征。程道品和梅虎（2004）认为生产性、观赏性、娱乐性、参与性、文化性、市场性、季节性是农家乐产品的七大特征。陈蕾（2004）认为农家乐区别于其他旅游项目的特征是浓郁的乡村气息和农家风情、收费公道且价格低廉、中短途路程的定位、以自住房屋进行经营、经营以农村家庭为主。

(二) 目前农家乐服务开始关注精神需求

从目前农家乐提供的旅游产品来看，其更多的是提供一种满足身体需求的服务产品，而不是所谓的精神产品。很多旅游学者已经开始更多地关注农家乐中精神层面的东西。西安市农家乐研究表明：除了接待条件、目的地可进入性和休闲因素等硬性条件之外，农村特色、农家的生活氛围等对旅游者的决策都有影响(冯小霞和张红，2008)。也有学者以上海农家乐为例，提出了住宿产品力求生态化与情景化，餐饮提供力求特色性与针对性，旅游活动项目力求乡土化与参与性，旅游线路设计体现主题化与多样化，旅游商品体现个性化与本土化以及交通设施建设体现便利化等旅游产品的创新开发思路(周笑益，2008)。农家乐在产品设计方面的未来发展，除了原来考虑满足旅游者的身体放松的需求之外，开始考虑满足旅游者更高层次的精神方面的需求。满足旅游者更高层次的精神需求是将来农家乐产品提升的方向和关键所在。

二、农家乐产品更多表现为休闲观光产品

(一) 乡村度假是国外乡村旅游的主要形式

一直以来，乡村度假是国外乡村旅游发展的一个热点。特别是在欧美一些发达国家，乡村度假已具有相当的规模，并显示出强大的生命力和发展潜力，如澳大利亚葡萄酒业旅游度假、波兰乡村生态旅游度假、匈牙利乡村文化旅游度假等，都是乡村度假发展的典范。乡村度假旅游也因其物美价廉的产品特性而受到越来越多旅游者的青睐，成为仅次于海滨度假的第二大度假产业。以法国为例，1998年，2/3 的法国人选择了国内度假，其中 33%的游人选择了乡村度假，仅次于海滨度假的比例(44%)。近几年，法国乡村每年接待的 200 万(其中 1/4 是外国游客)国内外游客中，50%是中高级雇员或自由职业者，这些游客非常稳定。据法国小旅店联合会统计，近 7 年来在度假中一直采用乡村度假方式的度假者占 44%，主要采用这种乡村度假方式的度假者占 72%，更有 15%的度假者每年都住在同一地方(王兵，1999)。

(二) 国内旅游市场的休闲度假需求开始出现

近年来，我国以休闲度假为目的的旅游呈逐年增长态势。2000~2002 年中国国内旅游抽样调查资料表明，我国公民以休闲度假为目的旅游年递增率分别为 16.8%、17.7%和 19.1%。根据邵祎和程玉申(2006)对国外度假旅游双轨现象的研究，王莹(2006)对杭州国内休闲度假旅游市场进行调查研究，结果表明：我国的乡村度假旅游是以短期度假的市场需求为主，大部分旅游者度假逗留时间小于 3晚。国内基础设施和经济条件较好的经济发达地区，如北京、上海、杭州等地，已经出现了不少乡村旅游度假产品，如庄园式乡村度假产品、分时型乡村度假产品、公寓式乡村度假产品等。但这只是局部地区和区域，全国大范围的乡村度假

尚未形成。

(三) 目前农家乐难以胜任乡村度假

但国内大多数农家乐的经营主要还是围绕满足旅游者的吃、住、玩，农家乐现有水平主要是为旅游者提供休闲观光等服务，只能满足旅游者1~2天休闲的需求，而难以达到国外3~5天乃至更长时间的乡村度假的要求。作为乡村度假，需要良好的设施、舒适的环境和全面的服务，舒适性尤其是偏好休闲度假的居民外出度假考虑的重点(黄燕玲和黄震方，2008)。就目前而言，很大一部分农家乐，无论是资源特点、硬件设施还是软件服务，都难以支撑乡村度假产品的建设。张静和谭福庆(2010)在对乡村旅游者的满意度调查中，发现影响旅游者满意度的因素主要有旅游地景观缺乏整体性，落后的基础设施和环境与旅游发展要求的差距，农民素质与现代旅游服务要求的断裂，服务质量及管理相对落后，与快速发展的乡村旅游相脱节等。乡村度假产品的建设也不可能由个体的农家乐经营者来完成，它实际上需要有乡村地区良好的公共基础设施作为支撑，如交通、医疗、购物、娱乐等配套设施。乡村度假旅游产品的开发，大都是具有一定实力的外来投资者，也有些地区以村民集体经济的身份参与或者主导经营。

三、农家乐经营更多体现为家庭行为

从经营者的组织方式来看，全国的农家乐经营者主要分为两大类型：农民家庭型农家乐和非农民组织型农家乐。

(一) 农家乐经营者已经出现了分化和演变

目前，农家乐已经出现了四种组织形式。在农家乐发展的早期，由于进入门槛比较低，只要有条件的家庭几乎全部开展农家乐经营，农家乐的经营者主要是农民家庭，农家乐的组织形式都属于自我雇佣型。随着农家乐的发展，农家乐经营者发生了较大变化。一部分农家乐经营者由于不能适应市场竞争，被淘汰出局。一部分经营者规模越做越大，农家乐组织形式已经成为小型雇佣型或企业主管理型。同时，一些有实力的投资者，看到农家乐经营有利可图，就加入到农家乐经营者的队伍中来。农家乐组织以非家庭成员为雇工，有一定的投资规模，有专门的管理人员，农家乐组织的管理权与所有权开始分离，开始出现企业主控制型农家乐。

(二) 农民家庭型农家乐经营者相对弱势

对农民家庭型农家乐而言，其经营者以当地农民家庭为主体，通过自家的农田、果园、鱼塘、牧场等展示农村风貌、农业生产过程、农民生活场景，通过展示吸引旅游者。一些餐饮接待设施完全利用自家的宅基地、现存生活设施改建或改善而成，经济投入和硬件建设有限。由于一部分农民家庭型农家乐，其规模较小，而且自身素质和管理水平在短期内没有得到提高，其经营效益下滑，甚至部分倒闭。从全国来看，农民家庭型农家乐已经出现萎缩现象，与非农民组织型农家乐相比，处于一种弱势地位。

(三) 非农民组织型农家乐经营者趋于强势

一些人把农家乐经营视为一种投资的途径。一部分非农民组织型农家乐的投资者本身是经营者，也有一部分非农民组织型农家乐开始雇佣一部分非亲属但具有一定经营经验和管理能力的人作为经营者。投资者通过公司化运作，租用农民个人或集体的土地，然后修建大型的乡村旅游餐饮、住宿等接待设施、游乐设施，然后招聘相关管理人员、服务人员，开始运营。其运营规模一开始就比较大，同时由于可以招聘人员，其经营能力也相对较强。

从全国来看，农民家庭型农家乐经营者占了主流，这一部分农家乐规模相对较小，但是数量较多。非农民组织型农家乐虽然数量不多，但是经营规模相对较大，对于提升农家乐经营水准具有较大的作用，而且各地政府对非农民组织型农家乐更为重视。但是，非农民组织型农家乐"家"的概念已经不复存在，其发展对于增加农民收入的影响，也比农民家庭型的作用小。

第四节　农家乐与乡村旅游发展的关系

由于旅游市场需求和供给的限制性，农家乐在中国还将长期存在，而且农家乐的发展状况和发展趋势取决于中国乡村社会的整体发展情况。

一、农家乐是中国特色的乡村旅游

农家乐无疑是一个中国化的名字，很形象地反映了乡村旅游在中国的实践和探索，从内容到形式都深深地烙上了深刻的中国文化特征。

(一) 农家乐符合中国文化内涵

在中国文化产生和发展的过程中，农业一直是基础，中华文化就是一种农耕文化。中华文化的雏形最早孕育于中原地区，然后再以中原为中心，不断向周边地区拓展农耕文化的影响力，这使得农耕文化显现出日益强大的扩散效应。与此同时，游牧文化与农耕文化呈现此消彼长之势，一旦中原政权势微，北方游牧势力就会对中原进行军事征服，并几番成就入主中原的大业。农耕文化与游牧文化的二重变奏，构成了中华文化形成和发展的主要脉络，也是中华文化内涵不断充盈丰厚的内在动因。在这个过程中，以家庭为自给自足的经济单位，男耕女织、养猪喂鸡，从种植棉花开始到纺织织布的农耕文化处于主导地位。以农耕文化为基础的田园生活是我国许多文人和士大夫追求的生活。陶渊明的田园诗及其思想就表达了中国先人们对农村的恬美静穆和田园生活的喜爱，"采菊东篱下，悠然见南山"就是生动的写照。农家乐延续了中华农耕文化的内涵和中国人对田园生活的追求。

(二) 农家乐具有中国特色的形式

农家乐根植于中华大地之上，许多活动内容是以农耕文化为基础演绎出来的。农家乐所推崇的"吃"和"玩"，都是中华文化的重要组成部分。中国人一直推崇"民以食为天"，"吃"是全国各地农家乐的重头戏，有些地方甚至是主角戏或独角戏。这些农家乐把当地菜系特点和原材料有机结合起来，形成自身特色，如渔家乐，吃鱼肯定是重头戏。麻将是很多地方的农家乐中很重要的娱乐休闲方式。麻将也是中华娱乐休闲文化的一部分，甚至被认为是中国的国粹之一，一直以来也是各地人民群众喜闻乐见的休闲和娱乐形式。麻将作为娱乐工具老少咸宜，其乐无穷，魅力无限永恒。现在世界上只要有中国人居住的地方，就有麻将游戏声不绝于耳。同时，还有许多农家乐娱乐休闲形式也是在农耕文化的基础上开发出来的，如摇风车、踩水车、赶牛车、干农活、摘蔬果等农事特色项目。

(三) 中西方乡村旅游者经营形态有差异

西方国家乡村旅游经营者一般不会因为旅游开发而刻意改变乡村的自然风貌，主要项目有瓜果采摘、集市体验、亲近动物、农家住宿、自租自种等。如法国乡村旅游是家长带孩子参观农庄，看牛羊、看挤奶、观看制作奶酪和酿酒过程；在美国和加拿大，每当瓜果成熟的季节，城里人就纷纷涌进各大农场，参加采摘水果的度假活动。对于农场经营者而言，乡村旅游更多的是一种种植、养殖的增值行为。在中国，农家乐经营是很多农民的专职工作，是一种生计方式。农家乐经营者会为了迎合乡村旅游者而作较大的改变，如村镇风貌建设有"城市化"的趋势，农民住房建筑风格、装修格调有"宾馆化"的趋势。中国农家乐经营者提供的服务种类较为丰富，主要是吃、住、玩等。

二、农家乐可能长期存在

在一定时期内，农家乐这种旅游方式还可能在中国长期存在。在现有条件下，中国的国情和文化背景决定了乡村度假旅游方式不可能完全替代以娱乐休闲为主的农家乐旅游方式。

(一) 农家乐市场需求可能长期存在

各地农家乐需求市场方兴未艾。中国经济总量在世界上排名第二，整个旅游市场已经产生大量的休闲度假需求。但是中国人均 GDP 仍然属于发展中国家，而且不同地区的人均收入差异较大，国民的经济能力不足以支撑普遍的旅游度假需求，中国旅游休闲度假市场会出现很大的差异化和市场细分。农家乐这种经济实惠的休闲娱乐方式还有很大的市场需求，特别是对于中西部的二、三线城市和县城的城市居民而言。

(二) 休闲度假供给存在不确定性因素

在国内，休闲度假资源的稀缺性和休闲度假设施的短缺性，短期内难以满足长期巨大的休闲度假需求。从旅游休闲度假市场的供应方面来看，人多地少是中国休闲度假发展的最大实际和较大的限制性因素。中国各地的土地都是最为稀缺的资源要素，各地农村土地利用都在以保证粮食生产为第一目标，中国政府也在农业用地转变成建设用地方面作出了极为严格的控制。各地难以大规模地修建符合乡村度假条件的庄园、别墅等度假设施，这使得乡村度假的供给受到限制。

(三) 农家乐本身存在限制性因素

农家乐的人文因素、资源因素和管理因素都极大地限制了农家乐本身的提质增效、升级换代(何景明，2005)。从全国来看，农家乐经营者的经营能力和服务水平差异很大，大部分区域的农家乐经营者，尤其是农民家庭型农家乐经营者的文化素质和经营水平仍然普遍较低，难以支持更高形式的乡村旅游产品。中国农家乐发展的供求关系和现状，以及农家乐本身的实际情况都决定了农家乐形式还将长期继续存在。

(四) 部分农家乐已经实现了转型

原有的农家乐所指的"吃农家饭、住农家屋、干农家活、享农家乐"，远远不能涵盖现在农家乐的全部形式。在全国各地，农家乐已经被广大城市居民所接受，已经深入人心。为了利用农家乐品牌的"首因效应"，许多乡村度假村、乡村酒店的经营者仍然愿意将乡村度假等旅游形式称之为农家乐，在全国各地的农家乐网站上(如北京、长沙)，农家乐几乎涵盖了乡村地域的所有旅游类型，这说明在某种意义上农家乐已经成为乡村地域的所有旅游产品类型的代名词。

三、农村发展决定农家乐发展

大部分人都认为，乡村旅游发展与新农村建设是一种互动的关系，新农村建设能够带动乡村旅游发展，乡村旅游发展又能促进新农村建设，这种互动作用确实存在，但是两者是一种不对等的互动关系。

(一) 农家乐发展的地域限制

在中国，农家乐发展较好的地区往往是区位资源条件较好的地区。而最需要发展的乡村地区，往往是农家乐发展最为薄弱的地方，这些地区经济落后、基础设施差、与城市距离远，在现有条件下很难发展农家乐。这些边远地区，即使存在少量的农家乐，其规模和数量也是十分有限的。中国有很大一部分农村地区，特别是一些老、少、边、穷地区，难以发展农家乐，农家乐及乡村旅游发展受到了限制。虽然全国的农家乐数量较大，但是农家乐贡献的经济总量有限。农家乐的发展可以使一部分农民经营者富裕起来，但毕竟只是少数农民。

(二) 农家乐本身的作用有限

包括农家乐在内的乡村旅游，确实对中国新农村建设具有一定的促进作用，能够在一定程度上起到"以旅促农"的作用，乡村旅游也因此被认为是建设社会主义新农村的重要手段之一。国内许多的研究案例，都是从个别的案例地上得出农家乐发展对当地经济的促进作用大的结论，这个结论是毋庸置疑的。但是中国农村开展农家乐的地方毕竟不是全部的乡村地区，总体来说数量仍然偏少。因此，乡村旅游对乡村发展的促进和带动作用是有限的或者是局部的，不应该过分夸大。

农家乐对于整个中国农村的经济发展和社会进步起到的作用是有限的。国外研究也表明：旅游虽然可以补充家庭收入，但不是万能药(Oppermann，1996)；旅游占家庭总收入比例过低，影响经营者可持续发展的积极性。在以色列，由于农庄旅游规模很小，旅游季节短，带来的收益较低，对地方经济影响不大，乡村旅游并没有如人们所想象的为当地经济带来很大的收益。Deller(2010)在对美国 1990~2000 年的贫穷比例进行对比后发现，旅游在乡村贫穷比例的变化中发挥的作用不大。

(三) 农民家庭经营型农家乐开始萎缩

目前，一些非农民以资本运作形式和组织方式投资农家乐。在资金实力、经营水平和营销手段等方面，非农民组织型农家乐比农民家庭型农家乐更具有竞争优势，而且更加容易获得政府的支持。非农民组织型农家乐的进入，使得农民家庭型农家乐处于竞争的不利地位，一部分农民家庭型农家乐逐步被淘汰出乡村旅游行业，农民家庭型农家乐规模在萎缩；也使农家乐发展对于农民收入增加、农村发展、农业稳定等方面的贡献作用下降。

(四) 新农村建设提供巨大机会

从长期来看，我们国家的发展以出口为导向的经济战略已经受到了极大的限制，开始转向投资、出口和消费并驾齐驱的发展道路。扩大内需就必须解决"三农"问题，家电下乡、汽车下乡就是实施这种战略的举措。国家在今后的一段时间内还将加大城乡统筹力度，势必在基础设施、产业政策、农民利益保障方面给予更大的支持，为乡村旅游发展和农家乐发展提供良好的外在条件和物质基础。实质上，在农村建设和农业发展各种措施中最有效的方式是农民数量减少和农民素质提高。农民综合能力的提高，必将使中国农村发生更深远的变化，更能够适应乡村旅游的发展要求。随着中国的农业发展、农村建设和农民能力的提高，中国乡村旅游必将走上健康的发展道路。

第四章　农家乐经营者多维目标

动机是维持组织或个人存在并促使活动朝某一目标前进的内部动力。作为新型农民组成部分——农家乐经营者，其角色构成是比较复杂的，既有个体农民的角色、又有一种特殊的旅游小企业业主身份。农家乐经营者的复杂角色和中国社会经济的大背景，造成了中国农家乐经营者多维目标的复杂性。本章在阐述个人动机、企业目标、小企业等相关理论的基础上，提出了农家乐经营者多维目标体系。

第一节　个人动机理论

动机理论是心理学和管理学最重要的基础理论之一，也是分析乡村旅游经营者多维动机的重要工具。动机有由内到外两个因素，内部因素：需要、兴趣、信念、世界观；外部因素：目标、压力、责任、义务。其中影响比较大的是内部的需求和外部的目标。动机理论影响最大的是马斯洛的需要层次理论。

一、马斯洛需要层次理论

美国心理学家马斯洛于 1943 年提出了关于人生需要 5 个层次的论述，即生理需要、安全需要、归属与爱的需要、自尊需要和自我实现需要。后来他又在自尊需要和自我实现需要之间添加了认知需要和审美需要。

(一) 生理需要

生理需要指生理上的需要，是人们最原始、最基本的需要。例如，人们对食物、水分、空气、穿衣等的需要就属于这类需要。马斯洛认为，生理需要在人类各种需要中是最强烈的、不可避免的、最底层的需要。如果一个人的生理需要得不到满足，其他的需要均会被推到次要的位置。

(二) 安全需要

安全需要指安全的需要，要求劳动安全、职业安全、生活稳定、免于灾祸、未来有保障等。马斯洛认为，人们喜欢一个安全的、有秩序的、可以预测的、有组织的世界，在那里他们有所依靠，不会发生意外的、难以控制的或其他危险的事情。安全需要比生理需要高一级，当生理需要得到满足以后就要保障这种需要。

(三) 归属与爱的需要

归属与爱的需要也被称为社交的需要，是指个人渴望得到家庭、团体、朋友和同事的关怀与理解，是对亲情、友情、爱情等的需要。马斯洛认为，爱应该包括两个方面：给别人的爱和接受别人的爱。归属与爱的需要要比生理和安全需要更细微、更难以捉摸。它与人们的性格、经历、生活环境、民族风情、生活习惯以及宗教信仰等有关，在现实生活中要搞好人际关系，不能简单地就事论事，而应该有感情与爱的因素。

(四) 自尊需要

自尊需要包含自尊、他尊和权力欲三个方面，即自我尊重、尊重别人以及自我评价。马斯洛认为，社会上所有的人都希望自己有稳定、牢固的地位，希望得到别人的认可和尊重。自尊需要分为三大类：第一类是希望有实力、有成就、有信心，要求独立和自由；第二类是要求有名望，受到别人的信任、赏识、重视、关心和高度评价；第三类是希望别人尊重自己，自己也表现出非常自重、自尊，并懂得如何去尊重别人。自尊需要很少能够得到完全的满足，但基本上的满足就能产生较大的推动力。

(五) 认知需要

在完成了对生理、安全、归属与爱、自尊的需要以后，个体开始试图认识外面的世界。因此，从认知需要开始到自我实现需要，马斯洛将其划为三种"成长性需要"，而前四种称为"基本需要"。事实上，认知也是由对外部慢慢发展到对自身，人类历史的发展过程也印证了这一点——自然科学的兴起、对宇宙世界起源奥秘的探索，大大早于对人类社会本身的思考与理解。

(六) 审美需要

审美是一种高级需要，美在自我实现者身上得到最充分的体现。在人类初步学会了认识世界以后，开始有了这一更高的追求，也就是站在一个"美"的角度看待和理解自己及周围的万物。原始人类衣不蔽体，从来不知道美与丑，因为生存需要都难以满足。随着文明的发展和智慧的进步，人开始渐渐有了审美的需求。当然，对美的认识也引来攀比等心态，但从心理学来说，仅作客观描述，不作是非对错的评价。

(七) 自我实现需要

自我实现需要是最高等级的需要，满足这类需要就要求圆满完成与自己能力相适应的工作，最大限度地发挥自己的潜在能力，成为所期望的人。为此，音乐家必须演奏出最悦耳动听的音乐，教师必须毫无保留地把自己的知识传授给学生，只有这样才会使他们感到最大的快乐和满足，是什么样的角色就应该干什么样的事情，这是一种创造的需求。有自我实现需要的人，似乎在竭尽所能，使自己趋于完美。自我实现意味着充分、活跃、忘我、全神贯注地体验生活。

马斯洛认为人都潜藏着这 7 种不同层次的需求，但在不同的时期表现出来的各种需求的迫切程度有所不同。占支配地位的需求才是激励人行动的主要原因和动力。只有低层次的需求得到适当的满足，才会产生高层次的需求。

从动机角度来看，这种理论认为，虽然没有一种需要会得到完全、彻底的满足，但只要它大体上得到满足，就不再具有激励作用了，高层次的需要会取代它成为推动行为的主要原因。有的需要一经满足，便不能成为激发人们行为的起因，于是被其他需要取而代之。

二、洛克目标设置理论

美国马里兰大学管理学兼心理学教授爱德温·洛克和休斯在研究中发现，外来的刺激(如奖励、工作反馈、监督的压力)都是通过目标来影响动机的。目标能引导活动指向与目标有关的行为，使人们根据难度的大小来调整努力的程度，并影响行为的持久性。在一系列科学研究的基础上，洛克于 1967 年最先提出"目标设定理论"(goal setting theory)，认为目标本身就具有激励作用。目标能把人的需要转变为动机，使人们的行为朝着一定的方向努力，并将自己的行为结果与既定的目标相对照，及时进行调整和修正，从而实现目标。这种使需要转化为动机，再由动机支配行动以达成目标的过程就是目标激励。目标激励的效果受目标本身的性质和周围变量的影响(罗宾斯，2008)。

目标设置理论的要点包括以下几个方面：

(1) 具体的目标比空泛的目标好。目标应当是具体的，具体的目标比泛泛的目标诸如"尽力而为"能产生更好的效果，目标具体化本身就具有内在推动力。

(2) 具有一定难度的目标比唾手可得的目标好。洛克认为，具有一定难度的目标比中等难度或容易达到的目标会产生更高的工作绩效。但目标的难度必须适中，难度太大的目标会使人丧失信心，反而导致低绩效。

（3）可接受性强的目标比可接受性弱的目标好。只有在组织目标为个人所接受并转化为个人目标时，目标才能对个人的行为起激励作用。

（4）能够获得反馈的目标比没有反馈的目标好。如果人们可以获得反馈以了解在实现目标的过程中自己的工作水平如何，人们的工作绩效就会大幅度提高，因为反馈有助于他们了解自己所做的与自己想做的之间是否存在差异。反馈可以指导行为，但反馈的效果却不尽相同，自发的反馈比来自外部的反馈具有更大的激励作用。

三、麦克利兰成就动机理论

麦克利兰的成就动机理论，也称三种需要理论、成就需要理论，是由美国哈佛大学教授大卫·麦克利兰通过对人的需求和动机进行研究，于20世纪50年代在一系列文章中提出的。他认为有三种需要推动人们从事工作：成就需要、权力需要和归属需要（罗宾斯，2008）。

（一）成就需要：达到标准、追求卓越、争取成功的需要

麦克利兰认为，具有强烈成就需要的人渴望将事情做得更为完美，提高工作效率，获得更大的成功。他们追求的是在争取成功的过程中克服困难、解决难题、努力奋斗的乐趣，以及成功之后的个人成就感，而不是成功之后得到的荣耀和奖赏。高成就需要的人喜欢这样的工作：自己有权寻找解决问题的办法；能够及时并准确地得到有关自己工作业绩的反馈信息，从中了解自己是否有所进步；工作目标具有适度的挑战性。他们喜欢接受困难的挑战，并为自己的成败负责。他们回避那些他们觉得特别容易或特别困难的工作任务，会选择能够取胜的最艰巨的挑战，只有成败可能性均等时，才是一种能从自身的奋斗中体验成功的喜悦与满足的最佳机会。

（二）权力需要：以某种方式左右他人行为的需要

权力需要是指影响和控制别人的一种欲望和驱动力。不同的人对权力的渴望程度也有所不同。权力需要较高的人对影响和控制别人表现出极大的兴趣，喜欢对别人"发号施令"，注重争取地位和影响力。麦克利兰认为，组织中管理者的权力分为两种：一是个人权力，追求个人权力的人围绕个人需求行使权力，在工作中需要及时的反馈和倾向于自己亲自操作；二是职位性权力，职位性权力要求管

理者与组织共同发展，自觉的接受约束，从体验行使权力的过程中得到一种满足。

(三) 归属需要：建立友好和亲密的人际关系的愿望

归属需要就是寻求被他人喜爱和接纳的一种愿望。高归属需要的人更倾向于与他人进行交往，至少是为他人着想，这种交往会给他带来愉悦感。麦克利兰认为，高归属需要者渴望亲和，喜欢合作而不是竞争的工作环境，希望彼此之间能够沟通和理解，他们对环境中的人际关系更为敏感。有时，归属需要也表现为对失去某些亲密关系的恐惧和对人际冲突的回避。

第二节 企业多维目标

企业多维目标可以分为组织目标和企业经营目标两个方面来讨论。组织目标是管理者和组织中一切成员的行动指南，也是组织决策、效率评价、协调和考核的基本依据。企业经营目标包括经济、发展、社会责任三个方面（Tim Ang 和姜旭平，2008）。

一、组织目标

组织目标是指一个组织在未来一段时间内要实现的目的，它是管理者和组织中一切成员的行动指南，是组织决策、效率评价、协调和考核的基本依据。任何一个组织都是为一定的目标而组织起来的，目标是组织最重要的条件。组织目标是组织完成使命和组织宗旨的载体，是开展各项组织活动的依据和动力。每一个社会组织，都有自己预期的目的或结果，都代表着一个组织的方向和未来。无论其成员各自的目标有何不同，但一定有一个为其成员所接受的共同目标。

组织目标是所有参加者的间接的个人目标，它是组织的参加者们一起进行组织活动，以满足各自不同动机的手段。也就是说，组织的参加者将实现组织目标作为达到个人目标的手段和途径。如果组织目标表现出了对个人的有用性，组织成员就会通过其日常工作，连续地关注那个目标，他们会赏识那个目标的重要意义和价值。这样，组织目标就能逐步得到实现，从而也给他们带来了个人价值的实现。

目标有两个最基本的属性：明确度和难度。目标可以是明确的，也可以是模糊的。明确的目标可以使人们更清楚要怎么做，付出多大的努力才能达到目标。目标设定得明确，便于评价个体的能力。很明显，模糊的目标不利于引导个体的行为和评价个体的成绩。因此，目标设定得越明确越好。

从难度来看，目标可以是容易的、中等的、难的或者是不可能完成的。难度依赖于人和目标之间的关系，同样的目标对某人来说可能是容易的，而对另一个人来说可能是难的，这取决于他们的能力和经验。在完成任务的人有足够的能力、对目标又有高度认识的前提条件下，任务越难，绩效越好。绩效与目标难度水平之间存在着线性关系，人们可以根据不同的任务难度来调整自己的努力程度。

在目标设定与绩效之间还有其他一些重要的因素，这些因素包括对目标的承诺、反馈、自我效能感、任务策略、满意感等。

(一) 性质分类

有学者将组织的目标区分为以下两种：一种是能够维持组织生存下去的目标；另一种是保证组织发展壮大的目标。这种分类就是把目标分为生存目标和发展目标，生存目标是组织存在的前提，发展目标是组织努力的方向。另有学者详细地分析了组织的多层次目标，包括社会目标、产量目标、系统目标、产品特性目标和其他派生目标。其中，产量目标又包括向消费者提供产品和服务的质量和数量等；系统目标又包括增长率、市场份额、组织气氛和在本行业中的地位等；产品特性目标又包括向消费者提供的产品或服务的品种、独特性、新颖性等；其他的派生目标，如参与政治活动、赞助教育事业、促进员工发展等。

(二) 时间分类

按时间来分，组织目标是一个体系，由战略目标、长期目标、中期目标和短期目标组成，每种目标的产生和作用都是不相同的。战略目标是一个组织的宗旨，它是最高的目标，叫终极目标。战略目标既没有明确规定达成的标准，也没有明确规定在多长时期内实现，它只是指明这个组织活动的方向。战略目标是抽象的、原则的、不便于直接实施的，所以要把它具体化为长期目标、中期目标和短期目标，才能付诸施行。

长期目标是根据组织的战略目标，结合对主客观条件的分析，给组织的发展提出一项基本任务，这项任务是要在今后一个相当长的时期内才能完成的。长期目标的年限根据各组织活动的周期而定，一般 10 年以上的计划都是长期目标。中期目标是把长期目标提出的基本任务划分，使之具体化，便于付诸施行。中期目标是长期目标的一份列表，没有中期目标，长期目标也是不具体的，是不能付诸施行的。短期目标就是具体的操作计划，也可以叫做操作目标，这种目标把任务落实到每一个基层单位甚至每一个成员。

二、企业经营目标

企业是一种营利性的组织，其组织目标主要是经营目标。企业经营目标是在一定时期内企业生产经营活动预期要达到的成果，是企业生产经营活动目的性的反映与体现，是指在既定的所有制关系下，企业作为一个独立的经济实体，在其全部经营活动中所追求的、并在客观上制约着企业行为的目的。企业经营目标，是在分析企业外部环境和企业内部条件的基础上确定的企业各项经济活动的发展方向和奋斗目标，是企业经营思想的具体化。

企业经营目标不止一个，其中既有经济目标又有非经济目标，既有主要目标，又有从属目标。它们之间相互联系，形成一个目标体系。它反映了一个组织所追求的价值，为企业各方面活动提供基本方向。它使企业能在一定的时期、一定的范围内适应环境趋势，也能使企业的经营活动保持连续性和稳定性(图 4-1)。

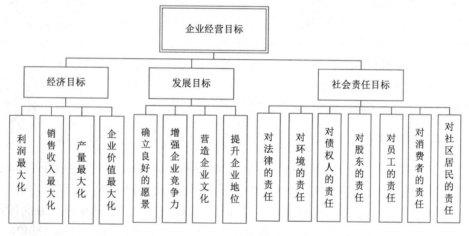

图 4-1　企业经营目标结构图

(一) 经济目标

利润最大化。在市场经济条件下，企业是追求经济目标的组织，企业的首要目标是经济目标，利润最大化正是企业所追求的经济目标。利润最大化是指企业的利润额在尽可能短的时间内达到最大。利润最大化目标要求企业将长期总收入与总成本之差最大化，而且还需要企业具有确认边际收益和边际成本的能力。将利润最大化视为企业的目标有其合理性。因为从企业自身来看，利润是企业经营效果的综合反映，也是其最终成果的具体体现。利润是企业赖以生存和发展的前提条件，是最有力、最普遍、最持久的支配企业行为的力量。

销售收入最大化。某些企业倾向于把较高的销售收入置于较高利润之前，作为所关心的主要目标。在这种情况下，企业希望产品的销售收入达到最大化而并非利润最大化。它对于成本最小化的关注远远小于利润最大化，但是更加关注收益增长。销售收入是反映企业活动最终成果的重要指标，因而也是企业活动成效的关键衡量尺度。销售收入的增长表明企业在市场竞争中的地位得到提高，能力得到增强。

产量最大化。产量最大化比销售收入最大化更为极端，它暗含着收入没有产品和服务的产出量重要。在该目标模式中，企业的目标是生产并售出尽可能多的产品。企业追求该目标是由于两个既相互联系又相互区别的原因——开拓市场和提高市场份额。

追求这种目标的企业实行的是产品导向而不是市场导向，从而有可能通过削价来达到市场出清，甚至有可能免费赠送商品。

企业价值最大化。企业价值最大化意味着股票市场和债务市场之和的最大化，也就是企业资产的净收益的总价值最大化。企业价值最大化必须谋求风险和报酬之间的平衡。在追求企业价值最大化的过程中，经营者还必须权衡股东和债权人之间的利益关系，否则就有可能在某些环境下使股东权益价值减低而企业债务价值增加。企业价值最大化目标充分考虑了不确定性和时间价值，强调了风险和报酬的均衡，考虑了利益相关者的合法权益，注重企业的可持续发展。

(二) 发展目标

确立良好的愿景。愿景是更宏大、更长远的目标。企业通过确立良好的愿景，团结人心，鼓舞士气，使企业更具战略眼光。美好的愿景是企业价值观的体现。

增强企业竞争力。竞争是当代社会经济的基本法则。竞争力的强弱关乎企业的生死存亡。企业只有不断增强竞争力，才能在激烈的市场竞争中生存与发展。要确保持续发展，企业核心竞争力的培育尤为关键。

营造企业文化。文化是企业的灵魂。健康、积极、和谐的企业文化能激发企业的活力和竞争力，是企业持续发展的重要支柱。

提升企业地位。企业地位的提升是企业竞争力强的体现，也是企业不断成长壮大和得到社会认可的体现。

(三) 社会责任目标

企业作为社会中的一个子系统，对社会需要承担一定的责任，只履行自身的经营责任是远远不够的，它还要考虑到社区、消费者、相关企业、股东、社会整体以及国家的利益。因此，企业不仅要有经济观念，还应具有社会观念、公众利益观念和人类生存和发展的观念等等。此外，企业在力所能及的范围内也要支持政府及各种社会团体组织的各项工作。

对法律的责任。遵守法律既是企业的本分，也是企业的底线。企业要严格遵守法律法规的规定，合理经营，公平竞争，严格执行交易合同，照章纳税，改善工作环境，规范劳动合同，执行工时与工资标准，保证员工的安全与健康。

对环境的责任。企业对能够影响到的社区和远近空间(地上、地下)环境负有责任。具体说来，包括空气、土壤、水污染的治理，对噪声、放射性物质、光污染的治理等，搞好环境卫生，防止"三废"污染，维护生态平衡。

对债权人的责任。企业的债权人包括对企业赊销的供应商、对企业提供贷款的银行等机构。企业对债权人负有按期还本付息的责任，同时还必须向债权人及时报告或公开披露有关的信息。

对股东的责任。企业要维护股东的利益，承担起代理人的角色，保证股东的利益最大化。

对员工的责任。企业要实行"以人为本"的经营管理，要善待员工，了解员工的需求，规划企业员工的职业生涯，提供各种满足员工物质需要和精神需要的机会，调动员工参与管理的积极性，使企业的成长与员工的发展相互促进。

对消费者的责任。在市场经济条件下，消费者是企业利润的根本源泉，也是企业发展的指引者。在当前买方市场条件下，企业只有以质优价廉而又有特色的服务和诚实守信的经营理念，才能够吸引住顾客，占领竞争日益激烈的市场。所以企业必须恪守商业道德，向消费者提供优质的产品和服务。

对社区居民的责任。企业必须与周围的社区及居民建立睦邻友好的关系，让社区居民参与到企业的经营和管理中去，让居民从中获益。此外，企业还应积极主动地参与社会公益事业，回报造福社会。

第三节　旅游小企业及经营影响因素

中小企业具有经营方式灵活、组织成本低廉、转移进退便捷等优势，更能适应当今瞬息万变的市场和消费者追求个性化、潮流化的要求，因而在世界各国的经济发展中，中小企业都有着举足轻重的地位，发挥着不可替代的作用。旅游业中的小企业比重更大，实际上大多数农家乐都是特殊的小企业。

一、小企业及划分标准

　　小企业是与所处行业的大企业相比人员规模、资产规模与经营规模都比较小的经济单位。不同国家、不同经济发展阶段、不同行业对其界定的标准不尽相同，且随着经济的发展而变化。各国一般用质和量两个方面的指标对中小企业进行定义：质的指标主要包括企业的组织形式、融资方式及所处行业地位等；量的指标则主要包括雇员人数、实收资本、资产总值等。量的指标较质的指标更为直观，数据选取容易，大多数国家都按量的指标进行划分。例如，美国国会 2001 年出台的《美国小企业法》对中小企业的界定标准为雇员人数不超过 500 人；英国、欧盟等在采取量的指标的同时，也以质的指标作为辅助。英国质的指标包括：市场份额较小、所有者亲自管理、企业独立经营三个方面。量的指标则更为具体细致：小制造业，从业人员在 200 人以下；小建筑业、矿业，从业人员在 25 人以下；小零售业，年销售收入在 18.5 万英镑以下；小批发业，年销售收入在 73 万英镑以下。

二、我国中小企业划分标准

　　中小企业的好坏反映了市场经济的成熟程度。根据第九届全国人民代表大会常务委员会第二十八次会议于 2002 年 6 月 29 日通过的《中华人民共和国中小企业促进法》的精神，原国家经济贸易委员会、原国家发展计划委员会、财政部、国家统计局于 2003 年 2 月 19 日发布了《关于印发中小企业标准暂行规定的通知》（国经贸中小企〔2003〕143 号），对主要行业的中小企业的标准作出了明确的界定。该标准是根据企业职工人数、销售额、资产总额等指标，结合行业特点制定的。

　　按照以上通知的规定，我国大多数旅游企业都属于小型企业，如交通运输业、中小型企业须符合以下条件：职工人数 3000 人以下，或销售额 30 000 万元以下。其中，中型企业须同时满足职工人数 500 人及以上，销售额 3000 万元及以上；其余为小型企业。住宿和餐饮业，中小型企业须符合以下条件：职工人数 800 人以下，或销售额 15 000 万元以下。其中，中型企业须同时满足职工人数 400 人及以上，销售额 3000 万元及以上；其余为小型企业。绝大多数的乡村旅游经营单位无疑属于小企业范畴。

三、旅游小企业的特点

　　最早探讨旅游小企业与目的地发展的是 Rodenburg（1980）的《不同规模的旅

游企业对目的地经济发展的影响：巴厘岛旅游业研究》一文。文章以巴厘岛为例，分析了岛上 3 种不同尺度的旅游企业：客房数在 100 间以上由外来投资建成的宾馆、本地的经济型宾馆，以及手工型(小型)旅游企业(包括家庭旅馆、小餐馆和纪念品摊点等)对目的地发展的影响。其研究表明，相对于大型旅游企业而言，旅游小企业对目的地发展会产生更大的乘数效应，能为当地人提供更多的就业机会和受益额，而且也不会导致巨大的经济漏损。

20 世纪 80 年代中后期，也有一部分学者投入旅游小企业的研究中，如(Goffee and Scase，1983; Carland et al.，1984)。但总的来讲，"许多学者还未能认识到旅游企业绝大多数都是旅游小企业，因而在旅游研究中，关于旅游小企业的组织、经营和管理几乎被研究者所忽视"(Shaw and Williams，1994)。近年来，随着中国旅游业的发展，游客需求的日益多样化，旅游小企业在中国迅速发展。在某些旅游目的地，如阳朔西街、丽江古城等，旅游小企业的集聚甚至成功地发展为一种独特的旅游吸引物，极大地提高了目的地的知名度(邱继勤和保继刚，2005)。

目前，旅游小企业的界定有定量与定性两种标准，并以后者为主。在定性研究方面，学者们多从旅游小企业的性质、地位和作用几个方面来进行界定。在定量界定方面，则主要通过雇工人数这一指标来进行界定。

从表 4-1 可以看出，旅游小企业的规模相对其他行业的规模更小，这是旅游服务企业门槛更低、空间分布相对更为分散、劳动密集程度较高、旅游服务个性化差异大等原因所致。

表 4-1　近年国外研究文献中部分学者对旅游小企业的界定

提出者	行业	界定
Morrison(1998)	住宿业	是由个体或小型组织投资并由所有者亲自经营的企业
Sungaard 等(1998)	住宿业	客房数小于 25 间
Thomas 等(1998)	旅行社、景点、住宿设施、餐厅、酒吧等	雇工人数在 50 人以下
Rowson 和 Lucas(1998)	住宿业	雇工人数在 25 人以下
Halcro 等(1998)	住宿业	客房数小于 15 间

资料来源：Thomas，2000。

根据 Shaw 和 Williams (1994)的研究，小型旅游企业可以分为四种形式：自我雇佣型(self-employed)，以家庭成员为雇工，投资小，市场占有量小，缺乏管理经营技能;小型雇佣型(small-employed),以家庭或非家庭人员为雇工,投资小,市场占有量小,缺乏管理经营技能;企业主管理型(owner-controllers),以非家庭成员为雇工,有一定的投资,有专门的管理人员,但管理权与所有权没有分离;企业主控制型(owner-directors),以非家庭成员为雇工,有一定的投资,有专门的管理人员,管理权与所有权分离。农家乐发展状况与国际旅游小企业变化具有一致性,农民家庭型农家乐主要包括自我雇佣型、小型雇佣型两种形式,非农民组织型农家乐主要包括企业主管理型和企业主控制型两种形式。

四、旅游小企业经营影响模型

Lerner 和 Haber(2000)在文献分析的基础上将影响旅游小型企业经营的因素分为四大类,并运用系统动力学的分析方法,对企业经营的影响力进行了分析,得出了影响旅游小企业经营的综合模型(图 4-2)。

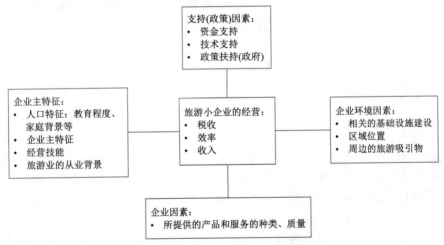

图 4-2 影响旅游小企业经营的综合模型
资料来源:Lerner 和 Haber,2000

五、农家乐是一种特殊的旅游小企业

农家乐是一种特殊的旅游小企业,虽然有小企业的成分,但更多的是家庭成分,农家乐经营好坏基本是符合旅游小企业经营综合模型的。①农家乐经营好坏与支持要素有关。一方面是资金,大部分农民是难以承担个人全额投资,需要政府或银行的贷款支持;另一方面是农家乐经营还需要合适的场地,必须由政府批准；一些养殖户、种植户还需要获得农业技术方面的支持。②农家乐经营好坏与经营者个人因素有关，如经营者所受教育程度、家庭背景、企业主特征、经营技能、旅游业的从业背景都有可能影响农家乐经营的好坏。③农家乐经营好坏与农家乐经营所依赖的环境因素有关。农家乐经营较好的地方，交通、水电等基础设施建设都比较好；也与区域位置密切相关，如公路交通沿线(沿路型农家乐)或者是城乡结合部(环城型农家乐)的农家乐经营状况较好；周边的旅游吸引物(临景型农家乐)也对农家乐经营好坏有着至关重要的影响，如临景型农家乐就是依赖旅游资源较好的旅游景区。④农家乐经营好坏与农家乐所提供的旅游产品与服务的种类、数量密切相关，如农家乐住宿条件越好、餐饮越有特色，农家乐的经营状况就会越好。

第四节　乡村旅游者经营多维目标

人类对于目标的追求，经历了从一维到多维的发展过程，旅游业也不例外。实际上，旅游经营者同样具有多层次需求、多维目标，农家乐经营者追求的是多维目标体系。

一、旅游业多维目标

人类对于可持续发展的追求，经历了一个从一维到多维的过程。从发展思想的演进来看，经历了从"注重财富增长"到"注重能力建设"的转变；从发展强调的内容来看，经历了从"一维"发展观(强调经济发展)到"二维"发展观(强调经济与环境协调发展)，再到"三维"发展观(强调经济、社会与环境协调发展)，最后到"多维"发展观(强调可持续发展)的演进历程(杨多贵等，2002)。

旅游既是一个综合性的产业，也是人类对美好生活的追求之一。世界可持续发展商务理事会定义的生态效率强调可持续发展的三个方面(生态的、经济的、社会的)是实际存在的。而旅游业发展目标具有明显的多维性，仅仅考虑环境、经济两个维度不足以反映旅游业发展的客观真实性，多维发展目标需要多维测度。

随着认识的不断加深，人们对于旅游业发展的目标也逐步增加。Budowski(1976)认为旅游业同时肩负保护、发展的二维目标；Wight (1993)认为旅游业的发展应该实现生态环境、经济、社会目标的三维目标；Sheryl 和 Geoffrey (1999)认为旅游业的发展应该同时兼顾生态、社区、旅游三方利益；宋瑞(2007)认为旅游业发展要实现环境、经济、社会文化、体验目标的四维目标；杨桂华(2005)认为旅游业的发展应考虑旅游者、旅游目的地、生态旅游环境、旅游企业四个方面的利益。Richard 和 David (2002)认为旅游业的发展应该实现社会、经济、文化、生态目标、生活方式典范(旅游业作为一种全面的生活方式典范,使一个社会的价值体系、价值观念得到保存和加强)的五维目标(表 4-2)。

表 4-2　旅游业多维目标及内容

提出者	维数	维度
Budowski (1976)	二维	保护、发展
Sheryl 和 Geoffrey (1999)	三维	生态、社区、旅游
宋瑞(2007)	四维	环境、经济、社会文化、体验
杨桂华(2005)		旅游者、旅游目的地、生态旅游环境、旅游企业
Richard 和 David (2002)	五维	社会、经济、文化、生态目标、生活方式典范

实际上这些思想的内核是一致的,其在表达上的逐步具体和逐步深入,反映了人们在旅游业发展的过程中应该追求环境、经济、社会的多维目标。旅游业多维发展目标对旅游者、旅游经营者、旅游管理者的影响巨大,在多维目标之间寻找平衡点是实现多维目标的重要途径。

二、旅游经营者多维目标

经营者是向消费者提供其生产、销售的商品或者提供服务的自然人、法人或者其他经济组织,它是以营利为目的从事生产经营活动并与消费者相对应的另一方当事人。《中华人民共和国反垄断法》第十二条规定:"经营者,是指从事商品生产、经营或者提供服务的自然人、法人和其他组织。"

旅游经营者是向旅游者提供旅游服务的自然人、法人或者其他经济组织。自然人,如提供农家乐服务的个人和家庭;提供各项旅游服务的法人,如有限责任公司和股份有限公司等;其他组织包括行业协会等。乡村旅游经营者是旅游经营者中的一种特定类型。

经营者目标是经营者为实现自身利益而制定的行为目标,乡村旅游经营者为了实现其多维目标,自觉和不自觉地努力工作。

(一) 经营者经营性动机

在研究者眼中，旅游企业和旅游经营者的口碑一直是比较差的，他们都只是经济利益的追逐者。Lumsdon 和 Swift (1998)认为旅游经营者"往往简单地热衷于推销一种自然旅游和探险旅游的混合产品，而对此过程可能导致的结果并没有深入考虑"。Swarbrooke (1999)曾认为"很多研究者将旅游企业看成是破坏可持续旅游的'坏蛋'，旅游企业常常被描述成仅仅关心利润的家伙——鼠目寸光且利欲熏心"。这一类经营者追求利润和规模增长，关注经营实体所带来的经济利益，主要目的是改善物质生活(Ateljevic and Doorne，2000；Smith，2006)。

在国内，刘雪梅和保继刚(2005)认为，旅游经营者是追逐经济利益的生意人，即使较自觉地采取生态保护措施，也不过是维护其经济利益而已，对当地居民的利益并不会过多地考虑。胡召芹和贾倩(2007)认为旅游经营者的最大目标只是追逐经济利益，他们的目标就是实现利润的最大化，尽量维护其经济利益，对当地居民的利益并不会做过多考虑，即使会的话，也是出于自身的利益。旅游经营者的经营开发活动大部分都建立在实现利润最大化的过程中，而不会充分考虑到处于劣势地位的当地居民。比如，旅游经营者进入旅游目的地后，虽然为当地居民提供了就业机会,但是他们在资源占有状况和经济地位方面极不相称。高科(2010)认为旅游经营者开发遗产旅游的目的就是为了获取最大的经济效益。因此，他们的行为是市场导向的，更确切地说，是旅游者导向的。事实证明，一部分以赢利为目的，而且社会责任感不强的企业确实如此。

也有一部分学者认识到了旅游企业的双重作用。刘静艳(2006)认为旅游企业的行为就像一把双刃剑：一方面，为生态旅游社会文化环境系统注入新的人流、物流、资金流、信息流以及能量；另一方面，追求经济效益最大化的原则，造成环境资源的破坏甚至是恢复的不可逆转性。代则光和洪名勇(2009)指出，从事旅游服务业的开发商，包括从事交通、餐饮、娱乐、购物等相关企业，他们诉求的重要目标就是追求经济利益，实现利润的最大化，通过提供良好的旅游相关服务让旅游者和当地社区居民更好地享受和利用旅游区的自然资源，同时也给旅游开发区带来了收益。张艳(2008)认为旅游经营者提供旅游产品是为了获得经济利益，即作为一个旅游市场的经济主体，并使它所追求的收益最大化。旅游经营者是希望通过自身的资本运营、产品经营和完善的管理，以尽可能少的投入，为旅游者提供高满意度的旅游产品，在满足旅游者旅游需求的同时，获得尽可能大的利益。他们是追逐经济利益的生意人，凡事都以自己的经济利益为先，对社会、文化、环境的影响很难自觉地去考虑，这就需要政府进行正确的引导。

(二) 经营者生活性动机

对于某些生活条件较好的个人，其开办乡村旅游经营项目不完全是为了谋生或赢利，而是源于其对田园生活的向往和偏爱，其动机具有很强的生活性。

Williams 和 Shaw (1989)在研究中第一次发现一些非经济目标，即生活方式目标，如喜欢目的地，促使一些旅游小企业主离开以前的工作。该研究认为，对一些小企业主而言，旅游企业家的精神可以被视为一种消费，而并非生产，从而模糊了消费和生产的关系。Shailer (1994)认为：在大多数情况下，生活方式动机在一定程度上存在于经济动机中，这两类动机是有机地联系在一起的。Dewhurst (1996)的研究也指出，任何企业目标可能都是多样和变化的，旅游小企业可能也不例外。在此基础上，Dewhurst 和 Horobin (1998)尝试将这些动机放入管理模型中，并通过联合主观目标模型和管理模型将生活方式目标和商业目标进行统一，并强调了企业主的个人特质，从而提供了新的分析视角。

Getz 和 Carlsen (2000)指出，在乡村旅游目的地生活导向型创业者比例会更大，尤其是在由家庭经营的企业中。他们更多的是希望通过开办一家旅游小企业来满足个人或家庭对某种自在生活的向往。他们一般处于中老年阶段，往往被乡村的居住和生活环境所吸引，愿意放弃事业从城市迁徙到乡村，并不将所经营的实体视为真正的投资。

Morrison 等(1999)认为，英国大部分小企业都可以被视为生活方式型企业，他们的主要动机是维持生存和保证足够的收入以持续自己的生活方式。同样，企业家精神中的生活方式动机被认为是旅游小企业经营者的重要特征。这类经营者不以赢利为主要目的，不倾向于扩张。因为很多经营者通过一种选择的生活方式来追求个体目标的实现，他们并不追求企业的快速和持续的成长，所以利润和雇员人数的增长并非他们关注的焦点目标。

国内许多著名旅游目的地，如云南的丽江、大理等地，就出现了许多生活性的旅游企业经营者。例如，许多丽江古城的民居客栈经营者，以旅游者的身份造访丽江，沉醉于丽江当地的环境、景观、氛围、民风以及缓慢的生活节奏和独特的生活方式，于是产生了在丽江长期停留的想法，并开始在丽江谋求工作机会，以获得长期停留在丽江的物质基础。开客栈成为这些曾经是旅游者的经营者的重要选择之一，他们对于客栈经营好坏并不特别在意，正如某些人所说，生意上只要不亏本就行，而更加在意自己的生活状态是否能够持续，有人认为，在丽江生活，追求的就是自由自在。因此，他们开客栈首先是为了生活在丽江，其次才是赢利。

三、乡村旅游经营者多维目标

旅游经营者是旅游业的主体之一，其生产活动是旅游实践的重要组成部分和旅游业的基础，旅游业发展的好坏与他们的素质、能力、水平息息相关。如果一味地把旅游经营者视为唯利是图的"坏蛋"，是有欠公允的，也是不利于旅游业实现可持续发展的。

(一) 乡村旅游经营者多元角色

乡村旅游中的农家乐经营者是一个比较特殊的群体，这个群体中的人可能同时扮演个人、家庭成员、组织成员三元角色，导致多元角色目标。对于某些家庭，只有个别成员从事农家乐经营。在这种情况下，农家乐经营行为是个人行为，兼顾着农家乐经营者的谋生手段、价值实现手段等目标，就如个人要追求学业、环游世界、拥有自己的房子、成为主管等一样，是个人目标。

对于以农家乐经营为主的家庭而言，农家乐经营者是家庭的重要成员。农家乐经营行为可能是一种夫妻共同行为，甚至是整个家庭行为，是家庭共同的谋生手段，也是家庭的奋斗目标之一。如果个人目标和家庭目标能够有效统一，就会减少自我追求与家庭两者之间的冲突，农家乐经营者也能获得家庭较好的支持。

有些农家乐经营者，其管理成员和服务人员不仅只是家庭成员，也雇佣了一部分员工，已经成为一个具有一定规模的企业组织，有些农家乐经营者规模近百人。此时的农家乐经营者的目标就不只是经营者的个人目标和家庭目标了，其发展实际上已经凝集了经营者个人、家庭成员、组织成员三元角色，发展目标也就成为经营者个人目标、家庭目标、组织目标的统一。

(二) 乡村旅游经营者多维目标

从理论层面来说，旅游企业是一种组织，而组织目标本身就必定是多元的。旅游企业也是经营组织，旅游经营者在法律、社会舆论和自我约束的限定下，其目标也表现出一定的多维性。旅游经营者的目标是以赢利为主导，同时还会兼顾经济、发展和社会责任等目标，否则难以实现可持续发展。

对于经营者而言，尤其是小规模的乡村旅游企业经营者或乡村旅游家庭经营者，其经营目标不可能像一个大型组织的目标一样系统、完备，但仍然可以按照一定的逻辑框架进行分类。

按性质来分，可以分为经济目标和非经济目标。经济目标，是指农家乐经营者谋求经济收入和解决生计问题等主要目标。非经济目标，是指农家乐经营者在解决经济目标的基础之上，谋求包括政治地位、社会地位(如家庭、家族在当地的地位)等其他目标。

经营者目标按时间划分，可以分为长期目标和短期目标以及不同时段的目标。不同发展阶段的目标是指在不同发展阶段中，经营者的目标和价值追求是不同的。短期目标是农家乐经营者短期的目标追求(1~2 年之内)，乡村旅游经营者欲达到的目标；长期目标是农家乐经营者长期的目标追求(如 5 年及以上)，乡村旅游经营者欲达到的目标。

根据研究问题的逻辑层次来划分，目标可以分为经营显性目标和经营隐性目标。经营显性目标是外层的、直接明确的目标，在形式上往往表现为开放或封闭调查表的具体问题；在内容上，经营者的显性目标体现为经营者的经历和体验过程、情感、态度和价值观目标的某一具体方面。经营者隐性目标是深层的、间接模糊的目标。在形式上，经营隐性目标则不出现在问卷上，往往表现为对显性目标的归纳和总结；在内容上，经营者隐性目标是指经营者的经历和体验过程、情感、态度和价值观目标。对于小规模企业的经营者而言，在追求赢利目标的背后隐藏了许多的其他目标，各种显性目标和隐形目标一起构成一个多维目标体系。

第五章　案例地农家乐经营者总体概况

农家乐经营者目标指的是经营者开办、经营农家乐在不同时段和各个方面的综合期望指标。不同时段的目标包括经营者在开业之前、开业之中和开业之后的实际经营过程中目标期望的不同和改变,不同方面的目标包括经营者在经济利益、精神追求等方面的不同目标期望。

第一节　调查表格设计与说明

农家乐经营者是中国最广泛也是最有代表性的乡村旅游经营者,而城郊型农家乐又是数量最多的农家乐类型。农家乐经营者多维目标是农家乐经营者开办、经营农家乐的多维目的和价值追求,也是农家乐经营者开办农家乐的动机所在。

一、表格设计原理

本研究的经营者目标包括农家乐经营者开办初期的开业起始目标、实际经营过程中的正式经营目标以及家庭相关目标等三个方面。

(一) 开业起始目标

开业起始目标,即经营者开办农家乐的原始追求目标。农家乐经营者开业起始目标主要包括"生活追求"、"经济需求"、"社交需求"和"追求自立"四个方面的隐性目标。以上四个隐性目标又进一步划分为"可以让家人在一起"、"居住在喜欢的乡村环境中"、"满足我们业余的兴趣爱好"、"享受一种喜欢的生活方式"(生活追求);"把农家乐作为家庭的财产"、"多赚钱"、"赚钱养老"(经济需求);"结识更多有趣的人"(社交需求);"提高自己的名声和知名度"、"可以自己做老板"、"经济上独立"(自立)等 11 项显性目标。

(二) 正式经营目标

正式经营目标，即经营者在开业之后经营农家乐过程中的期望目标。农家乐经营者正式经营目标主要包括"生意口碑"、"生意优先"、"生活优先"和"经营效果"四项隐性目标。以上四项隐性目标又进一步分为"赢利赚钱"、"想让农家乐发展壮大"、"应该纯粹按商业理念经营农家乐"、"我想最后把农家乐以最好的价钱卖掉"（生意优先）、"从事农家乐的工作比赚很多钱更重要"、"我更愿意我的农家乐控制在适当的规模而不是无限地发展"、"正式的经营目标没有必要"、"经营农家乐，我的/家庭的兴趣是第一位"（家庭优先）；"我想树立良好的农家乐形象"、"提供高质量的产品和服务是我的第一要务"、"以很高的道德水准经营农家乐"（生意口碑）和"目前我的农家乐达到了我的预期目标"（经营效果）等 12 项显性目标。

(三) 家庭相关目标

家庭相关目标，即经营者开办农家乐与经营者家庭有关联的目标，包括农家乐重要事情的决策方式、促进家庭成员就业、促进家庭和谐、促进家庭经济状况的改善、提高家庭在社区的社会地位和农家乐的传承 6 个方面。具体体现为"避免家庭成员间的不和谐"、"主要问题的共同决策"、"培养孩子成为未来的农家乐经营者"、"为家庭成员提供就业机会"、"有和配偶同等工作的机会"、"把农家乐传给自己的孩子或家人"、"挣到足够的钱来养家糊口"、"提高家庭在社会中的地位"、"确保家庭成员有很多在一起的空闲时间"等 9 个具体问题。

本书根据以上概念体系框架，进行问卷的框架设计。本框架也构成了本书的逻辑基础（图 5-1）。

二、表格设计构成

调查问卷的设计分为三个部分，第一部分是农家乐经营者人口统计信息，第二部分主要是农家乐开办基本情况，第三部分主要是农家乐经营者多维目标调查。

(一) 农家乐经营者人口统计信息

人口统计学特征指人口总数、性别、年龄、健康状况、职业、婚姻、文化水平和收入等。经营者人口统计信息包括农家乐经营者的性别、年龄、婚姻状况、是否当地居民、所属城市、参与程度、追求目的等基本信息。农家乐经营者基本情况，如表 5-1 所示。

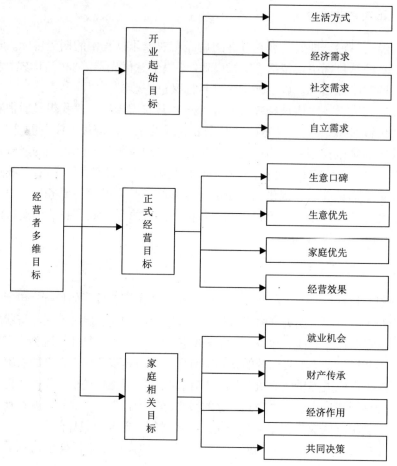

图 5-1 农家乐经营者多维目标示意图

表 5-1 经营者基本情况

序号	问题	选项
1	我的性别	男性 女性
2	我的婚姻状况	未婚 已婚 离异
3	我是当地居民	是 否
4	我的年龄是	25 岁以下 25~35 岁 36~45 岁 46~55 岁 56~65 岁 >65 岁
5	我家去年的人均收入是	<1500 元 1500~2500 元 2500~3500 元 3500~5000 元 5000~8000 元 8000~10000 元 >10000 元

(二) 农家乐开办基本情况

农家乐开办基本情况主要是农家乐开办的一些基本情况，包括经营农家乐的收入、投入、地理位置、农家乐竞争关系等，如表 5-2 所示。

表 5-2　农家乐开办基本情况

序号	问题	选项						
1	农家乐的旅游收入占我家去年总收入的比例/%	10 以下	10~20	20~30	30~50	50~80	80~100	100
2	我的农家乐共计投资/万元	不到 2	2~5	5~10	10~20	20~50	50~100	>100
3	我的农家乐与周围大中城市大概距离/km	10 以内	10~20	20~30	30~40	40~50	50~100	>100
4	我周边的农家乐大概有多少家	少于 10	10~50	50~100	100~200	>200		
5	我周围农家乐的经营特色	基本相同	各具特色					
6	我开办农家乐对我家经济状况的改善	很大	相当大	一定程度地	有点	根本没有		
7	我从事的职业	专门从事农家乐	主要从事农家乐，兼或从事农牧渔业	主要从事农牧渔业，兼或从事农家乐				
8	我认为我的农家乐最重要的卖点	特色饮食	住宿	田园风光	休闲娱乐	特色建筑	农事参与	民俗文化及其他
9	我的农家乐筹资渠道	政府专项贷款支持	自己家庭积蓄存款	向周围亲戚邻居借款	自己向银行贷款	其他方式		
10	我的农家乐开办方式	自己独自经营	几家农户合伙经营	企业在当地投资经营	外来企业和当地农户一起投资经营	当地集体投资经营	国家投资经营	

序号	问题	选项					
11	我的农家乐促销和营销组织	政府统一组织	村集体统一组织	村里行业协会统一组织	农家乐户主各自宣传	根本没有组织	
12	我认为开办我的农家乐过程中发挥最大的作用	我自己家庭	邻居	村委会	农家乐行业协会	政府	
13	我认为我的农家乐下一步应该提高的地方	民俗文化的展示	加强农事参与	提高餐饮特色	搞好环境卫生	提高服务质量	加强员工管理	其他
14	我开办农家乐最初目的	赚钱谋生	远离城市的嘈杂喧嚣	喜欢田园生活	作为自己的毕生事业	其他	

乡村旅游经营者目标指的是经营者开办农家乐在不同时段和各个方面的综合期望指标。不同时段的目标包括经营者在开业之前、开业之初和开业之后的实际经营过程中目标期望的不同和改变，不同方面的目标包括经营者在生态环境、社会和经济等方面的不同目标期望。根据多维目标体系设计表格的基础之上，利用获得的数据对农家乐经营者总体情况进行分析，以获得三地农家乐经营者的总体情况。

(三) 农家乐经营者多维目标调查

农家乐经营者多维目标包括开业起始目标、正式经营目标和家庭相关目标，以及与以上目标相关的开业动机、开业原因、经营满意因素和不满意因素等。

1. 经营者开业起始目标

经营者开业起始目标包括经营者自身价值目标以及经济和社会目标三个方面的四个隐性目标，具体体现为：生活方式(自身价值目标)、金钱(经济目标)、自立和社交(社会目标)。四项隐形目标以"为了自己做老板"(追求自立)、"可以让家人在一起"(生活追求)、"把农家乐作为家庭的财产"(经济需求)、"居住在喜欢的乡村环境中"(生活追求)、"满足业余的兴趣爱好"(生活追求)、"享受一种喜欢的生活方式"(生活追求)、"多赚钱"(经济需求)、"提高自己的名声和知名度"(追求自立)、"结识更多有趣的人"(社交需求)、"赚钱养老"(经济需求)、"经济上独立"(追求自立)等11个问题型的显性目标(表5-3)。

表 5-3　农家乐开业起始目标

序号	问题	很重要 =5	重要 =4	说不清 =3	不重要 =2	根本不 重要=1
1	为了自己做老板					
2	可以让家人在一起					
3	把农家乐作为家庭的财产					
4	居住在喜欢的乡村环境中					
5	满足我们业余的兴趣爱好					
6	享受一种喜欢的生活方式					
7	多赚钱					
8	提高自己的名声和知名度					
9	结识更多有趣的人					
10	赚钱养老					
11	经济上独立					

2. 经营者正式经营目标

经营者正式经营目标包括经营过程中涉及的具体目标，即社会名誉、价值追求、经济利益、家庭考虑四个方面。具体体现为生意口碑、生意优先、家庭优先、经营效果等四项隐性目标。四项隐形目标以"赢利赚钱"（生意优先）、"想让农家乐发展壮大"（生意优先）、"从事农家乐的工作比赚很多钱更重要"（家庭优先）、"目前我的农家乐达到了我的预期目标"（经营效果）、"应该纯粹按商业理念经营农家乐"（生意优先）、"我更愿意把我的农家乐控制在适当的规模而不是无限地发展"（家庭优先）、"经营农家乐，我的/家庭的兴趣是第一位的"（家庭优先）、"我想最后把农家乐以最好的价钱卖掉"（生意优先）、"我想树立良好的农家乐形象"（生意口碑）、"提供高质量的产品和服务是我的第一要务"（生意口碑）、"以很高的道德水准经营农家乐"（生意口碑）、"正式的经营目标没有必要"（家庭优先）等 12 项显性目标（表 5-4）。

表 5-4　农家乐正式经营目标

序号	问题	很重要 =5	重要 =4	说不清 =3	不重要 =2	根本不 重要=1
1	赢利赚钱是最重要的					
2	想让农家乐发展壮大					

续表

序号	问题	很重要 =5	重要 =4	说不清 =3	不重要 =2	根本不重要=1
3	从事农家乐的工作比赚很多钱更重要					
4	目前我的农家乐达到了我的预期目标					
5	应该纯粹按商业理念经营农家乐					
6	我更愿意把我的农家乐控制在适当的规模而不是无限地发展					
7	经营农家乐，我的/家庭的兴趣是第一位					
8	我想最后把农家乐以最好的价钱卖掉					
9	我想树立良好的农家乐形象					
10	提供高质量的产品和服务是我的第一要务					
11	以很高的道德水准经营农家乐					
12	正式的经营目标没有必要					

3. 经营者家庭相关目标

农家乐经营者家庭相关目标包括就业机会、企业传承、经济作用和共同决策四个方面的隐性目标，并进一步分解为"避免家庭成员间的不和谐"、"主要问题的共同决策"、"培养孩子成为未来的农家乐经营者"、"为家庭成员提供就业机会"、"有和配偶同等工作的机会"、"把农家乐传给自己的孩子或家人"、"挣到足够的钱来养家糊口"、"提高家庭在社会中的地位"和"确保家庭成员有很多在一起的空闲时间"等9个显性目标(表5-5)。

农家乐经营者开业起始目标、正式经营目标和家庭相关目标等以上三大目标的显性目标按"很重要"、"重要"、"说不清"、"不重要"、"很不重要"的顺序分别给予5、4、3、2、1的赋值。

表5-5　家庭相关目标

序号	问题	很重要 =5	重要 =4	说不清 =3	不重要 =2	很不重要=1
1	避免家庭成员间的不和谐					
2	主要问题的共同决策					
3	培养孩子成为未来的农家乐经营者					
4	为家庭成员提供就业机会					

续表

序号	问题	很重要 =5	重要 =4	说不清 =3	不重要 =2	很不重要 =1
5	有和配偶同等工作的机会					
6	把农家乐传给自己的孩子或家人					
7	挣到足够的钱来养家糊口					
8	提高家庭在社会中的地位					
9	确保家庭成员有很多在一起的空闲时间					

4. 开办农家乐的原因

对于经营者而言，农家乐的开办原因包括"我喜欢乡村生活方式"、"作为一种商业投资"、"为提高家庭生活状况和未来养老着想"、"结识更多有趣的人"、"认为开办农家乐是个很好的想法"、"看到了农家乐的市场需求"、"看到他人开办农家乐很赚钱"、"政府和村委的反复要求"和"真正地想为从城市来的旅游者提供方便"9 个方面，详见表 5-6。

表 5-6　开办农家乐的原因

序号	问题	很重要 =5	重要 =4	说不清 =3	不重要 =2	根本不 重要=1
1	我喜欢乡村生活方式					
2	作为一种商业投资					
3	为提高家庭生活状况和未来养老着想					
4	结识更多有趣的人					
5	认为开办农家乐是个很好的想法					
6	看到了农家乐的市场需求					
7	看到他人开办农家乐很赚钱					
8	政府和村委的反复要求					
9	真正地想为从城市来的旅游者提供方便					

5. 农家乐最让我满意之处

农家乐让我满意之处包括"团队精神"、"看到游客玩得愉快"、"享受离开家一起工作的时光"、"经营者的自豪感"、"生意经营很好"、"完成既定生意目标"、"可以自我作决定"、"独立"、"游客喜欢你的农家乐"、"农家乐的季节性让我有时间休息"和"圆满的一天或一个季节的工作"等11 个方面，详见表5-7。

表 5-7　农家乐最让我满意之处

序号	问题	选择
1	团队精神	
2	看到游客玩得愉快	
3	享受离开家一起工作的时光	
4	经营者的自豪感	
5	生意经营很好	
6	完成既定生意目标	
7	可以自我作决定	
8	独立	
9	游客喜欢你的农家乐	
10	农家乐的季节性让我有时间休息	
11	圆满的一天或一个季节的工作	

6. 经营农家乐不满意之处

经营农家乐不满意之处包括"占用时间"、"办公/财务工作"、"占用大量的休闲时间"、"平衡家庭和生意"、"完成不同的目标"、"家庭成员彼此交流时间的丧失"、"寻找远离游客的空间"、"每天长时间地工作"、"有关问题无法统一意见"、"个人价值不被认同感"、"认为上了年纪而不得不放弃农家乐"、"始终如一地提供优质的服务"和"市场的促销和营销"等13个方面，详见表5-8。

表 5-8　经营农家乐不满意之处

序号	问题	选择
1	占用时间	
2	办公/财务工作	
3	占用大量的休闲时间	
4	平衡家庭和生意	
5	完成不同的目标	
6	家庭成员彼此交流时间的丧失	
7	寻找远离游客的空间	
8	每天长时间地工作	

续表

序号	问题	选择
9	有关问题无法统一意见	
10	个人价值不被认同感	
11	认为上了年纪而不得不放弃农家乐	
12	始终如一地提供优质的服务	
13	市场的促销和营销	

三、分析思路

本书的分析思路主要是对上海、武汉、成都三地的农家乐，从开业起始目标、正式经营目标和家庭相关目标三大目标，分为四个层次展开。详见图5-2。

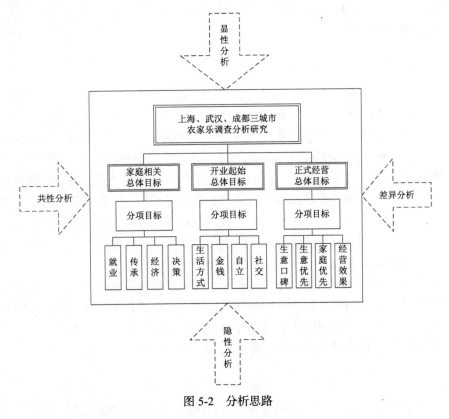

图5-2　分析思路

四、分析指标说明

(一) 认同度

经营者开业起始目标、正式经营目标和家庭相关目标的认同度，是农家乐经营者对开业起始目标、正式经营目标和家庭相关目标各项显性目标同意的程度。开业起始目标、正式经营目标和家庭相关目标的各项显性目标按同意的程度分为"完全同意"、"同意"、"说不清或不好说"、"不同意"、"根本不同意"，并依次给予 5、4、3、2、1 的赋值，每个经营者对每项显性目标从 5 项同意的程度选项当中选择他们认为最为合适的唯一一个选项，每项显性目标同意程度赋值的均值即为该显性目标的认同度。同属一项隐性目标的各显性目标的认同度均值，即为该隐性目标的认同度。

经营者对开业起始目标、正式经营目标和家庭相关目标的认同度反映了经营者对每项目标的认可程度，可以从认同度视角分析出导致不同认同度的原因和潜在的影响因素，从而揭示三地经营者开业起始目标、正式经营目标和家庭相关目标的总体和各自特点。

(二) 认同比例

经营者开业起始目标、正式经营目标和家庭相关目标的认同比例，是经营者对开业起始目标、正式经营目标和家庭相关目标各项显性目标持"同意"和"完全同意"的人数占当地或总经营者人数的合计比例。开业起始目标、正式经营目标和家庭相关目标各项显性目标按同意的程度分为"完全同意"、"同意"、"说不清或不好说"、"不同意"、"根本不同意"，每个经营者对每项显性目标从 5 项同意的程度选项当中选择他们认为最为合适的唯一一个选项，对每项显性目标"同意"和"完全同意"的经营者人数占当地或总经营者人数的合计比例即为该显性目标的认同比例。同属一项隐性目标的各显性目标的认同比例均值，即为该隐性目标的认同比例。

经营者对开业起始目标、正式经营目标和家庭相关目标的认同比例反映了经营者对每项目标赞同的比例，可以从赞同人数占当地或总经营者人数的比例大小的视角分析出导致不同赞同比例的原因和潜在的影响因素，从而揭示三地经营者开业起始目标、正式经营目标和家庭相关目标总体和各自的特点。

第二节 研究案例地概况

由于城郊型农家乐发展最早，发展也比较成熟，具有典型的代表性。同时，城郊型农家乐距离城市较近，且交通便利，调查相对比较方便，因此，城郊型农家乐就成为本书的实证调查选择对象。

一、上海市乡村旅游发展概况

上海是中国大陆第一大城市，是中国的经济、金融、贸易和航运中心，位于我国大陆海岸线中部的长江口，拥有中国最大的工业基地、最大的外贸港口，交通便利，腹地广阔，地理位置优越。作为一个国际化的大都市，上海的都市旅游一直走在全国前列。近年来，上海郊区的乡村旅游也充满活力和魅力，在挖掘文化内涵、活跃旅游市场、丰富旅游产品、满足大众需求、改变农村面貌、提高农民收入等方面作出了积极的贡献，取得了显著的成效。

(一) 上海市乡村旅游发展历史

近年来，上海乡村旅游伴随全市旅游业发展而有较快发展。1991 年原南汇县举办了第一届南汇桃花节，这是上海农业旅游事业发展的起点，也是上海乡村旅游产业发展的起点(奚大中，2010)。同时，宝山区率先举办上海"柑橘节"，崇明县东平森林公园正式对游人开放。1994 年，上海第一个农家乐项目——崇明前卫村农家乐正式对外经营。1995 年起，浦东新区孙桥现代农业园区正式对外开放接待游客。1997 年后，农工商集团的中荷玫瑰园、市农林局所属康南花卉园艺场、松江青青生态园、交大新桥农科花卉园艺场和南汇滨海桃园等陆续对外开放接待游客。2000 年以来，又有一批新的乡村旅游项目陆续建成并对外开放，例如松江西红柿农庄、赢东村农家乐、上海鲜花港、金山区农民画村等。

截至 2009 年，上海已建成的各类乡村旅游景点有 110 余个，年接待游客超过 1000 万人次，比 2008 年增长 15%以上，直接带动各类涉农收入 15 亿元以上，解决了 3 万多当地农民就业问题。

《上海市旅游业"十二五"发展规划》已明确了"把上海建成世界著名旅游城市"的战略思路，并对乡村旅游的发展重新进行了规划布局。较早开始发展乡村旅游的金山区，也在"十二五"规划中提出了打造上海"乡村旅游集聚高地"的目标。

(二) 上海乡村旅游空间分布

上海乡村旅游资源的空间分布规律：在中心城区南北两侧远郊呈集中分布，北边景点(区)主要集中在崇明县，南边景点(区)主要分布于南汇、奉贤、金山和松江四区，而中心城区周边近郊分布较少。这些乡村旅游景点按旅游功能的不同分为三大旅游圈：

(1) 北部以崇明岛为中心的农业生态旅游圈，以农家乐和包括东平国家森林公园在内的农家乐经营者主题公园为主体，以高科技农业园区、涉农旅游和乡村文化旅游为补充。

(2) 东南片以南汇为中心形成滨海观光农业旅游圈，以滨海观光农业旅游为主体，以农业园区、涉农旅游和农业旅游节为补充。

(3) 西南片以松江金山为中心形成农业休闲度假旅游圈，以农林类休闲度假旅游为主体，以特色农业园区、农业文体旅游为补充。

(三) 上海乡村旅游发展模式

目前，上海乡村旅游的发展模式主要有 3 种类型：

体验观光型乡村旅游主要以不为都市人所熟悉的农业生产过程为卖点，在城市近郊或风景区附近开辟特色果园、菜园、茶园、花圃等，让游客入内进行采摘、观赏等体验活动，体验和享受田园风光，满足其对田园生态环境怀念的需要。

都市科技型被称为"都市里的村庄"，以高科技和现代农业技术为主要特征，在城内小区和郊区建立小型的农、林、牧生产基地，既可以为城市提供部分时鲜农产品，又可以取得一部分观光收入，兼顾了农业生产与科普教育功能。

休闲度假型突出休闲、度假功能，在生态环境良好的乡村建立完备的生活设施，并利用不同的农业资源，如森林、牧场、果园等，吸引游客前去度假，展开农业体验、自然生态领略、垂钓、野味品尝、住宿、度假、游乐等各种观光和休闲度假活动，满足城市居民放松紧张心理的需求。

(四) 上海市案例地选取

上海市农家乐发展最具代表性的是崇明岛。本书案例地包括前卫村和瀛东村两地，其中前卫村为国家第一批农业旅游示范点。前卫村依靠本地良好的生态环境吸引来自上海市区的居民休闲度假游玩，提供农家乐食宿与娱乐休闲产品，旅游设施较为齐全。瀛东村依靠本村居于崇明岛东部的优势，依靠渔家乐和滩涂观鸟吸引上海市区及外地旅游者，仅提供基本的旅游基础服务，如食宿及娱乐产品。

二、武汉市乡村旅游发展概况

(一) 武汉乡村旅游发展历史

武汉乡村旅游起源于 20 世纪 80 年代，当时部分省市大型机关、企事业单位依托黄陂木兰山景区修建了一批干休所、培训中心，主要用于接待本单位、本系统职工疗养及培训，很少对外营业(张新，2006)。

20 世纪 90 年代中后期，随着生态观念、可持续发展观的树立，人们开始向往回归自然的旅游方式，此时沿黄陂木兰湖和蔡甸南湖周边地区兴建了一批具有会议、度假功能的度假村和休闲别墅，其主要服务对象以机关团体和企事业单位组织的会议旅游者为主，散客旅游较少。

2000 年以后，随着城市化不断扩大，城镇居民可支配收入增长，观光农业兴起及市郊景点开发力度加大，吸引了大批市民到郊外进行以体验郊野风光、农事活动、民风民俗、乡村美食为主题的休闲旅游活动，而以休闲度假旅游者为主要对象的各类度假村、休闲山庄、休闲农舍得以长足发展，在城郊的严西湖、汤孙湖、道观河等地区相继建起一大批兼具会议和休闲功能的度假村、别墅。

2002 年以来，武汉市旅游部门围绕武汉市环城游憩的建设，通过加大招商引资力度，在郊区景区开发建设上取得了突破性进展，相继建成了木兰天池景区、地球村欢乐世界、九峰野生动物园，极大地带动了武汉市乡村旅游的发展，带动了景区周边农民致富，促进了当地农业产业结构的调整。

近年来，随着武汉市居民生活水平的提高，人们对进入乡村和接近自然的新兴旅游方式也产生了极大的兴趣，并由此而有效地带动了其乡村旅游的发展。2005 年，武汉市乡村旅游带来的经济收入，占到农民纯收入的 1.5%，农村劳动力转移就业近万人。截至 2009 年年底，武汉市已有 119 家乡村休闲游山庄、休闲农舍通过质量等级划分与评定，包括三星级休闲山庄 22 家，二星级休闲山庄 27 家，一星级休闲山庄 8 家，休闲农舍 62 家。不仅如此，2009 年 1~6 月，武汉乡村旅游实现旅游综合收入 8.2 亿元，接待游客人数 500 余万人次，比上年同期分别增长 46%和 11.1%。

(二) 武汉乡村旅游空间分布

武汉市将乡村旅游全面纳入《武汉都市农业发展规划(2005~2020)》，成为武汉都市农业的主要组成部分。通过政策引导、市场开发，充分利用市郊山水资源和人文景观，以骨干旅游景区建设为重点，以休闲农舍、休闲山庄、农业科技园区为基础，建立了点、线、面结合的乡村旅游体系，形成了具有区域特色的乡村旅游空间布局：

（1）木兰生态文化综合旅游区。总面积947km²，以木兰风景名胜区为核心，以周围的木兰湖、木兰天池、木兰川、木兰古门景区为支撑，整合区域内的其他景点及休闲山庄、农家乐、农业科技园区，具有传播宗教文化、度假休闲、生态观光、科普教育、避暑疗养、会议商务等功能的综合旅游区。

（2）新洲人文山水综合旅游区。依托道观河佛教文化区、问津书院，连接将军山风景区、宋观渡林果观光景区、花朝节主题公园，连接涨渡湖生态农业休闲区，以宗教文化、度假休闲、生态观光、水上娱乐等旅游产品为特色的人文山水综合旅游区。

（3）龙（龙泉山）汤（汤逊湖）休闲娱乐旅游区。以龙泉山风景名胜区为核心，以青龙山森林公园、汤逊湖旅游区为支撑，以各种不同档次休闲山庄为基础，农业特色基地为补充，初步形成了以文化观光、度假休闲、水上娱乐、避暑疗养、美食文化、会议商务等众多旅游产品为特色的综合性休闲娱乐旅游区。

（4）知音湖旅游度假区。总面积 53km²，以知音湖知音故里文化旅游景区为核心，依托嵩阳和九真山两大国家级森林公园，以及嵩阳自然保护区和沉湖湿地保护区，以度假探险、体验、健身疗养、生态观光为特色的多功能旅游区。

（5）东西湖都市生态旅游区。在东西湖区东、中部地区，以金银湖生态旅游区、惠安生态长廊、柏泉农艺旅游度假区为主体，以体育休闲、生态农业、观光农业、水上运动、主题公园、农事体验度假休闲为主要旅游产品的都市生态旅游区。

(三) 武汉乡村旅游发展模式

武汉市主要有以下几种农家乐模式(陈翔和孙志，2008)：

景点型农家乐。以黄陂区为例，该区的木兰天池景区已经成为远近闻名的重要旅游景点，而且价格较适中（"一日游"报价为80元左右）。由于背靠武汉，发展较为迅速，旅游人数较多，取得了很好的经济效益。在木兰天池形成了"明清一条街"等农家乐形式，效益较好。在东湖景区周围形成的农家乐，也是武汉市场上最早形成的农家乐之一。

土特产型农家乐。以新洲汪集镇为例，该镇已经形成以汪集鸡汤为特色的农家乐形式。同样在江夏区汤逊湖形成了以汤逊湖鱼丸为主要特色的农家乐一条街，且生意很火。

直接型农家乐。这种发展模式比例最高，应该说武汉市农家乐市场绝大多数采用这种形式，即直接打着"农家乐"的牌子，经营"农家菜"。

(四) 武汉案例地的选取

本研究选取了武汉市农家乐发展最为良好，且具代表性的木兰山和木兰天池附近的农家乐以及惠池农场等地作为本研究的案例地。木兰山和木兰天池是武汉市周边著名的风景点，环境宜人，当地居民依托当地美丽的自然风景发展农家乐，提供食宿一体化的农家乐旅游接待服务。随着旅游者越来越多，农家乐规模也越来越大，但由于农家乐多为当地农民开办，投资较小，单个农家乐的规模比较小。惠池农场周边的农家乐多以提供棋牌和垂钓等娱乐休闲活动为主，多位于交通便利的公路边，基础设施较为完善，接待设施较好，但农家乐总体规模较小，单个农家乐的投资规模较大。

三、成都市乡村旅游发展概况

成都是"中国乡村旅游的发源地"。经过 20 余年的发展，成都乡村旅游在发展水平、规模、经济总量增长以及发展方向等方面都居于全国领先地位。在其多年的乡村旅游发展实践中，形成了"政府主导、部门联动、社会参与、市场带动、基地生产、企业经营"的各方参与模式。"五朵金花"是其中的典型代表。据来自四川省旅游局的统计数据，截至 2006 年年底，全省共有 19 966 家农家乐，几乎涵盖了所有的类型，从农家园林、花果观赏、休闲度假到购物体验等，共吸纳就业人数 149 656 人，实现旅游接待收入 379 328.6 万元。如今，成都市拥有全国农业示范点 6 个，特色旅游古镇 6 个，旅游特色村 22 个，乡村酒店 11 家。在成都，乡村旅游已经成为一种重要的新兴产业和休闲方式，并处于不断增长的态势。不仅如此，成都也已经成为中国西南乡村旅游发展的典型代表。

(一) 成都乡村旅游发展历史

早在人民公社化时期，郫县友爱乡农科村就已有 8 亩集体果园和苗圃。1978 年，村支部带领几个人到邻近的温江县寿安乡学得园艺栽培技术。随后又在承包土地上大量种植，使花卉、苗木、盘扎、桩头生产形成一定规模，其他村民便纷纷学习，产品逐渐走俏，成为远近闻名的生产基地，外来洽谈花木生产的客商越来越多。为方便买主，个别农户为其准备午饭，起初分文不取，后来才只收成本或略有赢利。这就是成都乡村旅游形式的起源——农家乐。

随着城镇居民人均可支配收入的不断增长和消费支出的逐渐增加，成都市的乡村旅游也随之发展起来。1992 年，成都市城市居民家庭人均可支配收入达 2254 元，乡村旅游开始萌芽，形成为数不多、规模很小的乡村旅游点；1996 年，成都市城市居民人均可支配收入达 5701 元，乡村旅游进入快速发展阶段；2002 年，城市居民人均可支配收入达 8972 元，乡村旅游在城市居民中普及，仅龙泉驿区常年经营的"农家乐"就近 400 家，加上季节性经营者多达 1200 多家。1998~2002 年，共接待游客 1514 万人次，乡村旅游直接经济收入 2.1 亿元。

随着 2006 年被国家旅游局确定为"中国乡村旅游年"和 2007 年成都成为国家城乡筹划改革试验区，政府更加大了对乡村的开发，尤其是促进了乡村旅游业的发展。2008 年，成都周边的锦江区三圣乡红砂村"花乡农居"、郫县友爱镇农科村、龙泉驿区兴龙镇"万亩观光果园"、都江堰市青城镇"青城红阳猕猴桃、青城绿茶基地"均已成为全国首批农业旅游示范点。"三圣花乡"更是成为国家 4A 级旅游景区。

2010 年 3 月 8 日以"灾后新农村·魅力天府游"为主题的成都乡村旅游节在世界遗产地——都江堰南桥广场正式拉开帷幕。在此次成都乡村旅游节上，都江堰市虹口乡高原村度假示范区、彭州宝山乡村度假旅游示范区、蒲江县大溪谷-樱桃沟乡村度假旅游示范区、新津花舞人间乡村度假旅游示范区等 16 个示范区荣获"成都市乡村度假旅游示范区"称号，锦江区三圣花乡、郫县友爱镇农科村、都江堰市虹口乡高原村、双流黄龙溪古镇等 29 家获得"田园之星"称号。同时，四川乡村旅游踏上了新一轮的发展之路——启动乡村旅游标准化、特色化、规模化、组织化"四化"工程，提升乡村旅游的发展水平，进一步促进社会主义新农村建设和全省旅游产业的转型升级。

(二) 成都乡村旅游空间分布

根据地理位置、资源分布和区域经济联系等，将成都市乡村旅游资源进行区块整合，划分如下：都市依托休闲板块，以锦江区三圣乡的"五朵金花"为代表；城东近程农家体验休闲板块，以龙泉驿桃花故里和洛带古镇为代表；城南近程生态农业板块，以双流县农业生态观光走廊和华阳黄龙溪古镇为代表；城北中程灌路、成彭路一线景区依托观光休闲板块，以彭州龙门山、都江堰青城山、虹口、龙池为代表；城西中远程温邛高速公路一线资源依托康体休闲板块，以温江花博会、崇州九龙沟、大邑西岭雪山和邛崃天台山为代表；城西南远程高雅高速路一线资源依托度假休闲板块，以蒲江朝阳湖、蒲江石象湖、光明樱桃观赏区和新津梨花溪为代表。

(三) 成都乡村旅游发展模式

根据马勇(2007)的研究，成都乡村旅游发展模式具有以下几个特点。

1. 村落整体包装集群发展模式

以成都市锦江区三圣花乡"五朵金花"为典型。成都市锦江区在深入调研的情况下，创新思维，充分利用城市通风口背靠大城市的地缘优势，因地制宜，创造性地打造了花乡农居、幸福默林、江家菜地、东篱菊园、荷塘月色"五朵金花"。在旅游产品设计方面，将原有农居采用的成都特色的"画房子"方式进行美化改造，以农户为单元，发动农民积极创造，规划湿地、新建绿地，通过景观打造生态化，形成一户一景、户户不同的集群式发展模式，开发出了以农业观光、农家餐饮、休闲娱乐为主体的旅游产品体系；在旅游功能定位方面，依托休闲产业发展的需求，结合区域特色农业产业发展的季节差异，形成了春有花乡农居、夏观荷塘月色、秋赏东篱菊园、冬游幸福默林的错位发展模式，同时结合主要客源市场特征，形成了具有"吃、行、游、购、娱"的旅游功能体系；在形象塑造方面，整个村落遵循统一管理、整体塑造的原则，通过政府投资实现基础设施城市化，具有统一完善的景区标识系统，整体进行 AAAA 级景区建设，同时结合各个村落农业产业特色，以品牌塑造形象，形成"一村一品"。

2. 园林式特色农业产业依托模式

以郫县友爱镇农科村乡村旅游发展为典型。农科村经历了 20 世纪 80~90 年代的自发调节、20 世纪 90 年代至 2000 年的引导规划和现在的合力提升三个发展阶段，现有乡村酒店 1 家，常年经营农家乐 37 家，其中星级农家乐 16 家，日接待能力上万人次，2005 年，农家乐旅游收入达到 1800 万元，农民人均收入 4 万元。农户利用自家川派盆景、苗圃的优势，吸引游客前来吃农家饭、观农家景、住农家屋、享农家乐、购农家物，开创了中国农业旅游的先河，成为全国乡村旅游的典范；通过"政府+经营者"、项目招商的投资开发模式，加强农科村基础设施建设，完善社区旅游功能，进行旅游干线绿化、亮化、美化的景观营造，提升农科村的整体形象和旅游功能；依托花卉苗木农业产业特色，积极引导现代科学技术指导农业发展，营造园林式社会主义新农村环境，形成"一户一品，一品一景"的特色花卉种植专业村，在此基础之上，按照"吃、住、行、游、购、娱"6 要素进行功能分配，开展赏花、书画、曲艺、骑马等旅游活动，逐步完善旅游产品、功能、形象体系，按照国家 AAAA 级旅游景区标准进行规划建设。

3. 庭院式休闲度假景区依托模式

以青城后山的农家乐乡村旅游发展为典型。青城后山在 1994 年有 7 个村发展乡村旅游，从业人数近 5000 人，人均年收入在 1994 年就达到了 1300 元，为

1980 年的 6.84 倍,拥有固定资产百万元以上的有 25 户,50 万元以上的 30 余户,20 万元以上的 50 余户。青城后山的农家乐是依托青城山景区发展以及景区吸引来的客流逐渐发展起来的,随着旅游业的发展,山区的农民不再开荒种粮,使生态环境得到了有效保护,农村劳动力也到了就地转移,政府和当地农民在原有农家庭院的基础上进行建筑单体改造和基础设施完善,一个个农家小院依山傍水而建,餐饮住宿、休闲度假、娱乐度假等功能齐全,逐步走向投资小、回报快、价格低、具有中国农家特色的乡村酒店发展之路,加之青城山峰峦竞秀、岩壑幽深、飞泉密布、溶洞神奇的自然风光,使其成为成都人消暑度假自驾游的好去处。

4. 古街式民俗旅游小城镇依托模式

以客家洛带古镇为典型。洛带镇位于成都市东郊,龙泉驿区北部,西距成都市区 18km,洛带镇通过大规模的旧城改造和保护性建设后,沿山修生态客家民居,营造浓厚的客家文化氛围,同时把古镇分为四个片区:核心保护区、客家创业区、西部客家生态园和中国龙文化公园。在核心保护区,发展旅游、文化和小商贸,进行修旧如旧的旧城改造,以清代风格为主,通过青石板路、大红灯笼、商号、平房木楼等元素营造古香古色、整体亮丽的古镇氛围。同时结合龙泉驿区花果资源优势和背靠大城市的特点,以旅游为载体,以节庆活动为主要形式,开展观花、摘果、尝果等体验型旅游活动,吸引客源,带动全区旅游发展,增加旅游小城镇的体验元素和文化魅力。2005 年全区接待中外游客 387 万人次,同比增长 9.94%,实现旅游总收入 8.52 亿元,同比增长 15.8%。

(四) 成都市案例地的选取

成都市农家乐案例地选取了成都市农家乐最具典型性的"五朵金花"。"五朵金花"由位于成都市东南郊区 10~20km 不等的 5 个村庄组成,包括红砂花乡、东篱菊园、幸福默林、荷塘月色和江家菜地等 5 个村庄。2003 年,"五朵金花"开始发展农家乐旅游,主要提供以食物和娱乐休闲为主的产品,不提供住宿产品。除了一部分当地农民参与农家乐经营外,很多农家乐经营者是成都市的市民。除了家庭接待的农家乐以外,当地还出现了投资千万元以上的乡村旅游企业。

第三节　人口统计学特征

本书是针对农家乐经营者目标的概括性总体研究,由于受三地农家乐发展规模的限制,问卷调查的样本数量受到限制,只能对有限的农家乐经营者进行调查。通过下面对上海、武汉和成都农家乐经营者特点的实证分析,可以总结出我国农家乐经营者的一些早期的基本共性特征。

一、性别

三地农家乐经营者性别存在较大差异。上海市郊区崇明岛的两个村庄，当地72%的女性在家庭农家乐的经营中居于主导地位(表5-9)。瀛东村由于青壮年男性大多从事养鱼业，农家乐只是作为家庭收入的辅助收入，农家乐大多由女性经营，女性经营者占 76.9%。前卫村很多农户专营农家乐，女性经营者也占到总数的66.7%。总之，女性经营者在上海市郊区占有超过2/3的比例。上海女性经营者比例较高，一方面说明了当地男性有更好的工作机会，另一方面也说明了女性在农家乐服务中的优势和主导地位(图5-3)。

表5-9 上海、武汉、成都经营者性别构成比例 (单位：%)

城市	男性	女性
上海	28.0	72.0
武汉	84.2	15.8
成都	58.2	41.8
三市	54.4	45.6

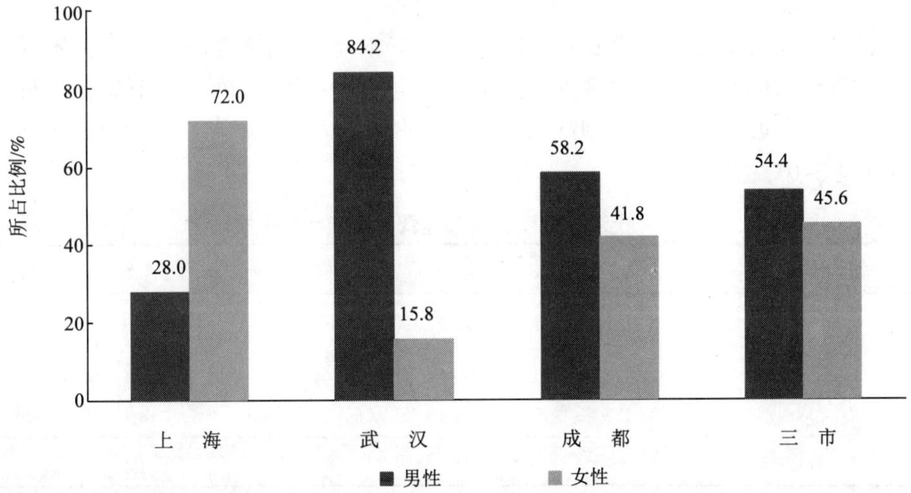

图 5-3 上海、武汉、成都经营者性别构成比例

与上海的情况形成鲜明对比，武汉市郊区的木兰山和慈惠农场的农家乐经营者大多为男性，男性比例达到 84.2%。两地经营者的性别巨大差异，可能是武汉周边乡村经济不够发达，由于当地就业状况不佳，男性难以找到比经营农家乐更好的生计机会，农家乐经营者把经营农家乐作为谋生手段。同时，武汉周边农家乐发展处于起步阶段，主要是男性承担农家乐创业重担。

成都市尽管处于经济不太发达的西部地区，但现代农家乐却起源于此，农家乐的发展也比较成熟，已经度过了创业阶段，女性主要从事农家乐的经营管理。尽管女性经营者比例略低于男性经营者，占 41.8%，但女性在经营过程中的所占比例和所处地位已经有明显的提升。

在上海农家乐经营者中女性占优，武汉农家乐经营者男性占优，而成都农家乐经营者的男女比例基本和三个城市的平均水平持平，即男性经营者的比例稍高。男性经营者占 54.4%，相对于女性经营者的 45.6%略高，这也反映了我国农家乐旅游起步阶段的现实情况，而上海女性经营者占据主体也代表了农家乐未来发展的一种趋势。

相对西方乡村旅游经营者女性占绝对的主导地位的情况，我国三地多由男性经营者主导。一方面说明了中国乡村就业的有限性，另一方面也说明了农家乐经营相对家庭的重要性。农家乐经营已经成为家庭的主要经济收入，是家庭生计问题。农家乐经营好坏对家庭是否脱贫、对是否能实现小康社会有着重要的意义。

二、婚姻状况

已婚经营者是三个城市农家乐经营者的主体，较少有未婚者从事农家乐经营。三个城市已婚的农家乐经营者占绝大多数，上海为 92%、武汉为 100%、成都为95.8%，三个城市平均的已婚经营者比例占 95.6%，未婚经营者只占总数的4.4%（表 5-10，图 5-4）。

表 5-10　上海、武汉、成都经营者婚姻状况构成比例　　（单位：%）

城市	已婚	未婚
上海	92.0	8.0
武汉	100.0	0.0
成都	95.8	4.2
三市	95.6	4.4

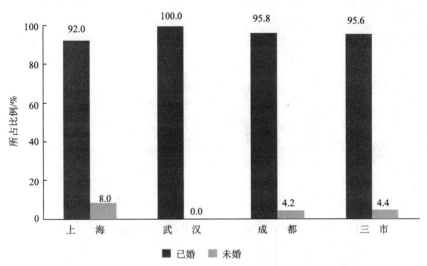

图 5-4　上海、武汉、成都经营者婚姻状况构成比例

三、年龄特点

25~45 岁的中青年是三个城市农家乐经营者的主体，充分体现了农家乐经营者的生计要求。三个城市农家乐经营者的年龄大部分集中在 25~45 岁，其中 25~35 岁占 36.8%，36~45 岁占 33.8%，二者相加占总体比例的 70.6%，另外 46~55 岁的经营者也占 19.1%，其他年龄段经营者人数占总体的比例包括 56~65 岁占 5.9%、65 岁以上占 1.5%、25 岁以下占 2.9%等(表 5-11、图 5-5)。

表 5-11　上海、武汉、成都经营者年龄构成比例　　　　(单位：%)

城市	25 岁以下	25~35 岁	36~45 岁	46~55 岁	56~65 岁	65 岁以上
上海	8.0	20.0	28.0	32.0	12.0	0.0
武汉	0.0	42.1	47.4	5.3	5.3	0.0
成都	0.0	50.0	29.2	16.7	0.0	4.2
三市	2.9	36.8	33.8	19.1	5.9	1.5

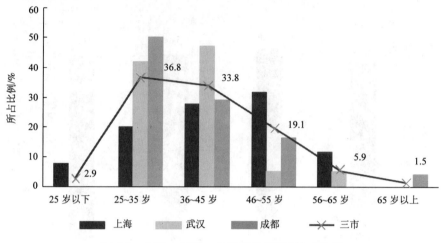

图 5-5 上海、武汉、成都经营者年龄构成比例

四、家庭平均收入

家庭平均收入 5000 元以上的农家乐经营者家庭超过总数的 60%（5001~8000 元的占总数的 29.4%、8001~10 000 元的占总数的 14.7%、10 000 元以上的占总数的 17.6%），构成农家乐经营者的主体。其他为平均收入，3501~5000 元占总数的 11.8%、2501~3500 元占总数的 8.8%、1500~2500 元占总数的 14.7%、1500 元以下占总数的 2.9%（表 5-12），这就说明家庭平均收入 5000 元以上者占农家乐经营者家庭的大部分，但这并不能说明完全是农家乐带给他们收入的提高，因为农家乐收入只是家庭收入的一部分，实际的田野调查也发现农家乐对家庭收入的贡献相当有限（图 5-6）。

表 5-12 上海、武汉、成都经营者家庭收入状况构成比例 （单位：%）

城市	1500 元以下	1500~2500 元	2501~3500 元	3501~5000 元	5001~8000 元	8001~10 000 元	10 000 元以上
上海	0.0	4.0	0.0	8.0	44.0	12.0	32.0
武汉	10.5	21.1	15.9	5.3	15.9	21.1	10.5
成都	0.0	20.8	12.5	20.8	25.0	12.5	8.3
三市	2.9	14.7	8.8	11.8	29.4	14.7	17.6

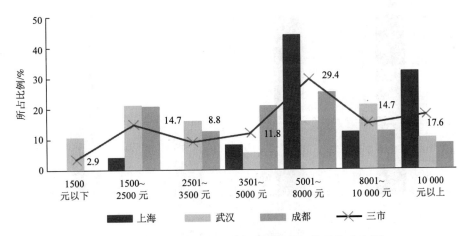

图 5-6　上海、武汉、成都经营者家庭收入状况构成比例

五、是否为当地居民

　　上海和武汉的农家乐经营者均为当地居民(100%)，成都的农家乐经营者的接近半数(41.6%)为当地居民(表 5-13)。在成都"五朵金花"的红砂村和幸福梅林两个农家乐分布比较集中的村庄(合计 200 家左右)，外地人经营者占到农家乐经营者总数的 80%，而实际上两村合计，当地村民经营的农家乐只有 6~8 家，这就说明实际上这两个村超过 90% 的农家乐经营者为非本地居民。"五朵金花"的其他三个村，由于农家乐规模小，非本地居民开办农家乐的比例不太高(21.4%)，大多为当地居民，综合 5 个村庄的农家乐规模权重，成都"五朵金花"农家乐就总体上来讲，非当地居民的经营者要远超出当地居民经营者的数量(图 5-7)。

表 5-13　上海、武汉、成都经营者当地居民状况构成比例

城市	当地居民	非当地居民
上海	100.0	0.0
武汉	100.0	0.0
成都	41.6	58.4
三市	79.4	20.6

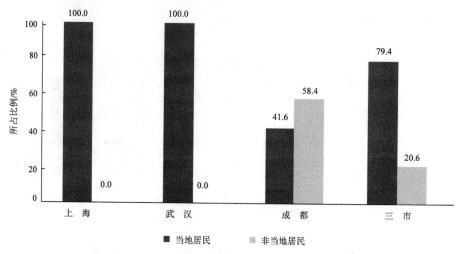

图 5-7　上海、武汉、成都经营者当地居民状况构成比例

　　三个城市总体来讲，当地居民占据农家乐经营者的主体，从全国来看也是这个状况。许多地方都是把促进农家乐发展作为城市化的手段，越来越多的农村居民通过开办、经营农家乐，身份实现由农民向市民的转变，产业实现由农业向服务业转变，农家乐成为一种农民脱离农村的手段。

　　我国农家乐发展应该走适当引进外来经营者、主体以当地居民经营为主的路子，这样才能尽量避免旅游收益的漏损，尽可能地让旅游带动当地社区致富，而少量的外来经营者能以起示范作用的角色带动当地农家乐旅游的发展。

第四节　基本特点分析

　　从投资特点、参与程度、农家乐收入占总收入的比例、农家乐对家庭收入的影响、规模、营销主体、卖点和具体开办经营方式几个方面进行分析。

一、投资特点

　　对三个城市近郊农家乐的投资特点分析，主要从开办农家乐投资额和具体的筹资渠道两个方面展开。

(一) 投资额

　　如表 5-14 所示，三个城市近郊的农家乐投资额度差异很大，少的还不到 2 万元，多的数千万元。数据表明，投资额度在 5.1 万~50 万元的比例占到 73.6%（5.1

万~10 万元占 11.8%、10.1 万~20 万元占 32.4%、20.1 万~50 万元占 29.4%），占绝大多数，其他投资额度占的比例较低，其中 2 万元以下为 5.9%、2 万~5 万元占 7.4%、50.1 万~100 万元占 8.8%、100 万元以上占 4.4%。投资额度也存在地区性差异，投资额度超过 100 万元的武汉和成都分别占 5.3% 和 8.3%，上海 0%。投资 5 万元以下的农家乐武汉占比较高，占到 47.4%（2 万元以下 21.1%、2 万~5 万元 26.3%），而上海和成都则没有。从投资来看，上海的规模相对平均，没有大规模的农家乐，也没有小规模的农家乐，而武汉、成都农家乐经营规模差异较大。

表 5-14 上海、武汉、成都农家乐投入额构成比例 （单位：%）

城市	2 万元以下	2 万~5 万元	5.1 万~10 万元	10.1 万~20 万元	20.1 万~50 万元	50.1 万~100 万元	100 万元以上
上海	0.0	0.0	24.0	24.0	48.0	4.0	0.0
武汉	21.1	26.3	0.0	26.3	10.5	10.5	5.3
成都	0.0	0.0	8.3	57.9	25.0	12.5	8.3
三市	5.9	7.4	11.8	32.4	29.4	8.8	4.4

5 万~50 万元农家乐投资额占主体，而且是以家庭投资为主，对于很多农家乐经营者而言，这个数目的投资往往是倾其家庭所有，甚至贷款。农家乐发展好坏对于家庭具有重要性，如果农家乐经营效果不理想，其对家庭的影响是比较大的（图 5-8）。

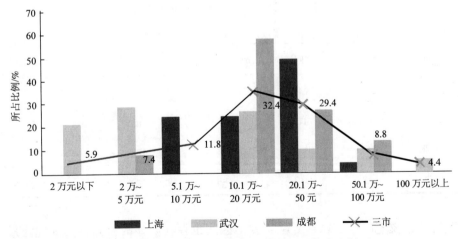

图 5-8 上海、武汉、成都农家乐投入额构成比例

（二）筹资渠道

如图 5-9 所示，三个城市的投资渠道共性特点表现为经营者家庭储蓄是主要渠道（95.8%），其次是向亲朋好友借款（35.5%），政府专项贷款支持位列第三位（17.6%），经营者自己申请银行贷款位于最后一位，只有 4.4%。总体来说，从筹资方面，政府对开办农家乐的资金支持虽然存在，但支持力度十分有限，筹资的主体仍是家庭和亲朋好友，个人与家庭筹资仍然是农家乐开办的主要途径。因此，发挥政府在农家乐筹资方面的积极作用，以小额低息贷款等方式促进农家乐的快速发展显得十分必要（表 5-15）。

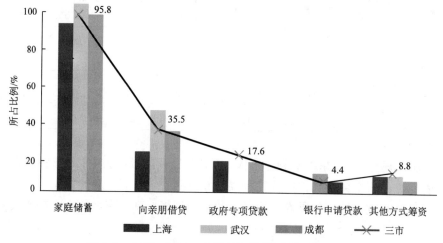

图 5-9　上海、武汉、成都农家乐筹资渠道构成比例

表 5-15　上海、武汉、成都农家乐筹资渠道构成比例　　　　（单位：%）

城市	家庭储蓄	向亲朋借贷	政府专项贷款	银行申请贷款	其他方式筹资
上海	92.0	24.0	16.0	0.0	8.0
武汉	100.0	47.4	0.0	10.5	10.5
成都	95.6	35.3	17.6	4.4	8.3
三市	95.8	35.5	17.6	4.4	8.8

另外，政府安排农家乐专项贷款地区间也存在明显的差异，成都地区最高（17.6%），上海地区其次（16%），而武汉地区以 0%排在末位。经营者申请银行贷款的比例武汉地区比例最高（10.5%），其次成都地区（4.4%），而上海地区最低，

占 0%。三地政府对农家乐的资金支持方面，武汉的力度最小，由于农家乐经营者家庭经济条件较差，申请银行贷款的比例较高。成都地方政府对农家乐经营者的资金支持度较高，政府支持也是四川农家乐发展迅速的原因之一。同时，由于地方经济不甚发达，成都一部分经营者仍通过银行贷款形式筹集资金。上海由于地处经济发达的东部地区，地方政府对开办农家乐给予一定的资金支持，同时农家乐经营者自身家庭经济实力也较好，所以开办农家乐很少有经营者申请银行贷款。

二、参与程度

根据经营者对农家乐的参与程度可以将他们划分为三种类型，即专营农家乐、主营农家乐和兼营农家乐三类。专营农家乐就是家庭或者个人生计全靠农家乐，农家乐经营对于家庭收入起决定性的作用；主营农家乐就是经营者除了从事农家乐经营之外，还从事农业、牧业、渔业等传统农业生产活动，但农家乐经营收入超过了其他方面的收益；兼营农家乐，指经营者的主要收入来源是农业生产活动，从事接待服务的农家乐经营收入所占比例低于农业生产活动。如表 5-16所示，专营农家乐的经营者占到农家乐经营者总数的将近半数(48.5%)，位于第二位的是兼营农家乐的农家乐，比例占到 36.8%，而主营农家乐的经营者占的比例最少，为 14.7%。西方乡村旅游主体是农场种养收入，旅游收益仅仅是其中的一小部分，是农业等主要收入的补充，而我国较多的农家乐则全部依靠旅游收益，收入单一渠道意味着高风险，因此，通过当地政府的规划指导，多开发农旅结合的农家乐，每户结合自身的种养类型突出自我的特色，实行错位经营，不仅可以实现农家乐的整体可持续发展，也可以避免单一的收入渠道对家庭收益造成的可能风险(图 5-10)。

表 5-16　上海、武汉、成都参与程度构成比例　　　　(单位：%)

城市	专营农家乐	主营农家乐	兼营农家乐
上海	36.0	4.0	60.0
武汉	52.6	26.3	21.1
成都	58.3	16.7	25.0
三市	48.5	14.7	36.8

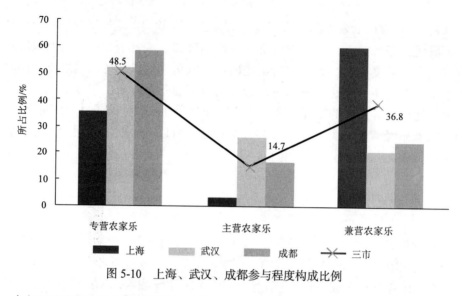

图 5-10　上海、武汉、成都参与程度构成比例

　　参与程度的地区差异也很明显，东部上海兼营农牧渔占第一位（60%），其次为专营农家乐（36%），主营农家乐的比例只占 4%。中部的武汉和西部的成都占第一位均为专营农家乐，比例分别占当地农家乐总数的 52.6%和 58.3%，但武汉位于第二位的则是主营农家乐（26.3%），兼营农家乐位居末位（21.1%），成都的情况和三地综合情况比较吻合，兼营农家乐位居第二（25%），主营农家乐居于第三位（16.7%）。

三、农家乐收入占家庭总收入比重

　　欧美国家的实证研究表明，乡村旅游中，经营者的旅游收入只是家庭总收入的一小部分，使国内力举发展农家乐的政府官员和学者对农家乐的可持续发展产生了疑虑。如表 5-17 所示，上海、武汉、成都三市城郊农家乐经营收入占到家庭总收入的 50%以下的比例达到 70.7%（其中 10%以下占 11.8%、10%~20%占 20.6%、20.1%~30%占 22.1%、30.1%~50%占 16.2%）；占家庭收入 30%以下的比例也达到 54.5%，其他，占总收入 50.1%~80%的比例为 13.2%，占 80.1%~100%的比例为 7.4%，占 100%的比例为 8.8%。这说明农家乐对家庭收入贡献的有限性，但相对于西方乡村客栈对家庭收入 10%~20%的贡献率，已经是较高的比例了。这难以说明我国农家乐经营对家庭经济收入的贡献较大，说明西方国家乡村客栈经营者的农场农牧业等收入超过旅游服务业，可能与我国三市专营农家乐的经营者比例较大，或者是农家乐经营者除农家乐之外的其他收入较低有关（图 5-11）。

表 5-17　上海、武汉、成都农家乐收入占家庭总收入比重构成比例（单位：%）

城市	10 以下	10~20	20.1~30	30.1~50	50.1~80	80.1~100	100
上海	20.0	16.0	32.0	20.0	0.0	0.0	12.0
武汉	5.3	15.9	26.3	15.9	26.3	10.5	0.0
成都	8.3	29.2	8.3	12.5	16.7	12.5	12.5
三市	11.8	20.6	22.1	16.2	13.2	7.4	8.8

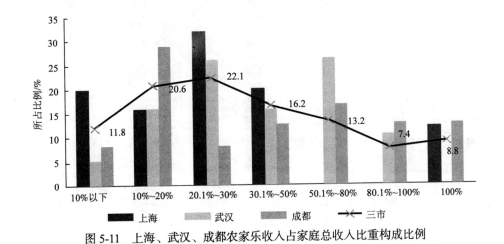

图 5-11　上海、武汉、成都农家乐收入占家庭总收入比重构成比例

四、农家乐经营对家庭收入的影响

在经营农家乐对家庭的经济状况的改善方面，有 39.7%经营者认为对家庭经济情况的改善只是"一定程度的改善"，其次为"有一点改善"（26.5%），认为对家庭经济情况改善"相当大"的比例居于第三位（22.1%），认为改善"很大"的比例占10.3%，居第四位，认为"没有一点改善"的比例居末位，占1.5%（表5-18、图 5-12）。

表 5-18　上海、武汉、成都农家乐对家庭收入的影响　　（单位：%）

城市	很大	相当大	一定程度的改善	有一点改善	没有一点改善
上海	8.0	12.0	44.0	32.0	4.0
武汉	21.1	26.3	47.4	5.3	0.0
成都	4.2	29.2	29.2	37.5	0.0
三市	10.3	22.1	39.7	26.5	1.5

　　这说明经营农家乐的确起到了改善家庭经济状况的作用，1/3 的农家乐经营者认为农家乐对家庭的贡献较大，说明农家乐经营状况总体上不太理想，只有小部分农家乐赢利状况较好，而大部分农家乐的赢利状况一般，经营农家乐对经营者家庭收入的贡献十分有限。从政府的角度讲，农家乐的整体赢利平均而较高有利于农家乐的整体发展，而不是收益的巨大差异(图 5-11)。

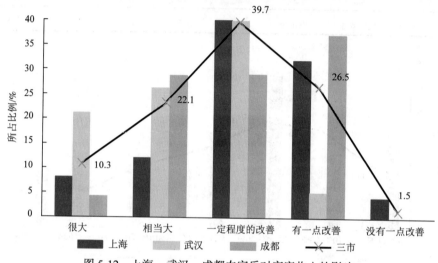

图 5-12　上海、武汉、成都农家乐对家庭收入的影响

五、营销主体

　　农家乐作为乡村旅游的重要分支，其经营好坏与营销宣传工作密切相关。在宣传农家乐产品方面，发挥最大作用的是村委会和经营者自身(均为 60.3%)，其次为政府(30.9%)，最后为农家乐行业协会(表 5-19、图 5-13)。说明村委会、地方政府和经营者在农家乐的宣传促销方面的积极作用和贡献。农家乐的宣传促销多停留在较低的层面，仅限于每户经营者各自为战的宣传或者做广告方面，还没有做到深层次的地方政府出面"统一品牌，联合营销"以及对每户特色的准确把握方面。

表 5-19　上海、武汉、成都农家乐营销主体构成比例　　　　(单位：%)

城市	经营者自身	村委会	上一级政府部门	农家乐行业协会
上海	4.0	96.0	4.0	12.0
武汉	100.0	0.0	15.8	0.0
成都	87.5	70.8	70.8	29.2
三市	60.3	60.3	30.9	14.7

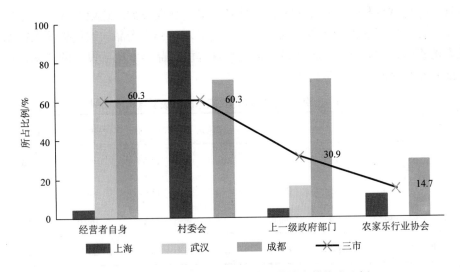

图 5-13　上海、武汉、成都农家乐营销主体构成比例

同时，三个城市农家乐的宣传促销也表现出地区上的差异性，上海的农家乐营销的主体是村委会(96%)，其次为农家乐行业协会(12%)，经营者自身的营销最低，只占 4%，说明上海村委会对农家乐宣传的重视，农家乐行业协会也相对成熟，发挥了积极的作用。武汉的农家乐营销经营者自身占第一位(100%)，其次为政府(15.8%)，村委会没有起到任何作用(0%)，农家乐行业协会还没有组成，说明武汉的农家乐起步较晚，由于多为农民自发组织，政府对宣传促销的作用有限。成都农家乐的营销工作做得最多的是经营者自身(87.5%)，其次为政府和村委会(均为 70.8%)，农家乐行业协会的作用最小，只有 29.2%，说明成都农家乐由于开展早，发展成熟，各方面对农家乐的宣传促销都很重视，但农家乐行业协会对农家乐宣传促销的较低贡献率说明农家乐行业协会对宣传促销的作用还有待加强。

六、旅游吸引点

农家乐经营者主要通过餐饮来吸引旅游者，这在一定程度上反映了国内农家乐经营的普遍特点。农家乐提供什么样的产品来吸引旅游者，根据调查结果："饮食"在所有的卖点中占据首位(73.5%)，其次为"休闲娱乐"(63.2%)、"住宿"(45.6%)、"田园风光"(42.6%)、"特色建筑"(39.7%)、"农事参与"(17.6%)(表 5-20、图 5-14)。说明城市近郊型农家乐由于距离城市较近，其特色产品主要体现为特色饮食和休闲娱乐方面，其他产品处于次要方面。这说明我国三市的农家乐还处于发展的初级阶段，仅仅满足于吃和玩的初级产品，通过提高农家乐经营者的素质，深入挖掘农家乐的休闲度假和体验产品是农家乐发展的未来，也是目前农家乐旅游转型升级的重点所在。

表 5-20　上海、武汉、成都农家乐旅游吸引点构成比例　　（单位：%）

城市	饮食	住宿	休闲娱乐	田园风光	民俗文化	特色建筑	农事参与
上海	40.0	96.0	52.0	36.0	12.0	0.0	20.0
武汉	94.7	10.5	31.6	10.5	15.8	15.8	15.8
成都	91.7	25.0	100.0	75.0	25.0	100.0	16.0
三市	73.5	45.6	63.2	42.6	17.6	39.7	17.6

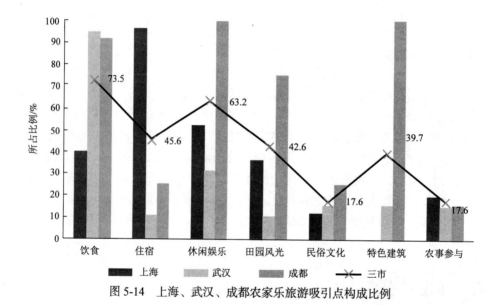

图 5-14　上海、武汉、成都农家乐旅游吸引点构成比例

另外，实际采访中发现，农家乐的卖点地方差异性很大，距离城市近且交通便利的地方，农家乐提供住宿的较少，比如武汉的慈惠农场和成都的"五朵金花"。距离城市相对较远，且交通不便的地方，农家乐提供住宿的较多，如上海瀛东村。一些靠近景区的农家乐提供的产品相对较为齐全，如上海的前卫村和武汉的木兰山。

七、开办经营方式

农家乐开办与经营以农户经营为主体。开办和经营农家乐的方式,包括有经营者独营、农户合营、企业投资、企业农户合营等多种方式。实证调查数据表明(表5-21),农家乐的开办经营方式以经营者独营为主(85.3%),农户合营占第二位(8.8%),企业农户合营占第三位(2.9%),企业投资占第四位(1.5%),集体投资占末位(1.3%),说明农家乐经营仍是以农民家庭方式为主,非农民组织型企业开办农家乐已经萌芽,但企业开办的农家乐规模一般较大,经营相对规范(图5-15)。

表5-21　上海、武汉、成都农家乐开办经营方式构成比例　(单位:%)

城市	独营	农户合营	企业投资	企农合营	集体投资
上海	92.0	4.0	0.0	0.0	4.0
武汉	78.9	21.1	0.0	0.0	0.0
成都	83.3	4.2	4.2	8.3	0.0
三市	85.3	8.8	1.5	2.9	1.3

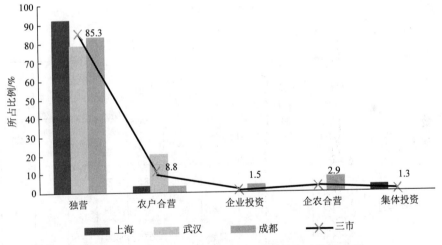

图5-15　上海、武汉、成都农家乐开办经营方式构成比例

在实际的调研中发现,非农民组织型农家乐以其规模化和优质的服务实现了良好的收益,但对农民家庭经营的农家乐造成了很大的冲击,小规模的农户农家乐面临倒闭的窘境。要解决这一问题,除了让小规模的农户农家乐走特色之路以外,对非农民组织型大型农家乐实行限制性发展,而不是过分鼓励的策略,也十分有利于小型农户农家乐的健康发展。

第六章　农家乐经营者开业起始目标

开业起始目标是农家乐经营者开办农家乐的原始追求目标，是多维目标体系的基础。本章通过调查数据进行计算，得出三市农家乐经营者目标的开业起始目标相关调查结果，然后对农家乐经营者的开业起始目标相关调查结果进行总体分析和分解分析。

第一节　开业起始目标调查结果

在取得上海、武汉、成都三市农家乐开业起始目标的相关原始数据后，通过运用 EXCEL 软件对农家乐经营者开业起始目标进行分析，得出上海、武汉、成都农家乐经营者开业起始目标的调查结果如下（表6-1）。

表6-1　三地农家乐经营者开业起始目标的认同程度

显性开业起始目标	地域	根本不同意（赋值1）占总体比例/%	不同意（赋值2）占总体比例/%	说不清（赋值3）占总体比例/%	同意（赋值4）占总体比例/%	非常同意（赋值5）占总体比例/%	认同比例/%（前两项合计）	认同度（最高为5）	认同度排序	隐性目标认同度均值	隐性目标认同比例/%	隐性开业起始目标
居住在喜欢的乡村环境中	上海	0.0	4.0	8.0	28.0	60.0	88.0	4.72	1	4.085	77.7	生活方式
	武汉	0.0	10.5	0.0	15.8	73.7	89.5	3.79				
	成都	0.0	12.5	0.0	37.5	50.0	87.5	4.54				
	三市	0.0	8.8	2.9	27.9	60.3	88.2	4.40				
享受一种喜欢的生活方式	上海	4.0	4.0	4.0	12.0	76.0	88.0	4.44	3			
	武汉	5.3	5.3	5.3	47.4	36.8	84.2	3.32				
	成都	8.3	4.2	4.2	41.7	41.7	83.4	4.71				
	三市	5.9	4.4	4.4	32.4	52.9	85.3	4.22				

续表

显性开业起始目标	地域	根本不同意(赋值1)占总体比例/%	不同意(赋值2)占总体比例/%	说不清(赋值3)占总体比例/%	同意(赋值4)占总体比例/%	非常同意(赋值5)占总体比例/%	认同比例/%(前两项合计)	认同度(最高为5)	认同度排序	隐性目标认同度均值	隐性目标认同比例均值/%	隐性开业起始目标
满足业余的兴趣爱好	上海	4.0	4.0	12.0	28.0	52.0	80.0	4.44	5	4.085	77.7	生活方式
	武汉	5.3	21.1	10.5	15.8	47.4	63.2	3.42				
	成都	4.2	12.5	8.3	20.8	54.2	75.0	4.13				
	三市	4.4	11.8	10.3	22.1	51.5	73.6	4.04				
可以让家人在一起	上海	12.0	12.0	24.0	8.0	44.0	52.0	4.04	9			
	武汉	5.3	21.1	10.5	26.3	36.8	63.1	3.37				
	成都	0.0	25.0	4.2	41.7	29.2	70.9	3.54				
	三市	4.4	19.1	13.2	25.0	36.8	63.8	3.68				
多赚钱	上海	0.0	8.0	8.0	44.0	40.0	84.0	4.44	6	3.927	72.6	经济需求
	武汉	0.0	5.3	21.1	26.3	47.4	73.7	3.68				
	成都	8.3	12.5	8.3	33.3	37.5	70.8	3.86				
	三市	2.9	8.8	11.8	35.3	41.2	76.5	4.03				
把农家乐作为家庭的财产	上海	8.0	12.0	12.0	28.0	44.0	72.0	4.28	7			
	武汉	0.0	0.0	10.5	36.8	52.6	89.4	3.58				
	成都	0.0	8.3	29.2	41.7	20.8	62.5	3.92				
	三市	2.9	7.4	17.6	35.3	36.8	72.1	3.96				
赚钱养老	上海	12.0	12.0	12.0	16.0	48.0	64.0	4.20	8			
	武汉	5.3	21.1	5.3	26.3	42.1	68.4	3.53				
	成都	8.3	8.3	8.3	41.7	33.3	75.0	3.58				
	三市	8.8	13.2	8.8	27.9	41.2	69.1	3.79				
经济上独立	上海	0.0	4.0	16.0	32.0	48.0	80.0	4.32	2	3.717	62.8	追求自立
	武汉	0.0	5.3	10.5	21.1	63.2	84.3	4.05				
	成都	0.0	4.2	4.2	54.2	37.5	91.7	4.46				
	三市	0.0	4.4	10.3	36.8	49.5	86.3	4.29				

显性开业起始目标	地域	根本不同意(赋值1)占总体比例/%	不同意(赋值2)占总体比例/%	说不清(赋值3)占总体比例/%	同意(赋值4)占总体比例/%	非常同意(赋值5)占总体比例/%	认同比例/%(前两项合计)	认同度(最高为5)	认同度排序	隐性目标认同度均值	隐性目标认同比例均值/%	隐性开业起始目标
提高自己的名声和知名度	上海	12.0	24.0	16.0	12.0	36.0	48.0	3.88	10			追求自立
	武汉	10.5	15.8	10.5	15.8	47.8	64.6	3.68				
	成都	0.0	12.5	16.7	41.7	29.2	70.9	3.38				
	三市	5.9	17.6	14.7	23.5	36.8	60.3	3.65		3.717	62.8	
为了自己做老板	上海	12.0	20.0	16.0	20.0	32.0	52.0	3.24	11			
	武汉	21.1	15.8	15.8	10.5	36.8	47.3	3.26				
	成都	8.3	45.8	4.2	25.0	16.7	41.7	3.13				
	三市	7.4	27.9	11.8	19.1	27.9	47.0	3.21				
结识更多有趣的人	上海	4.0	4.0	8.0	32.0	52.0	84.0	4.48	4	4.160	80.9	社交需求
	武汉	5.3	10.5	5.3	36.8	42.1	78.9	3.57				
	成都	0.0	4.2	16.7	33.3	45.8	79.1	4.29				
	三市	2.9	5.9	10.3	33.8	47.1	80.9	4.16				

　　基于上表对农家乐开业起始目标进行总体分析、分解分析以及三市开业起始目标的对比分析，得出本书关于农家乐经营者开业起始目标的研究结论。第二节为农家乐经营者开业起始目标总体分析研究结论，第三节为农家乐经营者开业起始目标分解分析研究结论，第四节为上海、武汉、成都三市农家乐经营者开业起始目标对比分析研究结论。

第二节　开业起始目标总体分析

　　本节通过对上海、武汉、成都三市农家乐经营者开业起始目标的4大隐性目标("生活追求"目标、"经济需求"目标、"社交需求"目标和"追求自立"目标)及其所包含的11项显性目标调查结果进行分析，从而得出上海、武汉、成都三市的农家乐经营者开业起始目标的整体结论。

一、开业起始隐性目标

(一) 开业起始隐性目标的总体共性

经营者"生活追求"、"经济需求"、"社交需求"和"追求自立"4项隐性目标的认同度和认同比例分别为 4.085、3.927、4.160、3.717 和 77.7%、72.6%、80.9%、62.8%，较高的认同度和认同比例说明了经营者开办农家乐的目的是基于对生活方式、赚钱、社会交往和个人自立等几个方面的考虑(表 6-2、图 6-1)。

表 6-2　三市农家乐经营者开业起始隐性目标对比

认同程度	生活追求	经济需求	社交需求	追求自立
认同度	4.085	3.927	4.160	3.717
认同比例/%	77.7	72.6	80.9	62.8

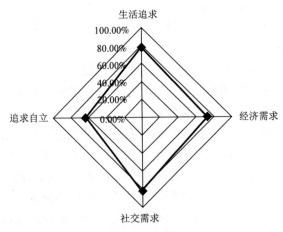

图 6-1　开业起始隐形目标认同度的总体差异

(二) 开业起始隐性目标的总体差异性

"生活方式"(4.085、77.7%)和"社交需求"(4.160、80.9%)高于"经济需求"目标(3.927、72.6%)和"追求自立"目标(3.717、62.8%)，说明了乡村居民开办农家乐的目的更多的是考虑改变自身的生活方式和认识更多人的社会交往，而不是纯粹的赚钱目和经济上的独立。这与居民开办农家乐的首要目标是赚钱的一般性推测不相吻合，对研究农村居民开办农家乐的深层次动机具有一定的参考价值。

关于经营者开办农家乐的首要目标不只是赚钱这一点，也可以从精英和需求层次的视角得到一些解释。

乡村社会中，精英实现其效能的空间载体即为乡村社区。项辉(2001)认为乡村精英是：他们在某些方面拥有比一般成员更多的优势资源，并利用这些资源取得了成功，为社区作出了贡献，从而使他们具有了某种权威，能够对其他成员乃至社区结构产生影响。仝志辉(2002)认为"在小群体的交往实践中，那些比其他成员能调动更多社会资源、获得更多权威性价值分配，如安全、尊重、影响力的人，就可称为精英，这一定义强调了乡村精英的空间范围(小群体)及价值属性(调动资源及获得权威)"。

乡村精英有两个特点：一是空间范畴是乡村社区；二是精英自身的价值属性，精英对资源的拥有或调动能力及其在社区中的影响力等(王广强，2010)。一方面，乡村精英能够整合乡村资源，尽管不总是拥有资源，但精英利用自身影响力整合资源并将其投入使用；另一方面，精英实现了资源效用的最大化。资源的整合与提取是为了充分发挥资源的效用，精英之所以是精英正是因为其能够满足最大多数人的最大利益，实现资源的最大效用。

社区精英可以分为三种类型：体制精英，拥有政府机器和政治权力，如掌握村庄正式权力资源的村干部；经济精英，拥有社区内相对突出的经济实力；传统精英，拥有地方威望或者家族势力，某些时候可能只代表社区的一小部分，但通常能够体现多数社区成员的态度和意见(张骁鸣，2006)。从事农家乐经营的精英主要是体制精英和经济精英两种类型。

社区精英的存在，尤其是体制精英的存在，对当地早期农家乐的顺利发展具有促进和引导作用，这些体制精英主要是在职的村干部或者是退下来的村干部。第一，社区精英能力较强。能够成为自治机构负责人，其相对素质和能力比较强，对于市场有比较敏锐的嗅觉，能够识别出开办农家乐的商机；第二，这些人能够获取一定的客源。以村为单位的自治机构，具有一定的行政权利和经济能力，也有许多接待任务，许多村干部就把这些接待安排在自己开办的农家乐，从而获得一定的客源。第三，有利于获取行政资源。村干部更加容易与工商、税收、交通、信贷等部门打交道，可相对降低交易费用。

对于经济精英而言，其已经完成了初步的原始积累。这些人外出打工或者是在当地其他行业已经积累了一定的资本积累，才有能力开办农家乐。同时，社区的经济精英在资本积累的过程中，自身能力也得到了提高。

我们国家通过多年的发展，大部分乡村地区的生存问题都已经解决，尤其是农家乐发达地区(如上海、武汉、成都等地)均不存在生存问题，面对的主要是发展问题。而且，大部分农家乐经营者都是当地社区精英，他们的生理、安全等低层次需求已经得到满足，需要满足的是归属与爱、自尊以及自我实现等高层次需求。因而他们把挣钱谋生等低层次目标放到了比较低的位置。

二、开业起始显性目标

(一) 开业起始显性目标的总体共性

三市农家乐经营者对开业起始显性目标的认同比例和认同度，除了"为了自己做老板"的认同比例(47.0%)和认同度(3.21)较低外，其他显性目标的认同比例和认同度均高于60%和3.60，这进一步强调了经营者对农家乐开业起始显性目标的总体肯定。而"为了自己做老板"较低的认同度和认同比例可能与经营者对传统意义上"老板"的较高尊崇有关，另外也很可能是由于农家乐经营效果总体不理想(表6-3、图6-2)。

表6-3　三市经营者开业起始显性目标对比

开业起始显性目标	认同度	认同比例/%
居住在喜欢的乡村环境中	4.4	88.2
享受一种喜欢的生活方式	4.22	85.3
满足业余的兴趣爱好	4.04	73.6
可以让家人在一起	3.68	63.8
多赚钱	4.03	76.5
把农家乐作为家庭的财产	3.96	72.1
赚钱养老	3.79	69.1
经济上独立	4.29	86.3
提高自己的名声和知名度	3.65	60.3
为了自己做老板	3.21	47.0
结识更多有趣的人	4.16	80.9

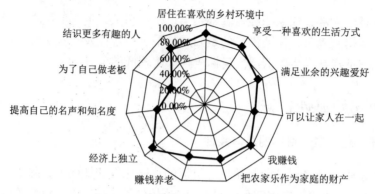

图 6-2　开业起始显性目标认同比例对比

（二）开业起始显性目标的总体差异性

三市农家乐经营者对开业起始显性目标的平均认同比例中，"为了自己做老板"最低为 47.0%，最高为 88.2%（居住在喜欢的乡村环境中），差额达到 41.2%；平均认同度最低为 3.21（为了自己做老板），最高为 4.40（居住在喜欢的乡村环境中），差额达到 1.19，两组数据之间的巨大差异，结合较高的"多赚钱"（经济需求）认同比例和认同度（76.5%、4.03）、"赚钱养老"（69.1%、3.79）、"把农家乐作为家庭的财产"（72.1%、3.96）和"提高自己的名声和知名度"（60.3%、3.65），充分说明了三市经营者农家乐初期阶段的特点，即乡村眷恋情结、过多关注经济利益和对实现自身价值的关注不够等。

以上说明，三市经营者对开业起始目标的总体肯定态度。总体上表现为经营者开办农家乐首先考虑的是改变生活方式和结交更多的朋友，其次才是赢利赚钱和经济上独立。同时，具有浓重的乡村眷恋情结，过多经济目标关注，对实现自身价值较少关注和社交动机较强等，体现了经营者农家乐初期发展阶段的特点。

第三节　开业起始目标分解分析

通过对上海、武汉、成都农家乐经营者开业起始四大隐性目标及其所包含的显性目标调查结果分别进行共性和差异性分析，以期得到三市农家乐经营者开业起始四大隐性目标包含显性目标的共性和差异性特点。

一、"生活方式"目标对比

上海、武汉、成都农家乐经营者"生活方式"目标调查结果，三市经营者"生活方式"目标分析如下。

(一) 隐性目标对比

1."生活方式"隐性目标共性

上海、武汉、成都经营者对"生活方式"隐性目标的认同度（表6-4）最低也有 3.475（武汉），认同比例也在 75%~80%，说明了三市经营者对"生活方式"目标的高度认同，农家乐经营者开办农家乐更多地考虑现有的乡村田园生活方式和家人团聚，这也反映了经营者开办农家乐的基本需求。

表 6-4　开业起始"生活方式"隐性目标认同程度

认同程度	上海	武汉	成都
认同度	4.41	3.475	4.23
认同比例/%	77.0	75.0	79.2

2."生活方式"隐性目标差异性

上海和武汉农家乐经营者相对于成都农家乐经营者来说，"生活方式"认同的比例（表6-4）较低，这是由于上海和武汉经营者均为农村居民，而成都经营者大多数经营者为城市居民，城市居民经营者和农村居民经营者表现出对"生活方式"目标的明显差异。上海经营者由于地区经济发达导致的农村城市化水平较高，因此，认同比例较武汉经营者略高。

上海和成都农家乐经营者或者由于地区经济发达，或者由于大多来自城市，生活目标的价值追求较高，两地经营者"生活方式"隐性目标的认同度较高。

(二) 显性目标对比

开业起始"生活方式"显性目标认同度对比如表6-5所示。

表 6-5　开业起始"生活方式"显性目标认同度对比

显性目标	上海		武汉		成都	
	认同度	认同比例/%	认同度	认同比例/%	认同度	认同比例/%
居住在喜欢的乡村环境中	4.72	88	3.79	89.9	4.54	87.5
享受一种喜欢的生活方式	4.44	88	3.32	84.2	4.71	83.4
满足业余的兴趣爱好	4.44	80	3.42	63.2	4.13	75.0
可以让家人在一起	4.04	52	3.37	63.2	3.54	70.9

1."生活方式"显性目标共性

三市农家乐经营者"居住在喜欢的乡村环境中"和"享受一种喜欢的生活方式"的平均认同度为 4.40 和 4.22，认同比例也高达 88.2%和 85.3%，说明了大部分经营者开办农家乐是基于对乡村环境和乡村生活的喜爱。而"满足我们业余的兴趣爱好"的平均认同度为 4.04，认同比例为 73.6%，说明了大部分经营者开办农家乐考虑了兴趣爱好。开办农家乐"可以让家人在一起"认同比例仅 60%多一点，而持否定态度经营者的比例却高达 23.5%，认同度也只有 3.68，一方面说明了处于初期阶段的农家乐经营者认识上的不足；另一方面也说明了初期阶段的农家乐，其规模还不够大或经营状况还不太理想，家庭的其他成员参与率较低，农家乐导致的家庭凝聚力还十分有限。

2."生活方式"显性目标差异性

三市农家乐经营者"居住在喜欢的乡村环境中"和"享受一种喜欢的生活方式"两项显性目标与经营者的价值观、农家乐经营效果有关。上海、武汉、成都农家乐经营者对两项目标的认同比例较高，说明了三市农家乐经营者乡村眷恋情结的共性。上海和成都两项目标的平均认同度明显高于武汉的经营者认同度，如此明显的差异一方面说明了上海与成都的农家乐或者是得益于起步早、发展较成熟，或者是政府的积极扶持而经营状况较好的原因，另一方面也说明了武汉的农家乐由于发展晚、政府支持不够等原因而经营状况较差的状况，而对三市实证采访的结果也印证了这一结论。

"满足我们业余的兴趣爱好"显性目标与地区经济发达程度、地区的休闲特性和实际经营效果等因素相关。上海、成都两个城市与武汉市经营者认同度和认同比例之间的数据差异说明了上海和成都农家乐得益于其地区经济发达、经营状况较好，或地区的休闲特性等，两地的经营者更多地考虑经营主业以外的业余兴趣，而武汉由于经济发达程度无优势，又不具备休闲城市的特质，因此，唯一可能的解释是武汉的农家乐经营状况不佳，经营者更多考虑的是赚钱赢利，而不是更深层次的业余爱好，这一点也在实证采访中得到了证实。

"可以让家人在一起"显性目标与地区传统价值观、实际经营效果和经营者是否本地居民等因素有关。上海、武汉、成都在"可以让家人在一起"显性目标的认同比例说明经济发达程度和传统价值观念呈负相关关系。三市的平均认同度差异说明上海农家乐的实际经营效果较好，武汉的实际经营效果较差的原因是导致家庭成员参与度高低的主要因素。成都的情况可以解释为当地经营者大多为非本地的城市居民，家人分别忙于各自的工作而无法脱身，因此农家乐的家庭凝聚作用无从发挥。

上海、武汉、成都农家乐经营者都具有浓厚的乡村眷恋情结、农家乐对家庭的凝聚力不强等共同特点。另外，上海由于地处东部经济发达地区，农家乐的经营状况也较好，对生活方式、乡村环境以及业余兴趣爱好关注度较高；由于传统观念较淡薄，对农家乐促进家庭凝聚力的认可比例较低，但较好的经营效果又导致了其认可度的提升。武汉由于地处经济发达程度一般的中部地区，农家乐经营状况较差，虽然表现出对生活方式、乡村环境的眷恋，但认可度较低，对业余兴趣爱好的认同比例和认可度都较低，对农家乐促进家庭凝聚力的认可度也较低。成都位于经济最不发达的西部地区，由于农家乐开展早、经营者又多为非当地的城市居民等特点，表现出对生活方式、乡村环境以及业余兴趣爱好较高的关注，内陆地区较强的传统观念使其对农家乐促进家庭凝聚力的认可比例最高，但家庭成员的城市就业的现实使农家乐促进家庭凝聚力的作用无从发挥。

二、"经济需求"目标对比

针对上海、武汉、成都农家乐经营者"经济需求"目标的调查结果，三市农家乐经营者"经济需求"目标的分析如下。

(一) 隐性目标对比

1. "经济需求"隐性目标共性

上海、武汉、成都对农家乐开业起始目标"经济需求"隐性目标认同度(表6-6)最低达到 3.597，最高达到 4.307，说明了三市经营者对"经济需求"隐性目标的一致的认同；而三市经营者"经济需求"隐性目标认同比例分别为 73.3%、77.2%和 69.2%，差异不大且较高的认同比例说明了三市经营者对"经济需求"目标的共识，除了考虑"生活方式"目标之外，开办农家乐的重要目的是为了实现赢利和经济上的富有，这也反映了我国农家乐作为农民脱贫致富的重要手段，而不只是农民经济收入的补充。实现农家乐的赢利意味着农家乐家庭的致富和小康，因此，通过各种方法实现农家乐，特别是小型农户农家乐的赢利，是关系到构建乡村和谐社会的大事，是关系到新农村建设的大事。

2. "经济需求"隐性目标的差异性

上海、武汉、成都对农家乐开业起始目标"经济需求"隐性目标认同比例(表 6-6)总体差异不大，武汉由于地区经济发达程度一般，农民经营者平均收入较低，对"经济需求"目标的渴望较强烈；上海农民经营者平均收入较高，收入多元化，对"经济需求"目标的渴望比武汉经营者略低；成都经营者绝大多数为城市经营者，家庭收入较高，收入和追求多元化，对"经济需求"目标最为看淡。

表 6-6　三市农家乐经营者开业起始"金钱"隐性目标认同程度对比

认同程度	上海	武汉	成都
认同度	4.307	3.597	3.787
认同比例/%	73.3	77.2	69.2

上海经营者对"经济需求"目标较高的认同度和武汉、成都经营者较低的认同度对比说明了经营者经济意识和经营效果对经营者态度的影响。上海由于地处经济发达的东部地区，经营者经济意识较好，经营效果好，认同度最高；成都虽然地处经济不太发达的西部地区，但经营者大多为城市居民，经济意识也较好，但由于经营效果一般，认同度比上海低；武汉地处经济发达程度一般的中部地区，经营者多为当地农民，经济意识较差，加之经营效果不好，认同度是三市之中最低的。

(二) 显性目标对比

1. "经济需求"显性目标共性

上海、武汉、成都三市农家乐经营者对开业起始"经济需求"显性目标的认同度(表 6-7)最低也达到 3.53，认同比例最低达到 62.5%，较高的认同度和认同比例说明了三市经营者对"经济需求"目标的较高认同。出于致富目的的农家乐经营，凸显出农家乐经营者较强的赚钱赢利动机。

表 6-7　三市农家乐经营者开业起始"经济需求"显性目标认同程度对比分析

显性目标	上海		武汉		成都	
	认同度	认同比例/%	认同度	认同比例/%	认同度	认同比例/%
多赚钱	4.44	84.0	3.68	73.7	3.86	70.8
把农家乐作为家庭财产	4.28	72.0	3.58	89.4	3.92	62.5
赚钱养老	4.20	64.0	3.53	68.4	3.58	75.0

三市经营者对"经济需求"的"多赚钱"、"把农家乐作为家庭财产"和"赚钱养老"等显性目标的认同度和认同比例差异不大，说明了三市经营者对"经济需求"目标追求的共性。三市农家乐经营者对"多赚钱"的认同比例和认同度都比"把农家乐作为家庭财产"和"赚钱养老"高，一方面说明经营者对赢利赚钱近期目标的过分关注，但对财产性收入和保障性收入等长期目标关注不够；另一

方面也反映了我国三市处于农家乐初级阶段的经营者的经济理念和经营素质有待提高的现实。通过政府组织培训，提高农家乐经营者的经营素质和理念，是农家乐旅游转型升级的重点所在。

2. "经济需求"显性目标的差异性

由于上海地处经济发达地区，经营者的经济意识和实际经营效果均较好，因此，赚钱赢利的认同比例和认同度最高。武汉由于经济发达程度一般，虽然经营者赢利赚钱意识也很强，但由于实际经营效果较差，导致认同比例一般，认同度最低。成都由于地处经济最不发达的西部地区，且经营者赢利赚钱的意识没有上海、武汉的经营者的意识强，经营者表示认同的比例最低，但由于农家乐发展早而成熟，经营效果较好，认同度比经营效果差的武汉稍高。

上海由于经济发达，经营者经济意识高，投资方面又得到村集体的支持，虽然对农家乐财产的认同比例不高，但对"把农家乐作为家庭财产"的认同度却是最高的。武汉经济发达程度一般，投资方式主要是经营者自己投资，因此，对农家乐财产的认同比例最高，但由于实际经营效益偏差，所以认同度偏低。成都地处经济最不发达地区，但由于政府对经营者采取补助和贷款优惠的措施，经营者对农家乐财产的认同比例最低，但由于实际经营效果较好，认同度仍比武汉高。

上海由于地处经济发达地区，收入高且多元化，经营者无须过多考虑养老问题，因此，认同"赚钱养老"的比例不高，但由于农家乐经营效果较好，上海经营者对开办农家乐有助于养老表示了很高的认同度。武汉经济发展程度一般，经营者认识到"赚钱养老"的重要性，因此其认同比例比上海高，但由于经营效果较差，认同度最低。成都由于处于经济最不发达地区，实际经营效果较好，因此，经营者对"赚钱养老"的认同比例最高，但由于成都经营者大多为城市居民，其价值观念也表现出和前两者的差异，因此，对"赚钱养老"的认同度和武汉的情况相差无几。

以上说明，上海、武汉、成都的农家乐都具有过多关注赚钱近期目标，对养老问题、财产问题等远期经济目标关注不够的特点。上海的经营者由于地处经济发达地区、经济意识好以及农家乐经营效果较好等表示出了对农家乐财产、多赚钱赢利的较高的认同比例和认同度，而对"赚钱养老"较低的认同比例和最高的认同度。武汉的经营者由于经济不太发达，且多为经营者自身投资，表现出对农家乐财产的高比例认同，同时经营效果差也导致了经营者对农家乐财产的认同度很低，且导致了对"多赚钱"和"赚钱养老"认同比例和认同程度的降低。成都由于处于经济落后地区，经营者开办农家乐对"赚钱养老"的认同比例最高。另外，由于成都经营者大多为城市居民，经营者的农家乐财产意识较低。

三、"社交需求"目标对比

针对表 6-8 上海、武汉、成都农家乐经营者"社交需求"目标调查结果，三市经营者"社交需求"目标的分析如下。

表 6-8　开业起始"社交需求"隐性目标认同程度对比

认同程度	上海	武汉	成都
认同度	4.48	3.57	4.29
认同比例/%	84.0	78.9	79.1

(一) 隐性目标共性

上海、武汉、成都经营者对"社交需求"隐性目标（"结识更多有趣的人"）的认同比例（表 6-8）分别为 84.0%、78.9% 和 79.1%，认同度分别为 4.48、3.57 和 4.29。三个城市的经营者对开办农家乐可以"结识更多有趣的人"的认同比例很高，且差别不大，认同度最低也达到 3.57，这都说明三市众多经营者对把开办农家乐作为一种社交手段，对开办农家乐认识更多的朋友持积极的肯定态度，这也反映了三市农家乐经营者由于身处乡村，对来自城市的素质较高的旅游者有着强烈的社会交往需求，渴望通过与高素质人的交往，提高自身的素养。

(二) 隐性目标差异性

上海、武汉、成都农家乐经营者对"社交需求"隐性目标（"结识更多有趣的人"）的认同比例差别不大，武汉农家乐经营者的认同度明显低于上海和成都，一方面可以解释为武汉农家乐实际经营效果差，旅游者较少，经营者结识游客的机会较少；另一方面，可以解释为上海、成都经营者或由于经济发达，见多识广，或由于绝大多数的城市经营者的"社交需求"动机更强。

四、"追求自立"目标对比

针对上海、武汉、成都农家乐经营者"追求自立"目标调查结果，三市农家乐经营者"追求自立"目标的分析如下。

(一) 隐性目标对比

1. "追求自立"隐性目标共性

上海、武汉、成都三市农家乐经营者对"追求自立"隐性目标的认同度(表6-9)最低达到3.657,认同比例最低达到60.0%,且三市经营者"追求自立"隐性目标的认同度和认同比例差别极其微小,说明大多数经营者对"追求自立"目标表示了总体的认同。通过开办农家乐实现经济上的独立和社会知名度的提高,这也是实现其自身价值的重要手段。这对经营者来说,意味着超越基本需求的高层次需求的实现。

表 6-9 开业起始"追求自立"隐性目标认同程度对比

认同程度	上海	武汉	成都
认同度	3.813	3.663	3.657
认同比例/%	60.0	65.4	68.1

2. "追求自立"隐性目标差异性

上海经营者对"追求自立"隐性目标的认同度比武汉、成都经营者的稍高(表6-9),说明了地处经济发达地区的上海经营者有较好的"追求自立"意识。成都经营者认同比例较高则说明成都经营者多为城市居民,相比上海、武汉农村居民经营者,其"追求自立"觉悟较高。

(二) 显性目标对比

1. "追求自立"显性目标共性

"经济上独立"的认同度与认同比例明显较高(表6-10),说明了绝大多数经营者对快速赚钱致富从而实现经济上的独立很感兴趣,对社会名望和地位的提高的兴趣位居其次,这也体现了农家乐初期阶段的特点,即经营者过于关注经济上的独立,而对实现自身价值的社会目标关注不够,说明了农家乐初期阶段经营者对经济方面自立的较强关注。

表 6-10 开业起始"追求自立"显性目标认同程度

"自立"显性目标	上海		武汉		成都	
	认同度	认同比例/%	认同度	认同比例/%	认同度	认同比例/%
经济上独立	4.32	80.0	4.05	84.3	4.46	91.7
提高自己的名声和知名度	3.88	48.0	3.68	64.6	3.38	70.9
可以自己做老板	3.24	52.0	3.26	47.3	3.13	41.7

2. "追求自立"显性目标差异性

成都由于地处经济最不发达的西部地区，经营者大多为城市居民，农家乐经营效果较好，经营者想通过开办农家乐赢利赚钱，实现经济上独立的认同比例和认同度最高。上海地处经济发达地区，且收入多元化，通过开办农家乐实现经济独立的比例就不及武汉和成都高，但由于农家乐经营状况较好，经济独立认同度也较高。武汉经济发展程度一般，认同比例居中，但由于农家乐经营效果较差，因此，通过开办农家乐实现经济独立的认同度却是最低的。

三个城市经营者对开办农家乐提高名声和知名度的认同比例和认同度差别不大，但也表现出了一些细微的差别，即经济发达程度与三个城市的经营者对开办农家乐提高知名度的认同比例略呈负相关关系，而与认同度呈正相关，说明了经营者对通过开办农家乐提高知名度的认同和地区经济发达程度之间的微妙关系，即成都农家乐由于起步早，发展较为成熟，经营者对赚钱目标之外的实现自身价值目标有较高的关注，上海的农家乐由于发展晚，经营者较多关注赚钱而较少关注自身价值的实现。

"可以自己做老板"目标方面，三个城市经营者对开办农家乐可以实现做老板的梦想看法没有明显的差异，也凸显了三地农家乐初期阶段经营者对自身价值实现关注不大的特点。

上海、武汉、成都的农家乐经营者都具有过多经济目标关注和对实现自身价值的问题关注不够的共性特点。成都经营者由于地处经济最不发达地区且大多为城市居民经营者，希望能够通过开办农家乐实现经济上的独立，另外由于农家乐发展早，较为成熟，提高自身知名度的自身价值实现愿望最强。上海经营者由于地处发达地区且收入多元化，希望能够通过开办农家乐实现经济上独立的愿望不强，另外由于农家乐起步晚，不太成熟，经营者对提高自身知名度的价值实现愿望不强烈。武汉地区经济发达程度居于二者中间，且经营状况不好，希望能够通过开办农家乐实现经济上独立和提高自身的知名度的愿望一般。

三市农家乐经营者开业起始目标表现出浓重的乡村眷恋情结、较强的社交动机、过多的经济目标关注，对养老问题、财产问题、实现自身价值的问题关注不够，农家乐的家庭凝聚力不强等，体现了经营者在农家乐发展初期阶段的共性特点。三市经营者开业起始目标的差异性表现为：上海由于经济发达、经营者经济意识强、传统观念淡薄和农家乐的经营状况较好等，对生活方式、乡村环境、业余兴趣爱好、农家乐财产、多赚钱赢利认同度较高，对"赚钱养老"有较低的认同比例和最高的认同度，经济独立和提高自身的知名度的愿望不强烈，对农家乐促进家庭凝聚力的认同比例较低；武汉经济发展程度一般，经营者经济意识与传统观念较强，但由于经营状况较差，虽然表现出对生活方式、乡村环境的高度认同，但对业余兴趣爱好、"多赚钱"和"赚钱养老"的认同则较低，另外绝大多数经营者由于是自身投资，对农家乐财产的认同比例较高；成都位于经济最不发达的西部地区，经营者经济意识差、传统观念强，但由于农家乐开展早、经营者又多为非当地的城市居民等，经营者表现出对生活方式、乡村环境以及业余兴趣爱好、"赚钱养老"、经济独立和提高自身的知名度的较高关注，对农家乐增强家庭凝聚力的认同比例较高，但实际的认同度不高，农家乐赚钱赢利和财产意识也较低。

第四节　开业起始目标相关性分析

为了确定农家乐经营者的人口统计学因素(年龄、婚姻状况、性别)、经营者其他特征(参与程度、是否是本地居民、开业目的取向)和农家乐的基本特点(地理区位等)等变量对农家乐经营者的开业起始目标的影响，进一步的分析如下。

一、"生活追求"目标相关性分析

"生活追求"目标的四项显性目标包括"可以让家人在一起"、"居住在喜欢的乡村环境中"、"满足我们业余的兴趣爱好"和"享受一种喜欢的生活方式"等。"生活追求"目标与经营者特征和农家乐特点等变量相关性分析如下。

(一) 人口统计学特征相关性

从不同性别对"生活追求"四项显性目标的认同比例可以看出，女性经营者更倾向于开办农家乐是出于"生活追求"的考虑，这可能与女性更想通过开办农家乐改变原有的生活方式以及其在家庭中传统的角色有关。

已婚经营者在"可以让家人在一起"方面更强的目标倾向，说明已婚经营者更强的恋家倾向和对家庭的责任感。未婚经营者相对于已婚经营者显示出较强的"满足我们业余的兴趣爱好"的倾向，说明未婚经营者更注重个人兴趣的满足。未婚和已婚经营者对"居住在喜欢的乡村环境中"和"享受一种喜欢的生活方式"目标的选择没有大的差异，显示了二者在这两个方面共同的目标价值取向。

36~45 岁经营者更趋向于开办农家乐"可以让家人在一起"，这与 36~45 岁经营者大多已婚且是家庭的支柱有关。对"满足我们业余的兴趣爱好"和"享受一种喜欢的生活方式"，25 岁以下、46~55 岁、56~65 岁有更强的倾向，可以解释为 25 岁以下和 46 岁以上的经营者不是家庭负担的主要承受者，因此，可以更多地考虑个人的爱好与生活方式的选择。各个年龄段对开办农家乐是为了"居住在喜欢的乡村环境中"的意见差异不大且认同比例很高，说明了经营者对居住在乡村环境中的一致认同。

（二）与经营者是否为当地居民相关性

对"生活追求"目标的四个显性目标的认同，非当地居民经营者高于当地居民经营者，说明非当地居民经营者开办农家乐的初衷更多的是喜欢乡村的生活方式，考虑了主动变换一种喜欢的生活方式，而当地居民开办农家乐更多的是一种被动的选择，尽管也有一定比例的本地居民也是出于对乡村生活的喜爱。

（三）与经营者所处地域相关性

在"可以让家人在一起"目标的认同方面，上海、武汉、成都经营者表现出从东向西依次增强的特点，说明从沿海发达地区到内陆地区家庭观念逐渐增强的趋势。不同城市的经营者对"居住在喜欢的乡村环境中"的看法差异不明显，说明三地经营者对乡村环境的喜爱。

"生活追求"目标和农家乐及经营者特点相关性表现为女性、已婚经营者倾向于农家乐的生活方式选择，而未婚经营者"满足我们业余的兴趣爱好"愿望更强。36~45 岁经营者更趋向于开办农家乐"可以让家人在一起"，25 岁以下、46~55 岁经营者更趋向于开办农家乐是为了"满足我们业余的兴趣爱好"，25 岁以下、46~55 岁和 56~65 岁经营者更趋向于开办农家乐是为了"享受一种喜欢的生活方式"。非当地居民经营者更趋向于开办农家乐是出于喜欢乡村生活方式的考虑。上海与成都的农家乐经营者更趋向于"享受一种喜欢的生活方式"和"满足我们业余的兴趣爱好"；对"可以和家人在一起"目标的认同，上海、武汉、成都经营者表现出从东向西依次增强的特点。

二、"经济需求"目标相关性分析

（一）人口统计学特征相关性

性别差异在"经济需求"目标方面表现为男性经营者更倾向于"把农家乐作为家庭的财产"和"赚钱养老"，而女性经营者比男性经营者更倾向于"多赚钱"，说明女性经营者的经济眼光比较近视，而男性经营者则有着较为长远的打算。

已婚经营者更趋向于开办农家乐是出于"经济需求"目的，这可能和已婚经营者更多地体会到家庭生活的开支负担，或可能与已婚经营者开办农家乐过多地考虑投资收益有关。未婚经营者由于对家庭经济开支等方面的了解较少，故对经济收益的渴望没有已婚经营者强烈。

36~45岁和56~65岁的经营者更趋向于开办农家乐是为了"把农家乐作为家庭的财产"；36~45岁、46~55岁和56~65岁的经营者更趋向于开办农家乐是为了"多赚钱"，这可以解释为36岁以上的经营者更多考虑家庭经济负担或不易接受新的生活方式和观念陈旧。25~35岁、46~55岁和56~65岁的经营者比其他年龄段的经营者更趋向于开办农家乐是为了"赚钱养老"，说明年龄大的经营者更多考虑养老的问题，而25~35岁的经营者考虑"赚钱养老"，一种可能的解释是更多地为自己的父母考虑。

(二) 与经营者是否为当地居民相关性

对"经济需求"倾向中的"把农家乐作为家庭的财产"和"赚钱养老"两项目标，当地居民经营者表现出更高的趋向，而对"多赚钱"的趋向当地居民经营者与非当地居民经营者的表现正好相反，一方面说明当地居民经营者有更高的赚钱倾向，对近期经济利益有更高的关注；另一方面也说明非当地居民经营者则有着更加长远的打算，更多考虑养老等长远目标或是出于生活方式和社交等方面的考虑。

(三) 与经营者所处地域相关性

武汉农家乐经营者更趋向于开办农家乐是为了"把农家乐作为家庭的财产"，说明武汉农家乐经营者的财产意识较强。上海的农家乐经营者更趋向于开办农家乐是为了"多赚钱"，说明上海农家乐经营者对近期经济目标最为关注。而成都农家乐经营者更趋向于开办农家乐是为了"赚钱养老"，说明成都农家乐经营者更多考虑自己养老保障问题。

"金钱"目标和农家乐及经营者特点相关性表现为男性、当地居民、主营农家乐与主营农牧渔的农家乐经营者倾向于"把农家乐作为家庭的财产"和"赚钱养老"，而女性、非当地居民、专营农家乐经营者更倾向于"多赚钱"。36~65岁的经营者更趋向于开办农家乐是为了"多赚钱"；25~35岁、46~65岁的经营者更趋向于开办农家乐是为了"赚钱养老"。已婚、追求事业和以赚钱为目的的经营者更趋向于开办农家乐是为了"经济需求"。

三、"追求自立"目标相关性分析

"追求自立"目标与经营者特征和农家乐特点等变量相关性分析如下。

(一) 人口统计学特征相关性

男性经营者倾向于"提高自己的名声和知名度"和"经济上独立",说明男性经营者对提高自身名誉较为看重,而对"可以自己做老板",女性经营者则表现出更大的兴趣,这可能与女性想改变长期处于的家庭从属地位有关,其背后的深层次社会原因还有待于进一步研究。

已婚和未婚经营者对三个显性目标"可以自己做老板"、"提高自己的名声和知名度"、"经济上独立"认可的比例依次为47.7%、61.6%、86.1%和33.3% 、33.3%、66.7%,已婚经营者表现出更强的"追求自立"趋向,说明了已婚经营者对荣誉和知名度的较多的关注,另一种可能的解释是未婚经营者对此不太感兴趣。

36~45 岁和 46~55 岁经营者更趋向于开办农家乐是为了"提高自己的名声和知名度",说明 36~45 岁的经营者对名誉的在乎,以及年轻和年纪过大的经营者对名誉的淡泊。经营者年龄表现为对开办农家乐是为了"可以自己做老板"的正相关,可以解释为较年轻的经营者对做老板不太在乎,年纪较大的经营者对做老板较为在意。45 岁以下年龄段的经营者更趋向于开办农家乐是为了"经济上独立",说明年龄在 45 以下的经营者更强的独立意识。

(二) 与经营者是否为当地居民相关性

对"可以自己做老板"和"提高自己的名声和知名度"两个显性目标而言,非当地居民经营者认同度和认同比例较高,说明非当地居民经营者有着更强的社交动机,这在前面的分析中也得到了验证,而当地居民经营者则相对比较淡漠,估计与其对金钱方面的较多关注有关。

(三) 与经营者所处地域相关性

上海、武汉、成都的农家乐经营者"提高自己的名声和知名度"趋向逐级递增,而对"可以自己做老板"的倾向则呈逐级递减趋势,说明上海经营者对做老板表现出更多的坦诚和兴趣,而对社会地位的提高不太看重,而成都的经营者则对社会地位的提高表现出更多的兴趣。

"追求自立"目标和农家乐及经营者特点相关性表现为男性倾向于"提高自己的名声和知名度"和"经济上独立",而对"可以自己做老板"目标,女性经营者则表现出更大的兴趣。已婚经营者表现出更强的"自立"趋向；36~45 岁和46~55 岁经营者更趋向于开办农家乐是为了"提高自己的名声和知名度"，各不同年龄段的经营者对于开办农家乐是为了"可以自己做老板"的认同随年龄上升而逐级递升。25~45 岁年龄段和当地居民经营者更趋向于开办农家乐是为了"经济上独立"。非当地居民经营者有更高的"可以自己做老板"和"提高自己的名声和知名度"倾向。纯粹以赚钱为目的的农家乐经营者更趋向于开办农家乐是为了"可以自己做老板"。追求事业的农家乐经营者更趋向于开办农家乐是为了"提高自己的名声和知名度"和"经济上独立"。上海、武汉、成都的农家乐经营者对"提高自己的名声和知名度"的兴趣逐级递增，而对"可以自己做老板"的兴趣则呈逐级递减趋势。

四、"社交需求"目标相关性分析

(一) 人口统计学特征相关性

性别差异与"社交需求"目标相关性不大，已婚经营者表现出比较高的"社交需求"倾向，说明已婚经营者由于深谙社会中人际交往的重要性，对于开办农家乐能够认识更多的朋友、建立更广泛的人脉更为看重。

46~55 岁和 25~35 岁的经营者更趋向于开办农家乐是为了"结识更多有趣的人"，说明 25~35 岁及 46~55 岁的经营者开办农家乐有更强的社交动机，如果说 25 岁以上的成年人出于人际交往的需要对社交较为看重的话，那么 36~45 岁年龄段经营者对人际交往看淡则较难解释。

(二) 与经营者是否为当地居民相关性

非当地居民经营者更趋向于开办农家乐是为了"结识更多有趣的人"，说明相对于当地农家乐经营者，非当地居民经营者之所以开办农家乐，社会交往是一个重要原因，这在前面的分析中也得到了证实。

(三) 与经营者所处地域相关性

上海和成都经营者更趋向于开办农家乐是为了"结识更多有趣的人"，说明上海经营者地处经济发达地区，乡村度假者很多是上海市的富有阶层，上海经营者的强烈社会交流趋向多是出于经济动机的考虑。而成都经营者多是城市居民，其社交趋向更多地是想结交一些志趣相投的人，经济方面的动机不甚明显。

可以得出农家乐开业起始目标之"社交需求"目标与农家乐及经营者特征相

关性结论如下：已婚经营者、非当地居民经营者、上海和成都农家乐经营者、46~55岁和25~35岁的经营者有更强的社交趋向，更想通过开办农家乐结识更多的朋友，尽管其背后的深层次动机还有待进一步的深入研究。

农家乐开业起始目标与农家乐经营者特征以及农家乐特征变量的相关性如下：①"生活追求"目标表现出与性别、是否为当地居民、参与程度和追求目的等变量的较强相关性，与年龄变量的相关性一般，与婚姻状况和地域变量的相关性不大；②"经济需求"目标表现出与婚姻状况、是否为当地居民、年龄和追求目的等变量的较强相关性，与性别变量的相关性一般，与地域、参与程度等变量的相关性不大；③"追求自立"目标表现出与婚姻状况较强的相关性，与是否为当地居民、地域、年龄、追求目的等变量相关性一般，与性别和参与程度变量的相关性不大；④"社交需求"目标表现出与婚姻状况、是否为当地居民、追求目的等变量较强的相关性，与年龄变量的相关性一般，与性别、地域、参与程度等变量相关性不大。

第七章 农家乐经营者正式经营目标

正式经营目标在多维目标体系中是开业起始目标的延续和发展，与经营本身的关系更为密切。通过田野调查数据进行计算，得出农家乐经营者正式经营目标相关调查结果，对三市"农家乐"经营者的正式经营目标相关调查结果进行总体分析、分解分析和相关性分析，得出本书关于农家乐经营者正式经营目标的研究结论。

第一节 正式经营目标调查结果

在取得三市农家乐经营者正式经营目标的相关原始数据后，通过计算和处理，得出上海、武汉、成都三市农家乐经营者正式经营目标的调查结果（表7-1）。

表 7-1 三地农家乐经营者正式经营目标的认同度和认同比例

显性正式经营目标	地域	根本不同意（赋值1)占总体比例/%	不同意（赋值2)占总体比例/%	说不清（赋值3)占总体比例/%	同意（赋值4)占总体比例/%	非常同意（赋值5)占总体比例/%	认同比例/%	认同度(最高为5)	认同度排序	隐性目标认同度	隐性目标认同比例均值/%	隐性正式经营目标
我想树立良好的农家乐形象	上海	0.0	0.0	0.0	24.0	76.0	100	4.88	1			
	武汉	0.0	0.0	5.3	5.3	89.5	94.7	4.42				
	成都	4.2	0.0	0.0	29.2	66.7	95.8	4.75				
	三市	2.9	0.0	1.5	20.5	76.5	95.6	4.71		4.670	95.1	生意口碑
提供高质量的产品和服务是我的第一要务	上海	0.0	0.0	0.0	28.0	72.0	100	4.72	2			
	武汉	0.0	0.0	10.5	10.5	78.9	89.5	4.37				
	成都	0.0	4.2	4.2	25.0	66.7	91.6	4.79				
	三市	0.0	1.5	4.4	22.1	72.1	94.1	4.65				

续表

显性正式经营目标	地域	根本不同意(赋值1)占总体比例/%	不同意(赋值2)占总体比例/%	说不清(赋值3)占总体比例/%	同意(赋值4)占总体比例/%	非常同意(赋值5)占总体比例/%	认同比例/%	认同度(最高为5)	认同度排序	隐性目标认同度	隐性目标认同比例均值/%	隐性正式经营目标
以很高的道德水准经营农家乐	上海	0.0	0.0	0.0	28.0	72.0	100	4.84	3	4.670	95.1	生意口碑
	武汉	0.0	0.0	5.3	10.5	84.2	94.7	4.27				
	成都	4.2	0.0	4.2	29.2	62.5	91.6	4.75				
	三市	1.5	0.0	2.9	23.5	72.1	95.6	4.65				
我想让农家乐发展壮大	上海	0.0	0.0	16.0	28.0	56.0	84.0	4.44	4			生意优先
	武汉	0.0	0.0	5.3	15.8	78.9	94.7	3.79				
	成都	8.3	4.2	8.3	37.5	41.7	79.2	4.71				
	三市	1.5	1.5	10.3	27.9	57.4	86.7	4.35				
赢利赚钱	上海	0.0	12.0	16.0	12.0	60.0	72.0	4.28	5	3.693	62.1	
	武汉	0.0	5.3	15.8	36.8	42.1	78.9	3.95				
	成都	4.2	12.5	4.2	33.3	45.8	79.1	4.13				
	三市	1.5	10.3	11.8	26.5	50.0	76.5	4.13				
应该纯粹按商业理念经营农家乐	上海	4.0	8.0	32.0	24.0	32.0	56.0	4.08	9			
	武汉	5.3	21.1	26.3	26.3	21.1	47.4	2.95				
	成都	4.2	12.5	16.7	29.2	37.5	66.7	3.79				
	三市	4.4	13.2	25.0	25.0	30.9	55.9	3.66				
想最后把农家乐以最好的价钱卖掉	上海	32.0	24.0	12.0	16.0	16.0	32.0	2.52	12			
	武汉	42.1	10.5	31.6	0.0	15.8	15.8	2.95				
	成都	25.0	20.8	16.7	16.7	20.8	37.5	2.50				
	三市	26.5	19.1	19.1	11.8	17.6	29.4	2.63				
我更愿意把我的农家乐控制在适当的规模而不是无限发展	上海	8.0	12.0	32.0	12.0	36.0	48.0	4.28	6	3.685	61.0	家庭优先
	武汉	10.5	0.0	10.5	31.6	47.4	79.0	3.32				
	成都	0.0	8.3	20.8	37.5	33.3	70.8	3.79				
	三市	5.9	7.4	22.1	25.0	38.2	63.2	3.84				

续表

显性正式经营目标	地域	根本不同意(赋值1)占总体比例/%	不同意(赋值2)占总体比例/%	说不清(赋值3)占总体比例/%	同意(赋值4)占总体比例/%	非常同意(赋值5)占总体比例/%	认同比例/%	认同度(最高为5)	认同度排序	隐性目标认同度	隐性目标认同比例均值/%	隐性正式经营目标
经营农家乐,我的/家庭的兴趣是第一位	上海	4.0	12.0	12.0	24.0	48.0	72.0	4.16	7			家庭优先
	武汉	10.5	5.3	15.8	36.8	31.6	68.4	3.47				
	成都	8.3	20.8	8.3	20.8	41.7	62.5	3.71				
	三市	7.4	13.2	11.8	26.5	41.2	67.7	3.81				
从事农家乐的工作比赚很多钱更重要	上海	0.0	16.0	24.0	36.0	24.0	60.0	3.96	8	3.685	61.0	
	武汉	0.0	5.3	21.1	47.4	26.3	73.7	3.47				
	成都	0.0	29.2	16.7	33.3	20.8	54.1	3.54				
	三市	0.0	17.6	20.6	36.8	23.5	60.3	3.68				
正式的经营目标没有必要	上海	12.0	20.0	24.0	12.0	32.0	44.0	4.08	10			
	武汉	10.5	15.8	10.5	36.8	26.3	63.1	3.47				
	成都	4.2	29.2	12.5	29.2	25.0	54.2	2.67				
	三市	8.8	20.6	16.2	25	27.9	52.9	3.41				
目前我的农家乐达到了我的预期目标	上海	16.0	20.0	16.0	32.0	16.0	48.0	3.20	11	3.100	42.6	经营效果
	武汉	15.8	10.5	26.3	21.1	26.3	47.4	3.26				
	成都	8.3	41.7	16.7	16.7	16.7	33.4	2.86				
	三市	10.3	23.5	19.1	23.5	19.1	42.6	3.10				

基于上表对农家乐正式经营目标进行总体分析、分解分析以及三市对比分析,最终得出本书关于农家乐经营者正式经营目标的研究结论。第二节为农家乐经营者正式经营目标总体分析研究结论,第三节为农家乐经营者正式经营目标分解分析研究结论,第四节为上海、武汉、成都三市农家乐经营者正式经营目标对比分析研究结论。

第二节　正式经营目标总体分析

通过对农家乐正式经营目标的四大隐性目标("生意口碑"、"生意优先"、

"家庭优先"和"经营效果")及其所包含的 12 项显性目标调查结果进行分析，以期得出三市农家乐经营者正式经营目标的总体结论。

一、正式经营隐性目标

针对表 7-2 上海、武汉、成都农家乐经营者正式经营隐性目标的调查结果，三市经营者隐性目标的分析如下(图 7-1)。

表 7-2　三市农家乐经营者正式经营隐性目标对比

认同程度	生意口碑	生意优先	家庭优先	经营效果
认同度	4.670	3.693	3.685	3.100
认同比例/%	95.1	62.1	61.0	42.6

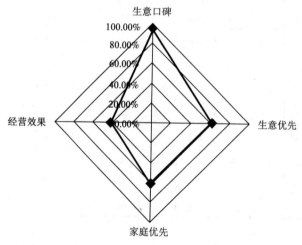

图 7-1　开业正式经营隐性目标认同度的总体差异

(一) 正式经营隐性目标共性

除"经营效果"隐性目标认同度和认同比例(表 7-2)较低外，"生意口碑"、"生意优先"和"家庭优先"等其他三项隐性目标的认同度和认同比例(表 7-2)均分别超过 3.60 和 60%，较高的认同度和认同比例说明了三市经营者总体上对农家乐生意口碑、生意优先以及家庭优先等正式经营目标的认同。农家乐经营者具有很好的生意口碑意识，说明了其经营理念的进步，而生意优先和家庭优先的考虑则反映了在农家乐开办的初期阶段的实际经营过程中，经营者开办农家乐会切实地把农家乐的经济利益放到优先地位，同时也较多地把家庭的考虑渗透到农家乐的实际经营当中。而经营效果一般说明农家乐的实际经营状况并不理想，其具体的原因值得农家乐经营者、农家乐行业协会和地方政府等利益相关方查找。

(二) 正式经营隐性目标差异性

"生意口碑"的三项隐性目标的平均认同度和认同比例(表 7-2)在四项隐性目标中最高，说明了三市经营者很高的品牌形象和产品服务意识，这也是农家乐行业健康发展的前提和保证。"生意优先"隐性目标平均认同度和平均认同比例比"家庭优先"隐性目标有微略优势，说明了经营者对赚钱赢利和扩大经营规模等生意目标的考虑要略优于家庭兴趣和家庭就业等家庭目标，反映了经营者首先考虑赚钱赢利，但又想兼顾家庭目标的矛盾心态。而"经营效果"较低的认同度和认同比例说明了农家乐实际经营效果和心里期望的差距，反映了经营者对经营的整体现状不太满意的现实，这在实际的调查中也得到了证实。因此，关键是要解决农家乐经营者的赢利问题，使农家乐得到健康持续的发展，开办农家乐不仅仅是社区居民自身的问题，也是各地政府着重要解决的"三农"问题之一。对于农家乐的发展，目前阶段政府仅仅起到引导和规范作用，为促使农家乐的健康与可持续发展，地方政府所做的工作还远远不够。政府应该根据不同农家乐的特点和要求，特别是针对小规模的农家乐，进行每户特色规划和定位，实现区域农家乐的错位竞争，而不是同质的恶性竞争。另外，尽量避免每户农家乐单独营销，实现区域农家乐统一形象和品牌营销，采取这样积极具体的措施扶持和促进农家乐的发展，而不是任由其在激烈的市场竞争中自生自灭。

二、正式经营显性目标

针对表 7-3 上海、武汉、成都农家乐经营者正式经营 12 项显性目标调查结果，三市经营者正式经营显性目标的分析如下(图 7-2)。

表 7-3　三市农家乐经营者正式经营显性目标对比

正式经营显性目标	认同度	认同比例/%
我想树立良好的农家乐形象	4.71	95.6
提供高质量的产品和服务是我的第一要务	4.65	94.1
以很高的道德水准经营农家乐	4.65	95.6

续表

正式经营显性目标	认同度	认同比例/%
想让农家乐发展壮大	4.35	86.7
赢利赚钱	4.13	76.5
应该纯粹按商业理念经营农家乐	3.66	55.9
我想最后把农家乐以最好的价钱卖掉	2.63	29.4
我更愿意把我的农家乐控制在适当的规模而不是无限地发展	3.84	63.2
经营农家乐，我的/家庭的兴趣是第一位	3.81	67.7
从事农家乐的工作比赚很多钱更重要	3.68	60.3
正式的经营目标没有必要	3.41	52.9
目前我的农家乐达到了我的预期目标	3.10	42.6

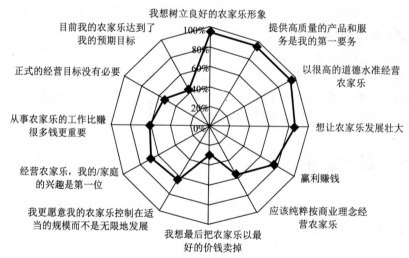

图 7-2　开业正式经营显性目标认同度的总体差异

(一) 正式经营显性目标共性

在三市农家乐经营者对正式经营显性目标的平均认同比例和认同度中，除了"我想最后把农家乐以最好的价钱卖掉"、"目前我的农家乐达到了我的预期目标"、"正式的经营目标没有必要"和"应该纯粹按商业理念经营农家乐"以外，其他各项显性目标的认同比例均超过60%，认同度均超过3.66。不管是经营者认同比例还是认同度都进一步强化了三市经营者对农家乐开业起始目标的总体肯定。这一方面说明了在初期阶段的实际农家乐经营中，经营者主要关注经济目标和家庭目标，意味着实际的农家乐经营者经营目标仍停留在较低的层面；另一方面也说明农家乐经营者对实际的经营效果不满意，但仍不愿把自己苦心经营的农家乐卖掉，表明农家乐经营者实际经营过程中现代商业理念的欠缺及其对商业交易的偏见。缺失现代商业理念的农家乐经营很难走得太远，这也是需要对农家乐经营者进行现代商业理念培训、提高其现代经营意识的原因。因此，提高经营者的现代商业意识是各地政府农家乐培训中着重要解决的问题，政府在这方面的作用需要进一步的强化。

(二) 正式经营显性目标差异性

三市农家乐经营者对正式经营显性目标"我想最后把农家乐以最好的价钱卖掉"平均认同比例(29.4%)和平均认同度(2.63)最低，最高是"我想树立良好的农家乐形象"，平均认同比例为 95.6%，平均认同度为 4.71，差额分别达到66.2%和2.08，两组数据之间的巨大差异，结合认同比例和认同度较高的其他目标，"生意口碑"隐性目标的"提供高质量的产品和服务是我的第一要务"、"以很高的道德水准经营农家乐"和"生意优先"隐性目标的"赢利赚钱"、"想让农家乐发展壮大"，再结合认同比例和认同度较低的其他目标，"从事农家乐的工作比赚很多钱更重要"、"正式的经营目标没有必要"、"应该纯粹按商业理念经营农家乐"、"我想最后把农家乐以最好的价钱卖掉"和"目前我的农家乐达到了我的预期目标"等方面，充分说明了三市农家乐经营者初期阶段的特点：较强的品牌及服务意识、过度的财富膨胀欲望、经济利益的过多关注和财产意识差、经济理念缺乏、管理意识低下、经营随意、经营效果期望值达成度不高等。

经营者具有较强的品牌和服务意识应该得到认可，过度的财富欲望和利益关注说明经营者开办农家乐具有较强的经济赢利目的，其需求层次相对较低。财产意识差、经济理念缺乏、管理意识低下和经营随意等则说明经营者缺乏有效获得赢利的意识和手段，因此，经营的效果也较差。提高农家乐经营者的素质，培养其现代经济理念和经营意识，是农家乐长期发展的关键所在。经营者的品牌意识、服务意识强，而商业意识和经营意识较弱，似乎是矛盾的。实际上这又有一定的合理性，较强的品牌意识也在一定程度上反映了中国人较强的面子观念，服务意识强则也是经营者希望扩大客源市场、加快自身发展的本能要求。

农家乐经营者正式经营目标总体分析表明：三市经营者对农家乐正式经营目标的总体肯定，较强品牌和服务意识，生意目标考虑高于家庭目标，经营效果满意度不高等。同时也反映出三市农家乐经营者初期阶段的特点，即较强的品牌及服务意识、过度的财富膨胀欲望、经济利益的过多关注和财产意识差、经济理念缺乏、管理意识低下、经营随意等。

第三节　正式经营目标分解分析

通过对上海、武汉、成都农家乐经营者正式经营目标中四大隐性目标及其所包含的 12 项显性目标的调查结果进行分析，以期得出三市农家乐经营者正式经营目标的不同特点。

一、"生意口碑"目标对比

针对表 7-4 上海、武汉、成都农家乐经营者"生意口碑"目标的调查结果，三市经营者"生意口碑"目标分析如下。

表 7-4　三市农家乐经营者正式经营"生意口碑"隐性目标对比

认同程度	上海	武汉	成都
认同度	4.813	4.353	4.763
认同比例/%	100.0	93.0	93.0

(一)"生意口碑"隐性目标对比分析

1. "生意口碑"隐性目标共性

上海、武汉、成都经营者正式经营目标"生意口碑"隐性目标认同度最低为 4.353，最低认同比例为 93.0%，如此高的认同度和认同比例一方面说明了三市经营者对农家乐"生意口碑"高度重视，因为经营者们很清楚"生意口碑"是他们的农家乐赖以生存和发展的基础；另一方面也体现了农家乐经营者想通过口碑效应宣传自己的农家乐品牌、实现较好的经营效益的愿望。"生意口碑"好可以实现经济效益和社会名望的双丰收，如果说追求经济效益显得较为功利的话，那么对社会名望的追求也许是一部分经营者自我实现需求的反映。

2. "生意口碑"隐性目标差异性

上海经营者正式经营目标"生意口碑"隐性目标认同比例明显高于武汉和成都经营者，可以解释为上海地处经济发达的东部地区，经营者商业经济意识好。

上海和成都经营者正式经营目标"生意口碑"隐性目标认同度明显比武汉经营者高，可以解释为上海地处经济发达地区，经营者自身的商业经济意识好，且农家乐经营效果较好；而成都地区农家乐起步早、且经营者多为城市居民等，经营者的商业经济意识也比较好，其经营效果不错。武汉农家乐经营者较低的认同度说明武汉郊区经济发达程度一般，其农村居民经营者商业经济意识较差，同时农家乐经营效果较差。政府在农家乐欠发达地区的支持作用较小的现实，说明在农家乐不发达地区，加强政府的作用显得尤其重要。

(二)"生意口碑"显性目标对比

1."生意口碑"显性目标共性

"我想树立良好的农家乐形象"、"提供高质量的产品和服务是我的第一要务"和"以很高的道德水准经营农家乐"认同度最高，认同度分别为 4.71、4.65 和 4.65，认同比例也分别达到 95.6%、94.1% 和 95.6%（表 7-5），说明了三市经营者都拥有很高的品牌形象和产品服务意识，都想通过树立良好的经营形象、提供高质量的服务以及诚信服务旅游者等手段来实现预期的较好实际经营效果。农家乐经营者较高的生意口碑意识说明在政府的相关培训中，生意口碑意识的培训不是培训的重点所在。

表 7-5　正式经营"生意口碑"显性目标对比

"生意口碑"显性目标	上海		武汉		成都	
	认同度	认同比例/%	认同度	认同比例/%	认同度	认同比例/%
我想树立良好的农家乐形象	4.88	100.0	4.42	94.7	4.75	95.8
提供高质量的产品和服务是我的第一要务	4.72	100.0	4.37	89.5	4.79	91.6
以很高的道德水准经营农家乐	4.84	100.0	4.27	94.7	4.75	91.6

2."生意口碑"显性目标差异性分析

上海、成都、武汉经营者对"生意口碑"的认可度略微呈逐渐下降的趋势，可能的原因是：①上海地处东部经济发达地区，商业意识较好；②成都农家乐起步早，经营较为成熟，另外还有城市政府的积极引导和支持；③武汉农家乐起步晚、经营不成熟，以及政府作用不够等。三市之间的差异说明充分发挥地方政府的作用，特别是对起步和发展较晚地区的农家乐进行积极的引导和扶持是当务之急。

二、"生意优先"目标对比

针对三市农家乐经营者"生意优先"目标的调查结果，三市经营者"生意优先"目标的分析如下。

(一)"生意优先"隐性目标对比

1. "生意优先"隐性目标共性

上海、武汉、成都的农家乐经营者对"生意优先"隐性目标的认同度最低为3.410，认同比例最低也达到将近 60%（表 7-6），说明了大部分经营者对"生意优先"隐性目标持认同态度。但三市 60%左右的认同比例和 3.4~3.9 的认同度，一方面说明了三市经营者在农家乐初期阶段渴望赢利赚钱的短期经济目标、财富膨胀心态和功利意识；另一方面也说明了三市经营者在农家乐初期阶段缺乏长远的经济目标、必要的商业经济理念和财产意识。功利心态以及缺乏实现经济目标的有效手段，说明在对经营者进行基本的经营培训之外，提高经营者的目标追求层次显得尤为必要，毕竟开办农家乐的一个重要目标是赚钱谋生，但其仅仅是开办农家乐的最基本目标，而不是终极高层次目标。

表 7-6　正式经营"生意优先"隐性目标对比

认同程度	上海	武汉	成都
认同度	3.830	3.410	3.783
认同比例/%	61.0%	59.2%	65.6%

2. "生意优先"隐性目标差异性

上海、武汉、成都经营者对"生意优先"隐性目标的认同比例（表 7-6）差别不大。上海和成都经营者对"生意优先"隐性目标的认同度大致相同且高于武汉经营者，一方面说明了上海和成都经营者或由于地处经济发达地区，商业经济意识较好，农家乐经营效果也较好，表现出对"生意优先"隐性目标的较高认同，另一方面也说明了武汉经营者地处经济发展程度一般的地区，又是农村居民经营者，经营者的商业经济意识较差，加之经营效果较差等原因，相对于上海和成都经营者表现出对"生意优先"隐性目标的较低认同。因此，对经济落后地区商业经济意识较差的农村居民经营者的经营意识和经营理念的培训显得很有必要。

(二)"生意优先"显性目标对比

1."生意优先"显性目标共性

三市经营者对"赢利赚钱"和"想让农家乐发展壮大"的认同比例和认同度(表7-7)都比"应该纯粹按商业理念经营农家乐"和"我想最后把农家乐以最好的价钱卖掉"高很多,一方面说明经营者急切的财富欲望和对赢利赚钱目标的重视,另一方面则又说明了农家乐初期阶段的经营者商业意识和财产观念的淡薄。这个问题的解决,除了需要鼓励经营者通过学习提升自身经营素质以外,政府组织相关培训也很有现实的必要。

表7-7　正式经营"生意优先"显性目标对比

"生意优先"显性目标	上海		武汉		成都	
	认同度	认同比例/%	认同度	认同比例/%	认同度	认同比例/%
想让农家乐发展壮大	4.44	84.0	3.79	94.7	4.71	79.2
赢利赚钱	4.28	72.0	3.95	78.9	4.13	79.1
应该纯粹按商业理念经营农家乐	4.08	56.0	2.95	47.4	3.79	66.7
我想最后把农家乐以最好的价钱卖掉	2.52	32.0	2.95	15.8	2.50	37.5

2."生意优先"显性目标差异性

在"想让农家乐发展壮大"方面,上海、成都经营者认可比例相对武汉较低,但认可度较武汉高,这可以解释为上海、成都经营者或因为开展农家乐较早,经营比较成熟,或因为地处经济发达地区,经营更为理性,通过开办农家乐实现致富的想法较为现实,而武汉经营者由于起步较晚,地区经济发达程度一般,经营者通过开办农家乐实现致富的梦想较为迫切。

关于"赢利赚钱"问题,上海、成都经营者认可比例差别不大,而武汉经营者的认可度较低,这可以解释为武汉农家乐经营效果较差,而对经济目标又过于看重,经营者产生了对开办农家乐是否可以致富的疑虑。而上海、成都地区的农家乐经营者认为开办农家乐的重要目的不仅是赢利赚钱,尽管实际经营和预期有一定的出入,但一定程度上反映了预期的效果,这些经营者相信农家乐经营是可以达到致富目的的。

关于"应该纯粹按商业理念经营农家乐"问题,成都经营者认同比例最高,认同度也较高,这和成都农家乐开展早、商业意识较好有关;上海经营者认同比例较高,认同度最高,可以解释为和上海的经济发达程度有关,一般说来经济发达地区的经营者的现代商业理念都较好;武汉经营者无论是认同比例还是认同度都最低,说明武汉农家乐起步晚、地区经济不甚发达的现实,也说明地区经济的欠发达使经营者的现代商业理念相对滞后的现实。

关于"我想最后把农家乐以最好的价钱卖掉"问题，上海和成都经营者相对武汉经营者来说，农家乐经营效果较好，经济意识较强。对他们说来，农家乐就是财产投资的一种手段和方式，对把农家乐作为财产卖掉表示出更多的兴趣。而武汉的农家乐经营者由于现代商业意识较差，加之致富的手段和渠道有限，往往把农家乐视为致富和改变命运的唯一手段，很不情愿把自己开办的农家乐转让或卖掉。

以上说明，上海、武汉、成都经营者具有财富欲望膨胀、过多关注经济利益以及商业经济意识差等共性特点。三市"生意优先"目标的差别表现为：上海和成都由于地处经济发达的东部地区或农家乐起步早而发展较为成熟，呈现出比武汉稍强的商业经济意识和较温和的财富膨胀欲望；武汉由于地区经济发展一般，农家乐又起步晚，所以呈现出和上海、武汉不同的特点。

三、"家庭优先"目标对比

针对上海、武汉、成都农家乐经营者"家庭优先"目标调查结果，三市经营者"家庭优先"目标的分析如下。

(一)"家庭优先"隐性目标对比

1. "家庭优先"隐性目标共性

上海、武汉和成都经营者对农家乐经营者"家庭优先"隐性目标的认同度最低为 3.377，认同比例最低也达到 56.0%（表 7-8），一方面说明了三市经营者在农家乐的经营过程中，对家庭相关目标的较高关注和认同。另一方面也说明了在传统的中国家庭中，尽管经济赢利是开办农家乐的重要目的，但满足家庭成员的兴趣、促进家庭成员的团结以及促成家庭成员的就业也是开办农家乐的重要目的，这也表明了中国人重视家庭面子和家族荣耀的传统。

表 7-8　正式经营"家庭优先"隐性目标对比

认同程度	上海	武汉	成都
认同度	4.120	3.433	3.377
认同比例/%	56.0	71.1	60.4

2. "家庭优先"隐性目标差异性

上海经营者对"家庭优先"隐性目标的认同度远远高于武汉和成都经营者，既说明了上海经营者由于地处经济发达地区，收入多元化，农家乐收入只是家庭收入的补充，经营者较为关注家庭兴趣，而把农家乐作为工作就业的主要方式兴趣不大，也对农家乐经营目标不太关注的特点，同时又说明武汉和成都经营者处于经济不发达地区，农家乐收入对家庭较为重要，经营者对家庭、工作就业兴趣不大的特点。另外，武汉经营者相对上海和成都经营者表现出对家庭相关目标的较高认同比例，上海和成都经营者对家庭相关目标的认同比例不高且大致相同，一方面说明了武汉地区经济不发达，经营者家庭相关意识认同比例较高，另一方面也说明了上海地处经济发达地区，成都经营者多为城市居民经营者，家庭相关的意识整体淡化的特点。农家乐的发达程度与家庭目标的负相关说明农家乐对欠发达地区的家庭目标意识冲击较小的现实，也从另一个方面说明农家乐旅游的开展可能会弱化而不是强化原有的家庭观念和目标追求。

(二)"家庭优先"显性目标对比

正式经营"家庭优先"显性目标对比如表 7-9 所示。

表 7-9 正式经营"家庭优先"显性目标对比

"家庭优先"显性目标	上海		武汉		成都	
	认同度	认同比例/%	认同度	认同比例/%	认同度	认同比例/%
我更愿意把我的农家乐控制在适当的规模而不是无限发展	4.28	48.0	3.32	79.0	3.79	70.8
经营农家乐，我的/家庭的兴趣是第一位	4.16	72.0	3.47	68.4	3.71	62.5
从事农家乐的工作比赚很多钱更重要	3.96	60.0	3.47	73.7	3.54	54.1
正式的经营目标没有必要	4.08	44.0	3.47	63.1	2.67	54.2

1. "家庭优先"显性目标共性

"家庭优先"的四项显性目标，即"我更愿意把我的农家乐控制在适当的规模而不是无限地发展"、"经营农家乐，我的/家庭的兴趣是第一位"、"从事农家乐的工作比赚很多钱更重要"和"正式的经营目标没有必要"，无论从认同比例还是从认同度都可以看出，在实际的经营过程中，经营者对"家庭优先"目标表示了较高的认同比例和认同度，说明实际经营过程中经营者对家庭相关目标的关切，经营者对家庭成员的兴趣和就业的着重考虑，如果达成了以上家庭目标就会对农家乐的规模产生着意控制的倾向。

"正式的经营目标没有必要"认同比例和认同度位居四项目标的末位，一方面说明了经营者对家庭相关目标的关切，另一方面也说明了农家乐初期阶段三市经营者缺乏商业理念和经营随意性等特点。因此，除了强调家庭目标的重要性之外，在实际的农家乐经营过程中，让经营者树立切合自身实际的目标，可以使农家乐经营者明晰自身的经营目的，避免盲目经营、同质经营的混乱局面。

2."家庭优先"显性目标差异性

关于"我更愿意把我的农家乐控制在适当的规模而不是无限地发展"问题，上海经营者的认同比例比武汉和成都经营者都低20%以上，可以解释为上海经营者由于地处经济发达地区，商业意识较好，显示出了对农家乐经营规模较强的驾驭能力，而武汉和成都的经营者则由于地处内地，商业意识没有上海经营者意识好，对农家乐达到一定规模后的经营能力缺乏信心。上海、成都、武汉经营者的认同度依次下降，则说明经营效果对三市经营者心理层面的实际影响。

关于"经营农家乐，我的/家庭的兴趣是第一位"问题，上海经营者的认同比例和认同度都最高，这是由于上海地处经济发达地区、经营者家庭收入多元化、经营效果较好等。成都大多数经营者为城市居民，对乡村生活方式喜爱、家庭收入多元化以及经营尚可等原因，使得家庭兴趣优先的认同比例和认同度也较高。武汉经营者由于地区经济发展一般、家庭收入单一和农家乐经营较差等，家庭兴趣优先的认同比例和认同度都较低。农家乐越发达，经营状况越好，对家庭成员兴趣的考虑就越高，说明经营状况的好坏与目标层次的追求有直接的联系。追求自身兴趣是追求自身价值实现的高层次目标，实现农家乐赢利是基本需要，是追求自身兴趣的前提。地区农家乐发展不好或不能实现基本商业赢利，经营者追求自身兴趣等自身价值目标的需求就不会强烈。

关于"从事农家乐的工作比赚很多钱更重要"问题，上海和成都由于收入多元化，经营者家庭成员的就业不太紧张，而武汉则由于收入单一、就业形势严峻，因此，上海、成都经营者工作优先的认同比例比武汉高。三市实际的经营效果导致了武汉经营者对工作优先的较低认同度。

关于"正式的经营目标没有必要"问题，上海经营者最低的认同比例和最高的认同度说明了上海经营者较好的商业意识和较差的家庭相关意识，由于经营状况好而导致的经营随意、疏于管理的农家乐初期阶段特点。成都经营者认同度最低说明了成都农家乐起步早、发展较为成熟、商业意识较为成熟的特点。武汉最高的认同比例和较低的认同度说明了武汉农家乐起步晚、商业意识不强、但家庭相关意识较强的特点。

上海、武汉、成都经营者均表示出对家庭目标较高的关注以及缺乏商业经济理念、经营随意的特点。三市"家庭优先"目标的差别表现为：上海由于地处经济发达地区，经营者家庭收入多元化，商业意识较好，显示出了对农家乐规模较强的驾驭能力，家庭兴趣的优先考虑，工作就业热情不高，但也有经营随意、管理不善和家庭相关意识整体淡化的特点。武汉由于地区经济发达程度一般，农家乐经营者商业意识和实际经营效果较差，对农家乐达到一定规模后的经营能力缺乏信心，家庭兴趣优先考虑认同较低，对工作就业等家庭相关目标认同度较高。成都地处经济不发达的西部地区，但由于大多数农家乐经营者为城市居民，家庭收入多元化，农家乐起步早、发展成熟等，表现为经营者优先考虑家庭兴趣、商业意识更加成熟、对工作就业等家庭相关目标认同比例不高的特点。

四、"经营效果"目标对比

针对上海、武汉、成都农家乐经营者"经营效果"隐性目标（"目前我的农家乐达到了我的预期目标"显性目标）的调查结果，三市经营者"经营效果"目标的分析如表 7-10 所示。

表 7-10　正式经营"经营效果"目标对比

认同程度	上海	武汉	成都
认同度	3.20	3.26	2.86
认同比例/%	48.0	47.4	33.4

(一)"经营效果"目标共性

"经营效果"唯一一项显性目标，即"目前我的农家乐达到了我的预期目标"，认同度为 2.86~3.26，认同比例为 33.4%~48.0%，无论认同度还是认同比例都很低，这一方面说明截止到调查时，相对农家乐经营者的期望值而言，大多数经营者对实际经营状况还不满意，另一方面也说明在实际的农家乐经营中，农家乐的赢利较少的特点，这在调研过程中也得到了进一步的印证。三市经营效果不好的原因可能有以下几点：①把农家乐作为唯一的或是主要的收入手段，抱以的期望值过高，不能实现预期赢利的时候，就会降低对经营效果的评价；②在激烈的市场竞争环境中，农家乐因同质竞争造成了赢利能力下降；③政府对农家乐的整体规划和营销工作没有做到位，工作仅停留在表面，没有深入细致地做具体工作。因此，降低期望值，实现农家乐异质错位竞争和切实发挥政府的作用是实现经营效果提升的手段。

(二)"经营效果"目标差异性

上海农家乐经营者对经营效果的较高认同比例和认同度是由于农家乐有较好的赢利，家庭收入多元化等。成都较低的认同比例和认同度，是由于其农家乐经营效果尚可，家庭收入多元化等，也可以解释为其对农家乐期望多元化或期望值过高的原因。武汉农家乐经营效果较差，家庭收入单一，较高的认同比例和认同度只可以说明其对农家乐期望值太低。

三市经营者正式经营目标总体上体现了三市经营者农家乐初期阶段的特点，即较强的品牌服务和家庭相关意识、过多的财富膨胀欲望、经济利益的过多关注以及财产意识差、经济理念缺乏、管理意识低下、经营随意等。另外，上海和成都农家乐由于政府的支持、开展较早和家庭收入多元化等。相对于武汉经营者，上海和成都两地经营者具有较好的商业经济意识、较温和的财富膨胀欲望，同时对农家乐规模较好的驾驭能力，对家庭兴趣优先考虑，对工作就业等家庭相关目标热情不高；武汉经营者由于政府支持有限、农家乐开展较晚和收入单一等，具有商业经济意识较差，财富欲望膨胀，对农家乐规模的驾驭能力较差，家庭兴趣考虑较少，对工作就业等家庭相关目标热情较高等。上海农家乐经营效果较好，期望值低，所以满意度较高。成都农家乐经营效果相对较好，期望值过高，导致期望值达成度下降。武汉农家乐经营效果较差，期望值不高，因此，期望值达成度也较高。

第四节　正式经营目标相关性分析

为确定经营者的人口统计学特征(年龄、婚姻状况、性别)、经营者其他特征(参与程度、是否为本地居民、目的趋向)等变量对农家乐经营者正式经营目标的影响，进一步的相关分析如下。

一、"生意口碑"目标相关性

(一) 与人口统计学特征相关性

女性和男性经营者、未婚经营者和已婚经营者以及各年龄段的经营者之间"生意口碑"意识差别不大，这说明了不同性别、不同婚姻状况以及不同年龄阶层的农家乐经营者均对通过生意口碑实现其实际经营目标表示了认同，这也是农家乐经营者之间达成的普遍共识。

(二) 与是否为当地居民相关性

相对当地居民，非当地居民经营者的"生意口碑"意识稍强，一方面可能是外来投资的经营者拥有更成熟的经营理念或者出于投资回报的考虑，更加关切自己农家乐的"生意口碑"。另一方面也说明长期居住在乡村的当地居民的商业意识相对外来城市投资者较差，这使得提高当地社区居民的商业意识成为当务之急。

(三) 与所处地域相关性

上海农家乐经营者的"生意口碑"意识稍强，可以解释为上海地处沿海发达地区，农家乐经营者商业意识较强，经营者更注意自身农家乐的品牌和形象。而武汉和成都由于地处经济不太发达的中西部地区，农家乐经营者商业意识相对较淡化，经营者对自身农家乐的品牌和形象的关注程度没有上海农家乐经营者高。

(四) 与投资及营销相关性

不同投资额的经营者之间"生意口碑"意识差异不大，说明了尽管投资额度不同，但毕竟农家乐的投资相对家庭来说仍是一笔不小的数目，很多家庭是倾其家庭所有进行的投资，都想通过生意口碑效应宣传自己的生意以达成较好的实际经营效果，因此，不同投资额的经营者对"生意口碑"的重视程度差别并不显著。

村委负责营销的农家乐经营者比经营者营销、农家乐行业协会营销的经营者的"生意口碑"意识强，说明了村委在"生意口碑"的建立方面发挥了很大的作用，上海和成都的农家乐发展就得益于村委的鼓励和支持。相对于武汉的情况，上海和成都的当地村委的营销宣传对当地农家乐的发展起到很大的促进作用，因此，两地的农家乐经营者口碑意识较武汉高。说明基层政府的营销推广在实际生意口碑建立中的明显作用，"联合营销"也是地方政府可以着意发挥作用的方式。农家乐行业协会负责营销的农家乐经营者的"生意口碑"意识最差，说明农家乐行业协会还停留在初期发展阶段，没有发挥出其应有的作用，需进一步的发展与完善，发挥其为广大经营者切实服务的功能。另外，经营者营销由于受到个人主观意识的制约和资源的有限性制约等表现出很大的局限性。

二、"生意优先"目标相关性

(一) 与人口统计学特征相关性

男性经营者更趋向于"赢利赚钱"、"想让农家乐发展壮大"和"应该纯粹按商业理念经营农家乐"，而对"我想最后把农家乐以最好的价钱卖掉"，女性经营者和男性经营者看法差别不大，说明了男性经营者对农家乐赚钱的目的更为明确，对通过扩大农家乐的规模实现其人生追求更感兴趣，而且对农家乐的经营更为理性。

已婚经营者更趋向于开办农家乐是为了"赢利赚钱"，而未婚经营者更倾向于"想让农家乐发展壮大"和"应该纯粹按商业理念经营农家乐"，对于"我想最后把农家乐以最好的价钱卖掉"，二者没有明显的差别，说明了已婚经营者的实用赢利价值观，寄希望于农家乐带来家庭生活状况的改善，而未婚的经营者更易接受新知识，也有更大的抱负。

36~45 岁的经营者比其他年龄段的经营者更趋向于开办农家乐是为了"赢利赚钱"，因为这个年龄段的经营者承担较重的家庭负担，而赢利赚钱则是解决家庭负担的很好方式。25 岁以下和 56~65 岁的经营者比其他年龄段经营者更趋向于认为"应该纯粹按商业理念经营农家乐"和"我想最后把农家乐以最好的价钱卖掉"，如果说 25 岁以下的经营者现代商业意识较强，56~65 岁经营者卖掉农家乐更多出于养老的考虑的话，56~65 岁农家乐经营者较为现代的商业理念则让人困惑。农家乐经营者的主体，即 25~55 岁的经营者出于生活方式、事业追求或是赚钱等目的较少地考虑把农家乐卖掉。"想让农家乐发展壮大"表现为与年龄的负相关，即年龄越大，对"想让农家乐发展壮大"的要求越弱，说明了年轻人的志向和抱负以及老年经营者的保守心态，另外年龄越大，对从业越力不从心也是其中一个重要原因。

(二) 与是否为当地居民相关性

对非当地居民经营者而言，开办农家乐是一种投资行为，更多考虑"生意优先"目标，可以解释为非当地居民经营者特别关注投资回报，保证农家乐经营的赢利。农家乐经营收益只是构成当地居民的家庭收入的一部分，作为家庭收入的补充。但是对非当地居民而言，农家乐经营收益是投资回报的全部，因此，非当地居民更多地考虑"生意优先"也在情理之中。

(三) 与所处地域相关性

成都与武汉的经营者相对于上海的经营者更趋向于开办农家乐是为了"赢利赚钱"，反映了地处经济不甚发达的中西部地区的成都和武汉经营者在实际经营中对赚钱更多的功利思想。成都、上海、武汉的经营者对"应该纯粹按商业理念经营农家乐"的意识逐级下降，表明成都农家乐发展早，比较成熟，而武汉的农家乐起步晚，发展较为落后的现实。

(四) 与投资及营销相关性

投资表现出与赢利预期的正相关，投资额 2 万元以下的"赢利赚钱"意识最低，投资额 50 万~100 万元与 100 万元以上的经营者"赢利赚钱"意识最强，说明投资额越多的经营者赢利赚钱意识越强的特点。不同投资额的经营者"想让农家乐发展壮大"的意识差别不大。投资额 5 万~10 万元的经营者"应该纯粹按商业理念经营农家乐"意识较强。投资额少于 10 万元的农家乐经营者比投资额大于

10万元的经营者更不愿意把农家乐卖掉，这可以解释为投资较少的经营者的赢利一般为家庭的全部投入，是家庭谋生和出路所在，而大于10万元的农家乐经营者考虑投资的比例较大，因此，如果时机和价钱适宜，且能实现一定赢利的前提，他们就会考虑把农家乐转手经营。

不同营销主体的经营者对"赢利赚钱"的意识表现出的差异不大。自主营销经营者"想让农家乐发展壮大"意识稍强，协会营销经营者最低，说明自主营销的经营者有很强的扩大规模、多赚钱的想法。协会营销的经营者表现出更多的"应该纯粹按商业理念经营农家乐"的意识，表明农家乐协会虽然发挥的作用相当有限，但也在农家乐的经营规范引导中起了一定的作用。自主营销经营者更不情愿把农家乐卖掉，说明自主营销的经营者更为重视农家乐的经营，对农家乐改变家庭经济状况寄予了厚望。

男性、已婚和非当地居民经营者更注重农家乐"生意优先"，36~45岁的经营者开办农家乐更具赢利的功利性经营方式更加随意。武汉、上海、成都经营者按照商业理念经营农家乐的意识依次加强。投资表现出与赢利预期的正相关。协会营销和村委营销的经营者表现出更多的"应该纯粹按商业理念经营农家乐"的意识。

三、"家庭优先"目标相关性

(一) 与人口统计学特征相关性

男性经营者更坚持"我更愿意把我的农家乐控制在适当的规模而不是无限地发展"和"正式的经营目标没有必要"，说明男性经营者农家乐经营更加理性，但经营较为随意的特点。对"从事农家乐的工作比赚很多钱更重要"和"经营农家乐，我的/家庭的兴趣是第一位"的趋向，二者基本相同，说明男女农家乐经营者对家庭成员的工作和个人兴趣的考虑是第一位的。

已婚经营者比未婚的经营者更多地把家庭生活放在优先的位置，这一方面可以解释为已婚农家乐经营者作为家庭的主要成员，对家庭的认识和理解更为全面，表现出对家庭生活的更多重视；另一方面也反映了未婚经营者，由于没有成家，家庭的责任观念相对淡薄，经营农家乐更多倾向于对生活方式和理想的追求。

年龄与"我更愿意把我的农家乐控制在适当的规模而不是无限地发展"的关系表现为负相关，即年龄越大对农家乐扩大规模的要求越弱，年轻的经营者开办农家乐有更多的雄心和远瞻考虑，而这种追求随年龄增大、精力和体力的下降而逐步减小。25岁以下和56~65岁的经营者更倾向于"经营农家乐，我的/家庭的兴趣是第一位"，如果25岁以下的经营者对家庭兴趣优先的诠释是出于现代观念的话，而 56~65 岁的经营者对家庭兴趣优先的理解则是对人生的彻悟。46~55 岁经营者对工作更为看重，56~65 岁经营者对工作最为看淡，年龄段如此相近的经营者群体对工作的看法出现如此大的分歧，其中原因有待进一步深入研究。"正式的经营目标没有必要"与年龄的关系具体表现为 36~45 岁的经营者更多地认为开办农家乐没有树立目标的必要，说明 36~45 岁的经营者开办农家乐目的性不强、更加随意的特点。

（二）与是否为当地居民相关性

当地居民经营者更倾向于"家庭优先"，说明了处于乡村的当地居民开办农家乐更多考虑了家庭成员的就业等因素，而非当地居民经营者多来自周边城市，其家庭成员的就业问题无须考虑，其开办农家乐的目的是考虑生活方式、社会交往和赢利赚钱等多重因素，家庭目标的考虑往往处于次要和从属地位。对于当地居民经营者而言，经营者和家庭成员长期住在一起，而非当地居民经营者与家庭成员不能长期相处。因此，也导致经营者对家庭关系的认知差异。

（三）与所处地域相关性

武汉农家乐经营者更趋向于认为"从事农家乐的工作比赚很多钱更重要"和"正式的经营目标没有必要"，说明了武汉农家乐的发展还处于起步阶段，经营者目标不明确，而只是把农家乐作为一种赚钱的手段。武汉和成都的经营者更趋向于认为"我更愿意把我的农家乐控制在适当的规模而不是无限地发展"，则说明上海的农家乐经营者更倾向扩大经营规模以赚取更多的利润。上海、武汉、成都的经营者对于开办农家乐是为了自己和家庭的兴趣的倾向呈逐级下降趋势，其中原因耐人寻味，期待进一步的深入研究。

（四）与投资及营销相关性

投资额 2 万~10 万元、50 万元以上的经营者比 10 万~50 万元投资额度的经营者"从事农家乐的工作比赚很多钱更重要"的意识强，说明投资大和投资小的经营者对家庭成员就业的考虑较多，而投资额居于中间的经营者更多地考虑了赚钱赢利。投资额 2 万元以下的经营者"我更愿意把我的农家乐控制在适当的规模而不是无限地发展"的意识强，说明其投资信心和能力的有限。投资额 5 万~10 万元、50 万元以上的经营者经营农家乐的家庭兴趣意识强，其中原因有待进一步的深入研究。投资额 2 万元以下、50 万~100 万元的经营者"正式的经营目标没有必要"的意识最强，10 万~20 万元、100 万元以上经营者的"正式的经营目标没有必要"的意识最低。如果说 2 万元以下的经营者经营目标不强可以理解的话，那么 50 万~100 万元经营者的经营目标不强则令人费解。

自主营销经营者"我更愿意把我的农家乐控制在适当的规模而不是无限地发展",估计与其自主营销的实际营销效果有限性有关。自主营销经营者、协会营销经营者和政府营销经营者的"正式的经营目标没有必要"意识强于村委营销的经营者,说明了村委在农家乐的发展中虽然发挥的作用有限,但一定程度上也发挥了积极作用。

综上所述,女性、未婚、非当地居民经营者认为开办农家乐应该把家庭放在优先考虑的位置。25 岁以下和 56~65 岁的经营者更重视家庭的兴趣。成都、上海、武汉经营者基于家庭生活的考虑而不希望扩大农家乐规模的愿望呈依次下降趋势。自主营销经营者更看重工作和家庭兴趣,而不情愿把农家乐卖掉。

四、"经营效果"目标相关性

(一) 与人口统计学特征相关性

女性、未婚经营者更趋向于认为目前的经营状况达到了预期目标,说明女性经营者对农家乐的期望较低、更容易满足的特点,而未婚经营者的目标达成率较高则可以解释为未婚经营者因年纪轻善于接受现代经营管理理念、头脑灵活、经营效果普遍较好的原因。

"目前我的农家乐达到了我的预期目标"和年龄的关系具体表现为 25 岁以下经营者目标达成率最高,而 56~65 岁经营者最低,这可能与年轻人使用现代经营管理手段,所以经营效果好,上年纪的经营者文化水平低、现代经营意识差的原因有关。25~35 岁、36~45 岁和 46~55 岁经营者目标达成率居中,极有可能与经营者们对经营效果的预期有关。

(二) 与是否为当地居民相关性

当地居民经营者更趋向于认为农家乐达到了预期目标,一方面说明了当地居民经营者尽管实际的经营效果并不如外地经营者好,但由于预期目标低且单一,更容易达到;另一方面也说明了非当地居民经营者由于其目标的多元化,且开办农家乐的预期目标较高,不太容易满足的现实。

(三) 与所处地域相关性

上海与武汉的经营者更多的认为农家乐经营效果达到了预期目标,这可能与上海和武汉农家乐经营者的期望值较低有关,上海经营者的实际经营效果较好,更加促成了预期的达成，而武汉虽然经营效果不理想，但由于期望值过低，经营预期目标也较容易达到。而成都的农家乐经营者由于外来居民较多，虽然实际经营效果尚可，但由于期望值过高，预期达成度较低。

(四) 与投资及营销相关性

投资额较高的农家乐经营者(投资额在 20 万元以上)，比投资额较低的农家乐经营者(投资额在 20 万元以下)更多地认为目前的经营状况达到了事先预期，说明了投资大的农家乐经营状况好于投资小的农家乐的现实情况。

村委为营销主体的农家乐经营效果较好，协会营销主体次之，经营者自主营销的农家乐经营效果最差，说明了经营者自主营销的能力不强，产生良好的宣传作用，因此，经营效果不理想。村委营销能力较强，能产生很好的宣传作用，对农家乐经营业绩的贡献较大。在中国，乡村发展都是以政府为主导，乡在一定程度上也代表政府，从而更加具有公信力，也更能整合当地资源。

综上所述，"生意口碑"目标表现出与性别、是否为当地居民、参与程度和追求目的等变量的较强相关性，与年龄变量的相关性一般，与婚姻状况和地域变量的相关性不大；"生意优先"目标表现出与婚姻状况、是否为当地居民、年龄和追求目的等变量的较强相关性，与性别变量的相关性一般，与地域、参与程度等变量的相关性不大；"家庭优先"目标表现出与婚姻状况较强的相关性，与是否为当地居民、地域、年龄、追求目的等变量相关性一般，与性别和参与程度变量的相关性不大；"经营效果"目标表现出与婚姻状况、是否为当地居民、追求目的等变量较强的相关性，与年龄变量的相关性一般，与性别、地域、参与程度等变量相关性不大。

第八章 农家乐经营者家庭相关目标

农家乐经营者以家庭为基础开展经营，家庭是他们事业的起点。同时，家庭的存在和发展也是一部分农家乐经营者开办农家乐的原因所在，农家乐的经营者的许多经营目标都与家庭密切相关。本部分根据调查数据进行计算，得出农家乐经营者家庭相关目标的调查结果，然后对三市"农家乐"经营者家庭相关目标调查结果进行总体分析和相关性分析。

第一节 家庭相关目标调查结果

在取得上海、武汉、成都三地农家乐家庭相关目标的相关原始数据后，运用EXCEL软件对农家乐经营者家庭相关目标进行分析，得出上海、武汉、成都农家乐经营者家庭相关目标的调查结果如下（表 8-1）。

表 8-1 上海、武汉、成都家庭相关目标对比

家庭相关问题		5 很重要	4 重要	3 说不清	2 不重要	1 一点也 不重要	认同比 例/%	认同度
避免家庭成员间的不和谐	上海	40.0	28.0	0.0	16.0	16.0	68.0	4.16
	武汉	47.4	31.6	10.5	5.3	5.3	79.0	3.58
	成都	41.7	29.2	12.5	12.5	4.2	70.9	3.75
	三市	42.6	29.4	7.4	11.8	7.4	72.0	3.85
主要问题的共同决策	上海	64.0	28.0	4.0	4.0	0.0	92.0	4.76
	武汉	68.4	21.1	10.5	0.0	0.0	89.5	3.84
	成都	45.8	37.5	12.5	4.2	0.0	83.3	4.58
	三市	58.8	29.4	8.8	2.9	0.0	88.2	4.44

家庭相关问题		5 很重要	4 重要	3 说不清	2 不重要	1 一点也 不重要	认同比 例/%	认同度
培养孩子成为未来的农家乐经营者	上海	36.0	8.0	8.0	24.0	24.0	44.0	3.28
	武汉	21.1	0.0	42.1	21.1	15.8	21.1	2.68
	成都	20.8	8.3	29.2	16.7	25.0	29.1	2.79
	三市	26.5	5.9	25.0	20.6	20.6	32.4	2.94
为家庭成员提供就业机会	上海	36.0	16.0	8.0	12.0	28.0	52.0	4.12
	武汉	36.8	31.6	21.1	0.0	10.5	68.4	2.95
	成都	33.3	25.0	8.3	20.8	12.5	58.3	3.21
	三市	35.3	23.5	11.8	11.8	17.6	58.8	3.47
有和配偶同等工作的机会	上海	36.0	16.0	8.0	12.0	28.0	52.0	3.92
	武汉	42.1	36.8	10.5	5.3	5.3	78.9	2.95
	成都	20.8	33.3	20.8	12.5	12.5	54.1	3.50
	三市	32.4	27.9	13.2	10.3	14.7	60.3	3.50
把农家乐传给自己的孩子或家人	上海	28.0	16.0	8.0	20.0	28.0	44.0	3.52
	武汉	31.6	10.5	31.6	15.8	10.5	42.1	2.79
	成都	25.0	12.5	25.0	33.3	4.2	37.5	3.08
	三市	27.9	13.2	20.6	23.5	13.2	41.1	3.16
挣到足够的钱来养家糊口	上海	44.0	24.0	8.0	4.0	20.0	68.0	4.08
	武汉	42.1	36.8	15.8	0.0	5.3	78.9	3.47
	成都	29.2	25.0	16.7	25.0	4.2	54.2	3.58
	三市	38.2	27.9	13.2	10.3	8.8	66.1	3.73

续表

家庭相关问题		5 很重要	4 重要	3 说不清	2 不重要	1 一点也 不重要	认同比 例/%	认同度
提高家庭在社会中的地位	上海	40.0	24.0	0.0	20.0	16.0	64.0	4.16
	武汉	42.1	31.6	21.1	0.0	5.3	73.7	3.42
	成都	33.3	25.0	12.5	20.8	8.3	58.3	3.38
	三市	38.2	26.5	10.3	14.7	8.8	64.7	3.68
确保家庭成员有很多在一起的空闲时间	上海	44.0	32.0	0.0	8.0	16.0	76.0	4.48
	武汉	42.1	15.8	31.6	5.3	5.3	57.9	3.26
	成都	37.5	41.7	4.2	12.5	4.2	79.2	3.71
	三市	41.2	30.9	10.3	8.8	7.4	72.1	3.87

表 8-1 是农家乐经营者家庭相关目标的调查结果，本章主要对以上调查结果进行总体分析和相关分析，最终得出本书关于农家乐经营者家庭相关目标的研究结论。第二节为三市农家乐经营者家庭相关目标总体分析和对比分析研究结论，第三节为三市农家乐经营者家庭相关目标相关性分析研究结论。

第二节　家庭相关目标总体和对比分析

通过对上海、武汉、成都农家乐经营者家庭相关目标的调查结果进行对比分析，得出三地农家乐经营者家庭相关目标共同特点和差异之处等相关研究结论。

一、家庭相关目标总体分析

农家乐经营者认为最重要的家庭目标是"主要问题共同决策"，认同比例达到 88.2%，认同度达到 4.44（表 8-1），一方面说明三个城市农家乐经营者对家庭的重视程度，另一个方面说明民主决策可以更多地避免高额投资可能带来的风险。"确保家庭成员有很多在一起的空闲时间"和"避免家庭成员间的不和谐"紧列第二、第三位，认同比例分别达到 72.1% 和 72.0%，认同度也分别达到 3.87 和 3.85，说明了开办农家乐具有增强家庭凝聚力和促进乡村社区和谐团结的积极作用。家庭成员民主意识的提高，使家庭成员有更多在一起交流的机会，微观层面上具有促进家庭和谐的作用；宏观层面上，对构建乡村和谐社会和新农村建设具有积极的意义。

有关就业的两个问题，即"为家庭成员提供就业机会"和"有和配偶同等工作的机会"的认同比例和认同度也较高，则说明农家乐在为家庭成员提供就业方面的积极作用，但 60%左右的认同比例和 3.5 左右的认同度说明了农家乐在促进家庭成员和乡村就业方面的作用还相当有限。与家庭经济相关的目标，即"挣到足够的钱来养家糊口"，认同比例达到 66.1%，认同度也达到 3.73，说明近 2/3的经营者还把农家乐作为一种脱贫致富、维持家庭生计的手段，显示出经营者开办农家乐较强的经济动机。"提高家庭在社会中的地位"认同比例达到 64.7%，认同度为 3.68，说明大部分经营者开办农家乐有不同程度实现其个人社会价值的倾向。三市经营者把开办农家乐作为维持生计的手段，显示出较强的经济动机，以及开办农家乐的功利目的和低层次动机，但开办农家乐提高家庭成员的社会地位则是较高层次的自我实现动机的表现。农家乐经营者开办农家乐的动机呈现出低层次动机占主体、掺杂高层次动机的情况。

与农家乐传承相关的两个问题，即"把农家乐传给自己的孩子或家人"和"培养孩子成为未来的农家乐经营者"，认同比例和认同度均较低，说明了大多数农家乐经营者开办农家乐对农家乐未来发展考虑较少，或是农家乐经营者对农家乐这种小型家庭型企业有偏见，认为经营农家乐不是一种很正式的就业途径，或是农家乐经营者对孩子有很高的期望值，认为经营农家乐不是一个很好的出路。

综上所述，三市农家乐经营者总体上表现出较高的民主决策意识，农家乐在增进家庭凝聚力和促进乡村社区和谐方面具有积极作用；农家乐促进了家庭和乡村的就业，但作用还相当有限；大部分经营者开办农家乐考虑了经济赢利和社区社会地位的提高；对农家乐未来家庭传承大多持否定态度或根本没有考虑。

二、家庭相关目标对比分析

关于"主要问题共同决策"，上海由于地处经济发达地区，农家乐经营者中女性经营者占主体，而且家庭收入多元化，使农家乐收入相对于家庭收入的重要性降低，故对家庭民主决策认同较高；成都农家乐经营者大多为成都市的城市居民投资者，家庭其他成员的参与度较低，加之经营者文化水平较高，个人决策能力较强，故认同比例较低；武汉农家乐经营者男性占绝大多数，且文化水平不高，农家乐重要决策常常由在家庭中处于领导地位的男性作出，故认同度较低。

关于"确保家庭成员有很多在一起的空闲时间"和"避免家庭成员间的不和谐"两个问题，上海经营者由于农家乐经营状况较好，家庭成员围绕农家乐的经营在一起的时间较多，对农家乐促进家庭和谐的认同最高；武汉经营者的农家乐经营较差，较少的顾客导致家庭成员很少有在一起工作的时间，经营状况欠佳反过来又促使了家庭成员之间的冲突增多，因此，经营农家乐对家庭和睦的贡献也相当有限，故武汉经营者对农家乐给家人更多团聚时间和促进家庭和睦认同比例和认同度都较低。

与就业相关的"为家庭成员提供就业机会"和"有和配偶同等工作的机会"，上海由于家庭成员的就业状况良好，成都由于多数经营者的配偶和家人都有固定的工作等，两地经营者对农家乐促进家庭成员的就业认同较低；武汉经营者绝大多数为当地农民，就业状况较差，对农家乐为家庭成员提供的就业机会很是珍惜，故认同较另外两地高。

与家庭经济相关的"挣到足够的钱来养家糊口"，武汉农家乐经营者对经济目标的较高认同比例说明了其经营方面明显的经济动机，通过开办农家乐脱贫致富的愿望强烈，同时也反映了当地经济相对落后的现状，农家乐赢利状况不能令经营者满意；成都经营者对经济目标的较低认同比例说明了经营者目标的多元化特征，经济目标已不是他们追求的唯一目标，另外，来自城市的经营者虽然对经营农家乐赢利赚钱很在意，但赚钱赢利水平已经超出了基本养家糊口的需要；上海农家乐较高的认同度说明了农家乐经营的整体赢利状况良好。

在"提高家庭在社会中的地位"方面，上海农家乐经营者很高的认同度说明农家乐的良好经营已经明显提升了家庭的社会地位；大部分武汉经营者想通过开办农家乐取得社会的认可，但惨淡的经营状况使其对实际的结果认同度较低；成都经营者由于多为乡村社区以外的成都市居民，追求目标多为乡村田园生活方式和事业，对通过开办农家乐提高其社会地位兴趣相对较淡。

与农家乐传承相关的"把农家乐传给自己的孩子或家人"和"培养孩子成为未来的农家乐经营者"两个目的，上海、武汉、成都农家乐经营者的认同比例和认同度都较低，说明了三地经营者对农家乐企业的偏见或对农家乐长远发展考虑较少；武汉和成都农家乐经营者或出于经营状况不佳的原因或由于对农家乐小企业的传统偏见，认同比例和认同度都较低，上海经营者则可能是由于经营状况较好，有近半数经营者对家庭成员或后代经营农家乐持肯定的态度。

综上所述，由于家庭成员就业和农家乐经营状况良好，上海经营者对农家乐促进家庭民主决策、和谐团结、农家乐的家庭传承以及农家乐促进家庭社会地位的提高认同较高，但对促进家庭就业认同较低，经济动机较弱；由于家庭经济状况和家庭成员就业状况均较差以及农家乐经营状况不理想等，武汉经营者表现出对促进家庭成员就业和提高家庭社会地位较高的认同，但对农家乐促进家庭民主决策、和谐团结认同较低，开办农家乐的经济动机较强；由于家庭成员就业状况较好，价值取向多元化，以及农家乐经营状况欠佳等，成都经营者表现出对农家乐促进家庭民主决策和和谐团结、提高家庭社会地位和农家乐的家庭传承等认同较低，经济动机较弱的状况。

第三节　家庭相关目标相关性分析

为确定农家乐经营者特征(年龄、婚姻状况、性别、参与程度、是否为本地居民、目的趋向)等变量对农家乐经营者家庭相关目标的影响，进一步的相关性分析如下。

一、"主要问题共同决策"相关性

"主要问题共同决策"也就是农家乐经营问题是否由家庭共同决策，共同决定，其与农家乐经营者及农家乐的基本特征的相关性表现如下。

(一) 与经营者人口统计学特征相关性

"主要问题共同决策"家庭目标与经营者的年龄、性别、婚姻状况相关度不大，一方面说明了几十年来，中国女性的社会地位有了很大的提升，妇女和年轻人在家庭事务决策中越来越具有发言权，另一方面也说明家庭内部民主决策的观念已经深入人心。共同决策使决策考虑了更多的影响因素，增加了决策的科学性，有利于乡村民主的建设和农家乐的健康发展。

(二) 与是否为当地居民和筹资方式相关性

当地居民农家乐经营者表现出比非当地居民农家乐经营者对家庭问题共同决策更多的兴趣，这一方面说明非当地居民经营者由于家庭其他成员都有工作，参与决策的积极性不强，另一方面也说明了开办农家乐对当地居民的重要性，往往举全家之力和集中全家的智慧。在筹资方式方面的差异表现为经营者储蓄、向亲朋好友借款和银行贷款的经营者比政府专项贷款扶助的经营者更具有共同决策意识，也许是自己投资的成本和风险度的原因，经营者们对主要问题共同关切。

(三) 与经营者地域相关性

上海、武汉和成都的农家乐经营者对"主要问题共同决策"的兴趣略呈逐级下降趋势，赞成"同意"或"非常同意"的农家乐经营者从上海的最高 92%，下降到成都的 83.3%。上海由于地处经济发达地区，而且经营者以女性为主，民主决策意识最浓；武汉地处经济发达程度居中的中部地区，经营者以男性为主，民主决策意识相对上海较淡；而成都地区的农家乐经营者由于多是城市居民，农家乐经营者只是家庭的个别成员，其他家庭成员没有参与农家乐经营，对开办农家乐的关注不够，故共同决策意识最低。

二、"确保家庭成员有很多在一起的空闲时间"相关性

(一) 与经营者人口统计学特征相关性

"确保家庭成员有很多在一起的空闲时间"的家庭相关目标表现出和性别关联度不大的情况，说明不管是男性还是女性均表现出对农家乐促进家庭团结的凝聚作用的愿望。已婚和 46~55 岁的经营者表现出更强的"确保家庭成员有很多在一起的空闲时间"的愿望，这应该是与已婚经营者以及中年阶段的经营者(46~55岁)家庭观念更强有关。

(二) 与是否为当地居民和参与程度相关性

非当地居民经营者比当地居民经营者表现出对农家乐是否可以"确保家庭成员有很多在一起的空闲时间"的更强烈兴趣，说明非当地居民经营者由于家庭其他成员都有自己的工作，农家乐的经营和管理多由经营者自己处理，家庭其他成员很少参与，经营的劳累与孤独使经营者很希望家庭成员参与到农家乐的经营中来。另外，专营农家乐的经营者比主营农家乐和主营农牧渔的经营者更希望农家乐能"确保家庭成员有很多在一起的空闲时间"，说明专营农家乐的经营者更希望农家乐经营能够使家庭成员团聚到一起，通过共同的努力实现家庭的富裕。

(三) 与经营者地域相关性

有关"确保家庭成员有很多在一起的空闲时间"的家庭相关目标表现出与经营者所处地域关联度不大的情况，说明农家乐经营在促进家庭成员团结方面的作用还相当有限。也有可能由于各地农家乐经营者的不同情况，使得"确保家庭成员有很多在一起的空闲时间"的家庭相关目标与经营者地域的关联性降低：武汉农家乐的总体经营效果不理想，经营者忙于改善经营状况，无暇与家人一起共享

空闲时间，而上海、成都农家乐经营者的其他家庭成员忙于其他工作，对农家乐经营的参与程度较低。

三、"避免家庭成员间的不和谐"相关性

(一) 与经营者人口统计学特征相关性

男性、已婚和 46~55 岁的农家乐经营者更多地认为农家乐是可以"避免家庭成员间的不和谐"，说明已婚和 46~55 岁的农家乐经营者更多地肯定了农家乐在促进家庭团结中的积极作用，而男性农家乐经营者高于女性农家乐经营者对"避免家庭成员间的不和谐"的认可说明虽然家庭中女性的作用有所提升，但男性仍处于家庭主导角色的地位。

(二) 与是否为当地居民、参与程度和筹资渠道相关性

"避免家庭成员间的不和谐"的家庭相关目标表现出和是否为当地居民关联度不大的情况，说明当地居民和非当地居民经营者对农家乐促进家庭和谐作用的共同认可。另外，主营农家乐和兼营农家乐的经营者相对专营农家乐的经营者以及银行贷款和政府专项资金扶助的经营者相对于自己储蓄和筹资的农家乐经营者更趋向于认为开办农家乐可以"避免家庭成员间的不和谐"，其中原因还有待进一步的深入研究。

(三) 与经营者地域相关性

武汉的农家乐经营者更倾向于认为开办农家乐可以"避免家庭成员间的不和谐"，这一方面说明武汉的农家乐经营者更重视农家乐的经营效益，家庭成员共同参与决策、管理，另一方面也说明上海和成都农家乐经营者的其他家庭成员忙于自己的工作，对农家乐参与度不太高的现实。

四、"挣到足够的钱来养家糊口"相关性分析

(一) 与经营者人口统计学特征相关性

"挣到足够的钱来养家糊口"的家庭相关目标表现出与性别、年龄和婚姻状况等人口统计学特征关联度不大的情况。

(二) 与是否为当地居民、参与程度和筹资渠道等相关性

"挣到足够的钱来养家糊口"的家庭相关目标表现出与是否为当地居民关联度不大的情况，说明三地农家乐经营者或者对农家乐的期望和要求较高，或者是农家乐经营状况不佳的现实。另外，主营农家乐和兼营农家乐的经营者、农户合伙开办经营者更趋向开办农家乐，达到"挣到足够的钱来养家糊口"的目的。说明更多的主营农家乐和兼营农家乐的经营者对赚钱表现出更高的兴趣，而这种兴趣只不过是满足家庭谋生的基本需要。自己投资的经营者，比外来资金扶助的经营者会更多考虑赚钱回报的问题。农户合营与企业投资的经营者更加注重农家乐的经济效益和企业目标与合营农户的经济目标之间的关系。

(三) 与经营者地域相关性

武汉、上海、成都的经营者开办农家乐都是为了达到"挣到足够的钱来养家糊口"的目标，表现出对于农家乐经营热情的下降的情况。武汉地区的农家乐经营者更想通过开办农家乐改变家庭的贫穷状况，更注重农家乐的经济效益。上海地区的经营者由于有其他的收入渠道，农家乐收入对家庭收入的重要性明显降低。成都地区的经营者显然已经超出了养家糊口的基本阶段，表现出更多的生活方式和社交需求，而不只是金钱方面的需求。

五、"提高家庭在社会中的地位"相关性分析

(一) 与经营者人口统计学特征相关性

男性、已婚经营者更多地认为开办农家乐可以"提高家庭在社会中的地位"，说明男性和已婚经营者社会经历较多，对社会复杂的关系有更深的了解，除了开办农家乐实现经济赢利之外，更加关注通过开办农家乐实现社会地位的提升，以及提高家庭在当地的影响力。另外，年龄与开办农家乐"提高家庭在社会中的地位"成正相关，即随着年龄的上升经营者对开办农家乐可以"提高家庭在社会中的地位"兴趣逐步增强，也说明年龄越大，社会经历越丰富，对社会关系理解越深入，改变社会地位的资源越有限，想通过开办农家乐实现社会地位提升的愿望越强烈。

(二) 与是否为当地居民、参与程度和筹资渠道相关性

当地居民更趋向开办农家乐"提高家庭在社会中的地位"，一方面说明当地居民通过开办农家乐实现富裕、提升家庭地位的愿望较为强烈，另一方面也说明

非当地居民对此问题的态度较为冷漠。另外，银行贷款经营者、农户合伙开办和企业投资开办的经营者更趋向开办农家乐"挣到足够的钱来养家糊口"，一方面说明了更多的专营农家乐和主营农家乐的经营者相对于兼营农家乐的经营者表现出对"提高家庭在社会中的地位"更高的兴趣，另一方面说明了农户合营与企业投资的经营者更加注重农家乐的经济效益和企业目标与合营农户的经济目标之间的关系。同时，主营农家乐经营者、专营农家乐经营者、兼营农家乐经营者对开办农家乐"提高家庭在社会中的地位"的兴趣逐级下降，其原因有待进一步的深入研究。

(三) 与经营者地域相关性

武汉的农家乐经营者比上海与成都的农家乐经营者更多地认为开办农家乐可以"提高家庭在社会中的地位"，说明了武汉农家乐经营者相对贫穷，想通过开办农家乐改变家庭经济和社会地位的愿望，因此对社会地位更加关注。上海的农家乐经营者对此的关注较低，估计与其地处经济发达地区、开办农家乐已经不足以提高家庭的社会地位有一定的关系，成都农家乐的经营者多来自城市，开办农家乐多是出于生活方式和社会交往的选择，对通过开办农家乐提高社会地位关注相对较少。

六、工作机会相关性分析

(一) 与经营者人口统计学特征相关性

男性农家乐经营者更看重"有和配偶同等工作的机会"，而男女农家乐经营者在"为家庭成员提供就业机会"问题上没有差别，一方面说明男性经营者更想通过开办农家乐有与配偶一起工作的机会，另一方面也说明由于农家乐经营效果一般，男女经营者对农家乐提供的就业机会有限性的认识基本一致。

已婚的农家乐经营者表现出更多的"为家庭成员提供就业机会"倾向，应该是与已婚经营者对生活更多的经历有关，已婚农家乐经营者出于对生活的考虑，希望通过家里人的就业来提高家庭生活整体状况。另外，有关就业的家庭相关目标表现出与年龄关联度不大的情况。

(二) 与是否为当地居民和参与程度相关性

主营农家乐经营者比兼营农家乐经营者和专营农家乐经营者更趋向于认为开办农家乐"有和配偶同等工作的机会"和"为家庭成员提供就业机会"，同时，有关就业的家庭相关目标也表现出与是否为当地居民、筹资方式和经营方式关联度不大的情况，其中原因很难解释，期待进一步的深入研究。

(三) 与经营者地域相关性

武汉的农家乐经营者比成都和上海的农家乐经营者更倾向于认为开办农家乐可以"有和配偶同等工作的机会"和"为家庭成员提供就业机会"，说明了武汉农家乐经营者对农家乐就业更多的关注或当地就业压力较大的情况，而成都和上海农家乐经营者则表现出较少的关注或当地就业情况乐观的现实。

七、农家乐经营传承相关性

(一) 与经营者人口统计学特征相关性

男性农家乐经营者更不愿意"把农家乐传给自己的孩子或家人"和"培养孩子成为未来的农家乐经营者"，这估计一方面与男人对自己后代的过高期望值有关，而大部分男性农家乐经营者不认为农家乐是什么重要职业和事业；另一方面也与农家乐的整体经营状况不佳有一定的关系，农家乐经营不能给家庭和家族带来荣耀。

已婚的经营者更多地希望"把农家乐传给自己的孩子或家人"，说明已婚农家乐经营者虽然承认农家乐经营状况不佳的现实，但还是认为农家乐作为家庭的财产传承给自己家庭的其他成员理所当然。对"培养孩子成为未来的农家乐经营者"这个问题，已婚和未婚经营者之间的意见几乎是统一的，说明已婚和未婚经营者对自己后代的过高期望值以及农家乐的整体经营状况不佳的现实。有关就业的家庭相关目标表现出与年龄关联度不大的情况，其原因有待进一步的深入研究。

(二) 与是否为当地居民和参与程度相关性

有关就业的家庭相关目标表现出与是否为当地居民关联度不大的情况，说明无论当地居民经营者还是非当地居民经营者都对农家乐经营状况不满的现状。也反映了中国人对后代较高的期望值，不太希望自己的孩子继承自己经营农家乐，而希望有更好的归宿和更加体面的职业。另外，专营农家乐的经营者比兼营农家乐经营者和主营农家乐的经营者更趋向于"把农家乐传给自己的孩子或家人"和"培养孩子成为未来的农家乐经营者"，说明专营农家乐的经营者更多的是把农家乐作为家庭的事业来做，也显现出农家乐对家庭的重要性。而有关农家乐的传承的家庭相关目标表现出与筹资方式关联度不大的情况，让人有些费解，其中原因有待进一步的深入研究。

(三) 经营者地域与农家乐传承目标相关性

武汉的农家乐经营者比成都和上海农家乐经营者更多地认为开办农家乐可以"有和配偶同等工作的机会"和"为家庭成员提供就业机会"，说明了武汉农家乐经营者对农家乐就业更多的关注或当地就业压力较大的情况，而成都和上海经营者则表现出较少的关注或当地就业情况相对乐观的现实。

综上所述，家庭相关目标与农家乐及经营者特征的相关性如表 8-2 所示。

表 8-2　农家乐及经营者特征变量与家庭相关目标相关程度

家庭相关目标	性别	婚姻状况	年龄	是否为当地居民	参与程度	地域	筹资渠道	经营主体
避免家庭成员间的不和谐	较强	较强	较强	不	不	一般	不	不
主要问题的共同决策	不	不	不	较强	较强	较强	较强	一般
培养孩子成为未来的农家乐经营者	较强	不	不	较强	较强	一般	不	较强
为家庭成员提供就业机会	不	较强	不	不	较强	较强	不	不
有和配偶同等工作的机会	较强	一般	不	不	较强	较强	不	不
把农家乐传给自己的孩子或家人	较强	较强	不	较强	较强	一般	不	较强
挣到足够的钱来养家糊口	不	不	不	不	一般	较强	较强	较强
提高家庭在社会中的地位	较强	较强	较强	较强	较强	一般	一般	一般
确保家庭成员有很多在一起的空闲时间	不	较强	一般	较强	一般	不	不	不

从以上分析可以看出，三市农家乐经营者家庭相关目标的研究结论如下：

（1）农家乐不仅促进了经营者的家庭民主团结，还促进了就业，提高了经营者的经济社会地位。三市家庭相关目标的共同点表现在民主决策的意识上，农家乐在增进家庭凝聚力和促进社区和谐方面具有积极作用；农家乐促进了家庭和乡村的就业，但作用还相当有限；大部分经营者开办农家乐考虑了家庭经济水平和社区社会地位的提高；对农家乐未来的家庭传承持否定态度。

（2）农家乐对三市家庭相关目标的促进作用差异较大。三市家庭相关目标的不同表现在：上海经营者由于家庭成员就业和农家乐经营状况良好，对农家乐促进家庭民主决策、和谐团结，农家乐的家庭传承以及农家乐促进家庭社会地位的提高认同较高，但对促进家庭就业认同较低，经济动机较弱。武汉经营者由于家庭经济状况和家庭成员就业状况均较差以及农家乐经营状况不理想等，表现出对农家乐促进家庭成员就业和提高家庭社会地位较高的认同，但对农家乐促进家庭民主决策、和谐团结认同较低，开办农家乐的经济动机较强。成都经营者由于家庭成员就业状况较好、价值取向多元化，以及农家乐经营状况欠佳等，表现出对农家乐促进家庭民主决策和和谐团结、提高家庭社会地位和农家乐的家庭传承等认同较低，经济动机较弱。

第九章 农家乐经营者多维目标影响因素分析

农家乐经营者多维目标形成及其差异都是有其特定原因的，如何分析清楚这些原因是本书的重要内容之一。本章从农家乐经营者开业动机、开业原因、经营者满意与不满意因素等方面进行深入分析。

第一节 农家乐经营者开业动机

农家乐经营者开业动机，是激励经营者开办农家乐的内在驱动力。研究农家乐经营者究竟源于何种原因开办农家乐，是了解农民生存、生活、生产现状的手段，也是对农家乐发展趋势的一种判估。

一、开业动机结果

农家乐经营者开业动机主要包括"赚钱"、"远离城市的喧嚣"、"喜欢田园生活"、"事业追求"和"其他动机"等5个方面。上海、武汉、成都三市农家乐经营者开业动机，如表9-1所示。

表 9-1 上海、武汉、成都农家乐经营者开业动机

开业动机	上海		武汉		成都		三市	
	农家乐数量	比例/%	农家乐数量	比例/%	农家乐数量	比例/%	农家乐数量	比例/%
赚钱	36	72	20	52.9	30	62.5	86	63.2
喜欢田园生活	18	36	12	31.6	42	87.5	72	52.9
事业追求	12	24	6	15.8	28	58.3	46	33.8
远离城市喧嚣	8	16	0	0	14	29.2	22	16.2
其他动机	2	4	4	10.5	0	0	6	4.4

二、开业动机分析

通过对表 9-1 中农家乐开业动机的调查结果进行分析，上海、武汉、成都三市的农家乐开业动机的总体分析如下。

经营者对"赚钱"动机认同比例最高，反映了农家乐初期阶段，三市经营者对经济的过分关注和务实心态。另外，"喜欢田园生活"认同比例居第二位，超过半数，反映了大部分经营者浓重的乡村情结和对浪漫田园生活的渴望。"事业追求"动机认同比例占第三位，认同比例达到 1/3，说明了相当比例的经营者开办农家乐是为了自我价值实现的高层次追求。经营者动机"远离城市的喧嚣"的认同比例最低，一方面可以解释为经营者大多为农村居民，对城市的繁华吵闹不太敏感；另一方面可以解释为农村经营者对城市繁华的向往。"其他动机"的认同比例最低，说明了以上 4 项动机是经营者开业的主体动机。

三、开业动机对比

农家乐经营者的"赚钱"开业动机，较高的认同比例说明了三市经营者对开办农家乐赢利赚钱经济目的的赞同。①上海经营者由于地处经济发达的东部地区以及农家乐经营效果较好，对农家乐赢利赚钱的认同比例较高；②成都的区域经济不够发达，但农家乐起步早，经营者又大多为城市居民，经济意识也较好，加之经营效果尚可，经营者认同比例超过六成；③武汉的地区经济发达水平一般，农家乐起步晚，经营效果最差，故农家乐经营者认同比例是三个城市中最低的。

关于农家乐经营者的"喜欢田园生活"开业动机，上海和武汉经营者由于全都为农村居民，对乡村生活较为熟知，故认同比例较低。上海由于地处经济发达的东部地区，乡村的城市化程度较武汉乡村高，因此上海经营者对乡村生活的认同比例比武汉稍高。成都经营者由于绝大多数来自城市，城市居民久居都市对田园般的乡村生活较为渴望，故表现出和上海、武汉经营者较大的差异性，认同比例远远高于上海、武汉经营者。

关于农家乐经营者的"事业追求"开业动机，成都经营者大多为城市经营者，由于见识广，商业经济意识好，兴趣广泛等认同比例最高，表现出较高的追求层次。上海和武汉经营者较低的认同比例说明了农村村民较低的目标追求，上海经营者由于区域经济发达程度较高而表现出比武汉经营者略高的认同比例。

关于农家乐经营者的"远离城市的喧嚣"开业动机，成都经营者最高的认同比例说明城市居民经营者对城市嘈杂环境的厌恶和对乡村生活的憧憬；上海、武汉经营者由于均为农村居民经营者，对城市的嘈杂认识不够，因此认同比例比成都低，上海由于乡村城市化程度比武汉较高而表现出稍高的认同比例。

关于农家乐经营者的"其他动机"，较低的认同比例说明了三市经营者开业动机的单纯性。武汉和上海经营者相对较高的认同比例说明了当地经营者开业动机的略微复杂的特点，而成都经营者认同比例为零，则说明了成都经营者开业动机的相对简单。

综上所述，经营者开业动机主要是基于"赚钱"、"喜欢田园生活"和"事业追求"方面的动机，"远离城市的喧嚣"和其他方面的动机不太明显。三市开办原因有所不同的主要原因是：成都经营者由于大多为城市居民，表现出比上海、武汉经营者较强的对"乡村田园生活的喜爱"、"事业追求"和"远离城市的喧嚣"的动机；上海和武汉经营者由于均为农村居民，对"乡村田园生活的喜爱"、"事业追求"和"远离城市的喧嚣"等动机较弱，上海由于地区经济发达，赚钱动机最强，对"乡村田园生活的喜爱"、"事业追求"和"远离城市的喧嚣"等动机也表现出比武汉经营者略高的特点。

第二节　农家乐经营者开业原因

农家乐开办原因，即促使经营者开办农家乐的各种内在影响因素。各地社会经济发展状况、文化背景及农家乐发展阶段不同，农家乐经营者表现出来的原因是不同的。

一、开业原因结果

农家乐的开办原因包括"喜欢乡村生活方式"、"结识很多有趣的人"、"认为开办农家乐是个好想法"、"想为游客提供方便"、"作为一种商业投资"、"为提高家庭生活和未来养老考虑"、"看到农家乐的市场需求"、"看到他人开办农家乐很赚钱"、"政府和村委的要求"等9个方面。三市农家乐开办原因认同程度结果如表9-2所示。

表 9-2 农家乐开办原因认同程度

开办原因	地域	根本不同意(赋值1)占总体比例/%	不同意(赋值2)占总体比例/%	说不清(赋值3)占总体比例/%	同意(赋值4)占总体比例/%	非常同意(赋值5)占总体比例/%	认同比例/%(前两项合计)	认同度(最高为5)	认同度排序
喜欢乡村生活方式	上海	0.0	4.0	12.0	32.0	52.0	84.0	4.52	3
	武汉	0.0	5.3	5.3	26.3	63.2	89.5	3.89	
	成都	0.0	8.3	20.8	20.8	50.0	70.0	4.38	
	三市	0.0	5.9	13.2	26.5	54.4	80.9	4.29	
结识很多有趣的人	上海	4.0	4.0	8.0	32.0	52.0	84.0	4.44	5
	武汉	0.0	15.8	5.3	31.6	47.4	79.0	3.79	
	成都	0.0	4.2	20.8	37.5	37.5	75.0	4.13	
	三市	1.5	7.4	11.8	33.8	45.6	79.4	4.15	
认为开办农家乐是个好想法	上海	0.0	4.0	12.0	40.0	44.0	84.0	4.64	1
	武汉	0.0	5.3	5.3	21.1	68.4	89.5	4.05	
	成都	0.0	8.3	12.5	25.0	54.2	79.2	4.21	
	三市	0.0	5.9	10.3	29.4	54.4	83.8	4.32	
想为游客提供方便	上海	0.0	4.0	4.0	36.0	56.0	92.0	4.64	1
	武汉	0.0	0.0	0.0	36.8	63.2	100.0	3.89	
	成都	8.3	8.3	8.3	29.2	45.8	75.1	4.33	
	三市	2.9	4.4	4.4	33.8	54.4	88.2	4.32	
作为一种商业投资	上海	4.0	8.0	12.0	40.0	36.0	76.0	4.12	6
	武汉	5.3	5.3	10.5	36.8	42.1	78.9	3.58	
	成都	0.0	4.2	8.3	58.3	29.2	87.5	4.33	
	三市	2.9	5.9	10.3	44.1	35.3	79.4	4.04	

续表

开办原因	地域	根本不同意(赋值1)占总体比例/%	不同意(赋值2)占总体比例/%	说不清(赋值3)占总体比例/%	同意(赋值4)占总体比例/%	非常同意(赋值5)占总体比例/%	认同比例/%(前两项合计)	认同度(最高为5)	认同度排序
看到农家乐的市场需求	上海	0.0	4.0	4.0	32.0	60.0	92.0	4.76	4
	武汉	5.3	0.0	10.5	31.6	52.6	84.2	3.74	
	成都	0.0	12.5	16.7	25.0	45.8	70.8	4.17	
	三市	1.5	5.9	10.3	29.4	52.9	82.3	4.26	
为提高家庭生活和未来养老考虑	上海	8.0	8.0	16.0	24.0	44.0	68.0	4.36	7
	武汉	0.0	0.0	5.3	36.8	57.9	94.7	3.74	
	成都	4.2	16.7	16.7	20.8	41.7	62.5	3.92	
	三市	4.4	8.8	13.2	26.5	47.1	73.6	4.03	
看到他人开办农家乐很赚钱	上海	12.0	24.0	16.0	32.0	16.0	48.0	3.96	9
	武汉	10.5	15.8	10.5	36.8	26.3	63.1	3.00	
	成都	8.3	29.2	20.8	25.0	16.7	43.7	2.71	
	三市	10.3	23.5	16.2	30.9	19.1	50.0	3.25	
政府和村委的要求	上海	16.0	24.0	8.0	32.0	20.0	52.0	3.84	8
	武汉	26.3	5.3	5.3	42.1	21.1	63.2	2.53	
	成都	12.5	12.5	12.5	41.7	20.8	62.5	3.33	
	三市	16.2	14.7	8.8	36.8	20.6	57.4	3.29	

二、开业原因分析

(一) 总体分析

开办原因"认为开办农家乐是个好想法"和"想为游客提供方便"的认同度和认同比例均位居开办原因前两位。一方面说明经营者整体对开办农家乐的认同,同意开办农家乐是农村经济多样化的重要出路,另一方面也说明了我国农家乐初期阶段经营者具有传统农民淳朴好客的特点。

开办原因"喜欢乡村生活方式"和"结识很多有趣的人"认同度位居开办原因第三和第五位。以上数据说明绝大多数经营者开办农家乐是基于对乡村生活方式的喜爱,并很乐意把开办农家乐作为社交扩展的一种手段。

开办原因"看到农家乐的市场需求"、"作为一种商业投资"、"为提高家庭生活和未来养老考虑"和"看到他人开办农家乐很赚钱"认同度分别位居开办原因的第4、6、7、9位。以上和经营者开办农家乐商业经济有关方面原因的数据表明,三市经营者具有对市场需求的敏锐的洞察力和较好的投资意识,对农家乐的经营效益较多地关注,但"看到他人开办农家乐很赚钱"位居末位的认同度和认同比例则一方面说明经营者开办农家乐有各自独到的原因,另一方面也说明了农家乐整体经营现状不容乐观,开办农家乐产生的示范效应相当有限。

开办原因"政府和村委的要求"的认同比例和认同度分别为57.4%和3.29%,一方面说明了村委在农家乐开办过程中的积极推动作用,另一方面也说明了村委和政府的作用在经营者开办农家乐决策过程中的局限性,只是作为外在影响因素而存在。

综上所述,经营者整体上对开办农家乐的认同、农民淳朴好客的传统、对乡村生活方式的喜爱、对市场需求的敏锐的洞察力、较好的投资意识和乐意把开办农家乐作为社交扩展的一种手段等原因是经营者开办农家乐的主要原因。农家乐整体经营现状不甚理想,所产生的示范效应也是有限的,村委和政府的推动作用等作为经营者开办农家乐的外在影响因素也是相当有限的。

(二) 对比分析

上海、武汉、成都经营者对农家乐开办原因"认为开办农家乐是个好想法"很高的认同度和认同比例说明了三市经营者对开办农家乐这种旅游形式实现农村经济多元化的赞同。在"想为游客提供方便"方面,上海和武汉经营者较高的认同比例说明了农村村民好客的传统,上海经营者较高和武汉经营者较低的认同度应该解释为实际经营效果方面的原因。成都经营者由于大部分来自城市,故中国农民传统好客意识较低，但城市居民经营者具有较好的商业服务意识，因此认同度较高。

在"喜欢乡村生活方式"方面，上海和武汉经营者较高的认同比例说明了农村村民浓重的乡村情结，上海经营者较高和武汉经营者较低的认同度应该解释为实际经营效果方面的原因。成都经营者由于大部分来自城市，故经营者具有的乡村情结比例比上海和武汉经营者较低，但大部分城市居民经营者开办农家乐出于浓重的乡村情结，故认同度较高，但三成成都经营者开办农家乐不是出于乡村情结的考虑也说明了其他原因的影响更占据主导地位。在"结识很多有趣的人"方面，农村居民占主体的上海、武汉经营者的较高认同比例而城市居民占主体的成都经营者的较低认同比例，说明了农村经营者的好客传统和城市经营者这方面存在差距。上海、成都经营者较高的认同度和武汉经营者较低的认同度估计和实际经营效果有关。

在"看到农家乐的市场需求"方面，上海经营者最高的认同比例和认同度说明由于区域经济发达，经营者商业意识较好；武汉经营者认同比例居中和地区经济发达程度有关，而较低的认同度则说明当地农民商业意识一般；成都经营者认同比例最低，一方面说明了地区经济发达程度较低，另一方面也说明了成都经营者开业原因的多样化。在"作为一种商业投资"方面，上海和武汉经营者认同比例和认同度相对成都经营者较低说明了农村居民经营者的经济投资意识比城市居民经营者低。在"为提高家庭生活和未来养老考虑"方面，上海由于收入多元化，农家乐对家庭的影响较小，故认同比例较低，但良好的经营效果又导致了认同度的提高；武汉经营者由于收入单一，农家乐对家庭影响很大，故认同比例最高，但经营效果的不理想导致了认同度的下降；成都经营者多为城市经营者，家庭收入多元化，认同比例较低，经营效果尚可的现状使其认可度比武汉经营者略高。在"看到他人开办农家乐很赚钱"方面，上海和成都农家乐较好的经营现状和较低的"看到他人开办农家乐很赚钱"的认同比例和认同度则说明两地开办农家乐的赚钱示范效应较低，也说明了两地经营者开办农家乐原因的多元化，武汉经营者较差的经营效果和较高的"看到他人开办农家乐很赚钱"的认同比例则说明当地经营者单一的经济动机。

在"政府和村委的要求"方面，三市较低的认同比例和认同度说明了政府作用的有限性。武汉和成都经营者较高的认同比例说明了当地政府的宣传效果，而上海和成都经营者比武汉经营者较高的认同度则说明了上海、成都当地政府和村委对经营者具体实际的帮助。

综上所述，上海经营者由于地区经济发达、收入多元化、政府的支持和作为农民经营者等因素，好客、乡村情结、敏锐的市场嗅觉、较好的投资意识和政府的支持成为经营者开办农家乐的主导原因；武汉经营者由于地区经济发达程度一般，收入较为单一，政府支持有限和农民经营者等因素，好客、乡村情结、提高家庭生活状况与养老、其他农家乐的赚钱效应等构成了经营者开办农家乐的主导原因；成都经营者由于地区经济发达程度较差，收入多元化，政府支持和多数为城市经营者等因素，经营者好客、乡村情结比武汉、上海经营者略低，良好的投资意识、政府的大力支持和开业追求的多元化等成了成都经营者开办农家乐的主导原因。

第三节　农家乐经营者经营满意因素

对农家乐经营者经营情况的了解可以通过农家乐经营的不同方面导致的满意和引起的问题来获得。

一、经营满意因素调查结果

满意条目可以被归为 4 类：①一家人一起工作，包括"团队精神"；②对经营农家乐的自豪感，包括"经营者的自豪感"、"游客喜欢我的农家乐"、"看到游客玩得愉快"、"生意经营得很好"、"圆满的一天或一个季节的工作"和"完成既定的生意目标"；③自立，包括"自立"和"可以自我做决定"；④农家乐的季节性特点，包括"农家乐的季节性，我有时间休息"等。

问题条目也被归为以下几类：①一起工作的时间，包括"占用时间"、"占用休闲时间"、"长时间工作"、"家庭成员交流时间丧失"、"平衡家庭和生意"和"寻找远离游客的空间"；②家庭内部冲突，包括"问题无法统一意见"、"上年纪而放弃农家乐"和"完成不同的目标"；③特定的经营问题，包括"始终如一的优质服务"、"市场的促销和营销工作"和"办公财务"等。

二、经营满意因素总体分析

统计数据显示（表 9-3），农家乐经营者最为满意的是"游客喜欢我的农家乐"和"看到游客玩得愉快"，游客的愉快与认同让经营者感到对自身价值的认可，说明大部分经营者对开办农家乐可以做经营者还是充满了自豪感，1/3 的经营者对农家乐这样的经营者似乎没有自豪感而言。"生意经营得很好"、"圆满的一天或一个季节的工作"、"完成既定的生意目标"的满意比例不高，说明了大部分经营者对经营现状还不满意（图 9-1）。

表 9-3　农家乐经营满意因素

满意条目	归属类别	选择条目人数/人	选择条目人数占被调查总人数比例/%	比例排序
团队精神	与家人一起工作	78	57.4	8
看到游客玩得愉快	经营农家乐自豪感	112	82.4	2
经营者的自豪感	经营农家乐自豪感	86	63.2	4
生意经营很好	经营农家乐自豪感	88	64.7	3
完成既定的生意目标	经营农家乐自豪感	64	47.1	10
可以自我做决定	自立	84	61.8	6
独立	自立	72	52.9	9
游客喜欢我的农家乐	经营农家乐自豪感	122	89.7	1
农家乐的季节性　我有时间休息	农家乐的季节性特点	80	58.8	7
圆满的一天或一个季节的工作	经营农家乐自豪感	86	63.2	4

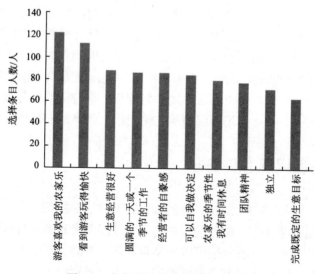

图 9-1　农家乐经营满意因素分布图

经营者对"独立"和"可以自我做决定"的认可度也不是很高，表现出他们对自我做决定缺乏兴趣，认为只有结果才是最重要的功利性特点。

经营者对农家乐的季节性特点即"农家乐的季节性，我有时间休息"相当认同，并表示出对这种季节性的喜好，但是 58.8%的比例说明相当一部分经营者是对经营业务冷淡的忧虑，而不是对旅游旺季的担心。

57.4%的经营者对"一家人一起工作"的"团队精神"表现出了浓厚的兴趣，但整体来讲三个城市的农家乐经营者，至少有一小部分经营者，由于缺乏现代企业管理理念，对团队精神还不够重视，反映了大部分农家乐规模小、经营不好、还处于初期阶段、亟待提高。

三、经营满意因素相关分析

(一) 与人口统计学特征相关性分析

女性经营者总体上表现出比男性经营者较高的满意度，这可能与男性经营者对农家乐的期望值过高，不太容易满足的性别特点，以及女性经营者对农家乐经营的期望值较低，容易满足的性别特点有关。

除"自立"方面的"可以自己作决定"上，未婚经营者表现出比已婚经营者更强的兴趣外，已婚经营者表现出比未婚经营者更大的满意感，这估计与未婚的青年知识新、见识广而产生的高预期有关，也说明未婚经营者，年轻不想受约束，对"可以自己作决定"表现出强烈的兴趣。

46~55 岁的经营者无论是团队精神、经营者的自豪感和季节性的认知方面都表现出比其他年龄段的经营者更大的满意感，而 36~45 岁的经营者则表现出比其他年龄段经营者更强的自立意识，其中原因还有待进一步的研究。

农家乐经营者的满意感在人均收入方面的差异表现特点如下：①团队精神方面，年家庭人均收入 3500 元以上的经营者比 3500 元以下的经营者表现出更强的团队意识，说明团队意识好，农家乐成员之间的组织协调也较好，这会导致农家乐更好的赢利和较好的经营效果；②自立方面，年家庭人均收入 2500~3500 元的经营者表现出更多的自立意识，其中原因还有待进一步的深入研究；③自豪感方面，年家庭人均收入低于 2500 元的经营者对农家乐季节性的认知度及经营者的"自豪感"比年家庭人均收入 2500 元以上的经营者要低一些，反映了年家庭人均收入低的经营者因生意不好，对旅游淡旺季的观念不强，经营者自豪感也相应地下降。"完成既定的生意目标"呈现出"年家庭人均收入"和满意的正相关，说明了年家庭人均收入多，生意好，经营效果好，则经营者满意度高的特点。

(二) 与地区差异相关性分析

由于农家乐发展阶段不同，农家乐经营者自身条件各异，造成三个城市农家乐经营者对满意因素之间存在差异。

(1) 武汉农家乐经营者的团队精神较差，这与武汉农家乐起步晚，地区经济不甚发达，农家乐的经营状况不太好而导致家庭成员的分歧较大有关。

(2) "生意经营得很好"、"完成既定的生意目标"、"看到游客玩得愉快"和"圆满的一天或一个季节的工作"四个方面武汉经营者显示比上海和成都经营者较低的满意比例，说明了武汉的经营者整体自豪感不强，可能是因为经营效果不好，农家乐效益低下。

(3) 自立方面，成都的经营者满意感最高，上海经营者对"独立"不太感兴趣，而武汉的经营者对"可以自我做决定"不太感兴趣，这说明上海和武汉地经营者还过多关注农家乐的收益，而成都的农家乐由于发展早，经营者相对较为成熟，显示出对"自立"方面较高的关注。

(4) 在农家乐的季节性认知满意方面，武汉的经营者不太体会到农家乐的季节性特点，这是因为武汉农家乐的生意惨淡，还没有淡旺季的区别，不是一年四季生意兴隆。

(三) 与是否为当地居民相关性分析

在"经营者的自豪感"和"看到游客玩得愉快"两个方面，当地居民经营者表现出比非当地居民更大的满意感，反映了当地居民经营者对开办农家乐一方面表现出了提高自己在社区中社会地位的潜在要求和淳朴心态，另一方面也反映了非当地居民经营者着重对自我生活方式的追求而表现出对游客的相对冷漠。而另外两项指标，"完成既定的生意目标"和 "独立"，非当地居民表现出比当地居民更高的满意感，说明非当地居民比当地居民的实际经营效果较好和独立意识较强。

(四) 与参与程度相关性分析

主营农家乐经营者和专营农家乐经营者的团队精神较强，兼营农家乐经营者则较弱，说明较多的农家乐的经营活动对家庭团队精神的积极影响。专营农家乐的经营者表现出的自立性最强，其中原因还有待进一步的研究。对"完成既定的生意目标"的自豪感满意比例，主营农牧渔为32%，主营农家乐为40%，专营农家乐为 60.6%，说明了从兼营农家乐到主营农家乐再到专营农家乐的经营者，由于参与程度的加深，其经营目标实现的比率也逐步提高。

(五) 与其他方面相关性分析

投资额在 5 万~10 万的农家乐经营者表现出更强的团队精神，其原因有待进一步的研究。经营者自豪感方面，投资额 5 万元以上的经营者对"看到游客玩得愉快"、"游客喜欢我的农家乐"和"圆满的一天或一个季节的工作"等，表现出比投资额 5 万元以下的经营者更多的自豪感，说明较大的投资额由于设施更加齐全，服务相对更好，给旅游者带来的愉悦感越大。对"独立"的满意感表现得最为突出的是投资额在 10 万~20 万元和 50 万~100 万元的经营者，对季节性表现出敏感的投资额经营者是投资额 5 万~10 万元、10 万~20 万元和 50 万~100 万元的经营者，二者基本一致的事实说明了喜爱"独立"的经营者对旅游淡季的敏感，因为他们在淡季有较多的休闲时间。

政府专项扶助贷款的经营者总体上比从银行贷款的经营者表现出更大的满意感，这可以解释为政府支持的经营者压力小，而自己从银行贷款的经营者由于面临还贷的压力满意感会表现出全面的下降。政府专项扶助贷款的经营者较之其他筹资渠道的经营者表现出较强的团队精神，这与当地政府、村委统一组织，经营者向心力增加有关。另外，政府专项扶助贷款的经营者较之其他筹资渠道的经营者表现出较强的"独立"、"农家乐季节性强，便于休息"和"圆满的一天或一个季节的工作"等较强的满意感，其中的深层次原因还有待进一步研究。

企业投资经营的经营者比农户个体投资经营、农户合营、企农合营和集体投资在"团队精神"、"经营者的自豪感"方面表现出更高的满意比例，这与企业的现代管理理念和严格管理导致经营业绩较好有关。而对"经营者的自豪感"，企业投资经营的经营者表现出比其他投资类型的经营者更少的满意感则说明企业经营者更注重的是企业的经济效益。企业投资经营的经营者对农家乐的季节性最不敏感说明了企业的休假制度需要完善。农户合营的农家乐和农户自己开办的农家乐经营者相比其他经营类型的经营者表现出更多的"自立"意识，企业投资经营的经营者和企农合营的经营者的自立满意度最低，一方面说明了农户经营者自立的现实，另一方面也说明了企业或与企业有关联的投资，为求最大经济效益，管理格式化，经营者无法自主做决定的现实情况。

农家乐行业协会组织营销的经营者满意比例最高，自己组织营销的经营者满意比例最低，这说明了在有农家乐协会的村庄，都是农家乐旅游开展起步早、发展好、规模大的地区，各方面的满意比例相应较高，而只有靠经营者自己营销的农家乐村庄，都是刚起步、规模小、经营不太好的地区，经营者的各方面整体满意度表现出较低的特点。

第四节　农家乐经营者不满意因素

农家乐经营者的工作状态和农家乐经营好坏是受不满意因素、满意因素和愉悦因素三个方面影响的。农家乐发展应致力于减少或消除农家乐经营者的不满意因素和提高农家乐经营者的满意因素及愉悦因素。

一、经营不满意因素总体分析

从有关分析数据(表9-4)来看,农家乐经营者回答问题最多的是与时间相关的问题,其中,"占用大量的休闲时间"、"占用时间"、"家庭成员之间交流时间的丧失"和"每天长时间工作"的问题比例均超过30%,位居前列,说明了农家乐经营的确侵占了经营者家庭原来的共同度过的家庭时间(图9-2)。

表9-4　农家乐经营者的不满意因素

不满意因素	归属类别	选择条目人数	选择条目人数占被调查总人数比例/%	比例排序
占用时间	一起工作的时间	48	35.3	3
办公财务工作	特定的经营问题	20	14.7	12
占用大量的休闲时间	一起工作的时间	62	45.6	1
平衡家庭和生意	一起工作的时间	36	26.5	9
完成不同的目标	家庭内部冲突	36	26.5	9
家庭成员之间交流时间的丧失	一起工作的时间	48	35.3	3
寻找远离游客的空间	一起工作的时间	30	22.1	11
每天长时间工作	一起工作的时间	44	32.4	7
有关问题无法统一意见	家庭内部冲突	48	35.3	3
上了年纪而不得不放弃农家乐	家庭内部冲突	40	29.4	8
始终如一的提供优质的服务	特定的经营问题	58	42.6	2
市场的促销和营销工作	特定的经营问题	46	33.8	6

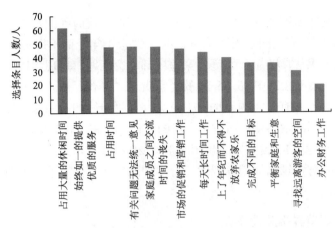

图 9-2　农家乐经营不满意因素分布图

关于家庭和工作关系方面的问题，"平衡家庭和生意"和"寻找远离游客的空间"等比例不高，说明了大部分农家乐的生意还不够好，业务还不足以繁忙到每天长时间工作、平衡家庭和生意、寻找远离游客的空间的程度。家庭内部冲突方面问题也是令经营者感到棘手的问题，有超过 1/3 的经营者为家庭成员就农家乐的"有关问题无法统一意见"而苦恼。"上了年纪而不得不放弃农家乐"和"完成不同的目标"等比例较低，说明了大部分经营者还处于青壮年，还没有养老的考虑以及目前农家乐的生意不好还不足以让经营者为完成不同的目标而疲于应付的现实。

有关农家乐经营管理方面的问题，有超过 1/3 的经营者认识到"始终如一地提供优质的服务"和"市场的促销和营销工作"的重要性，说明农家乐经营者对现代服务意识和管理理念的接受，这是农家乐发展可喜的一面。但是"办公财务工作"等比例极低，则说明了三市农家乐仍处于初级发展阶段，农家乐规模小、多是家庭为单位，尚没有引入企业化规范化经营的现状，其管理水平有限。

二、经营不满意因素相关分析

(一) 与人口统计学特征相关性分析

除了"上了年纪而不得不放弃农家乐"和"市场的促销和营销工作"两个问题以外，在其他问题上，更多女性经营者表现出比男性经营者有更多的未发现或遇到的各种实际问题，这可以解释为女性固有的敏感和过多、实际地参与农家乐的工作而对具体的问题比较了解的原因。

46~55 岁的经营者对"占用时间"、"占用大量的休闲时间"、"平衡家庭和生意"、"完成不同的目标"、"家庭成员彼此交流时间的丧失"等"一起工作的时间"问题及"有关问题无法统一意见"、"上了年纪而不得不放弃农家乐"、"始终如一的提供优质的服务"等"家庭内部冲突问题"表现出比其他年龄段的经营者对问题的敏感度高。36~45 岁的经营者对"寻找远离游客的空间"、"每天长时间工作"、"有关问题无法统一意见"和"始终如一的提供优质的服务"等问题表现出较高的敏感度。而对"市场的促销和营销工作"的问题,36~45 岁、45~55 岁、56~65 岁的经营者则表现出相对于 25 岁以下和 25~35 岁的经营者不高的敏感度,说明对营销和促销等现代经济学理念年轻人比上了年纪的经营者更容易接受和使用。

(二) 与地域差异相关性分析

与时间相关的问题"占用大量的休闲时间"、"平衡家庭和生意" 和"每天长时间工作"以及家庭内部冲突问题的"完成不同的目标",还有经营管理问题的"办公财务工作"等,都出现了上海和成都经营者的问题比例高于武汉的情况,说明了武汉的农家乐因起步晚、地区经济不发达、经营效果不好、生意差、各方面问题较少的现实。

一个有趣的现象是,家庭内部冲突问题的"有关问题无法统一意见"的问题比例,上海、武汉和成都的经营者呈逐渐上升的趋势,而"上了年纪而不得不放弃农家乐"的问题比例,上海、武汉和成都的经营者成逐渐下降的趋势,这两个趋势的深层次原因还有待进一步考证,但上海经营者年纪偏大的情况,促成了他们对上年纪而放弃农家乐问题更多的担心。对经营管理问题的"市场的促销和营销工作"问题的反应,武汉经营者的问题比例最高,上海和成都的问题比例较低,说明了上海与成都的营销、促销问题,政府的出面帮助已经很少,而武汉的营销、促销工作由于政府的直接帮助不够,全靠经营者的个人努力,所以问题比例很高。

(三) 与是否为当地居民相关性分析

除了"寻找远离游客的空间"外,当地居民在其他 11 个问题上表现出比非当地居民遇到更多的问题。非当地居民作为当地引资而来的外地投资者,除当地政府提供良好的经营环境以外,他们拥有更多更丰富的经营管理经验,遇到的经营困难比当地居民经营者少。当地居民大都是没有经商经验的农民,遇到的经营困难要比非当地居民经营者多。唯一的例外就是"寻找远离游客的空间"的问题,更多的非当地居民比当地居民遇到问题的比例高,一方面说明了非当地居民的生意较好,过多的游客使他们有逃离游客想清静的想法;另外一方面,非当地居民来农村开办农家乐也就蕴涵着远离城市喧嚣的想法和念头。

(四) 与参与程度相关性分析

专营农家乐经营者相对于主营农家乐经营者和主营农牧渔经营者表现出遇到更多问题的倾向，说明专营农家乐经营者由于靠农家乐经营谋生，没有其他的收入来源，对经营过程中遇到的问题无法回避。专营农家乐和主营农家乐的经营者比主营农牧渔的经营者遇到"市场的促销和营销工作"的问题比例更高，说明了专营农家乐和主营农家乐的经营者对经营促销和营销问题了解地更深入，或者是主营农牧渔的经营者对"市场的促销和营销工作"更淡漠。

(五) 与其他方面相关性分析

投资额 50 万元以上的经营者更深切地感受到"每天长时间工作"的问题，说明投资大的农家乐经营情况较好，经营者工作时间较长。投资 2 万~5 万元和 50 万元以上的经营者更多地感受到"有关问题无法统一意见"的问题，说明他们往往就具体的经营问题进行讨论，很慎重地对待经营问题。投资额低于 5 万元的经营者较容易因上年纪而放弃农家乐，这可能与投资小，经营状况不佳，以及农家乐经营者本身的财产意识不强有关，而投资额高于 50 万元的经营者更倾向于不放弃农家乐的经营，这可能与投资较大，经营状况较好，以及农家乐经营者本身的财产意识较强有关。另外，投资额 5 万以下的经营者遇到的营销和促销问题比例高于 5 万元以上的投资额经营者，而投资额 50 万元以上的经营者的营销、促销问题比例最低，说明了投资额大的经营者有实力进行促销，或者是经营者促销的压力较小；而投资额小的经营者无实力促销或者是规模小，所以对游客的吸引力较低。

用家庭储蓄和向亲朋好友借款的经营者相对于政府专项资金扶助和银行贷款的经营者就"寻找远离游客的空间"和"市场的促销和营销工作"问题敏感度高，可能的解释是这两类经营者的农家乐经营状况较好，但缺乏政府的支持和帮助，他们感觉遇到的营销和促销问题较多。银行贷款的经营者和其他筹资渠道的经营者相比更趋于"有关问题无法统一意见"和"始终如一的提供优质的服务"，可能与申请银行贷款的经营者对农家乐经营和服务很重视，各项决策更加慎重，权衡再三的原因有关。

独资经营和农户合伙经营的经营者相比企业等其他经营形式的农家乐倾向于遇到更多的问题，这可能与传统家庭小企业缺乏现代企业管理知识有一定的关系。另外，不同的营销主体所遇到的问题的比例差别不大，说明了二者的关联度不强，其原因有待进一步的深入研究。

三、影响因素研究小结

(一) 都以赚钱为开办农家乐第一动机

农家乐经营者开办农家乐的动机按强弱排序依次为："赚钱"、"喜欢田园生活"、"事业追求"、"远离城市的喧嚣"和"其他动机"，三市农家乐经营者都以赚钱为第一动机。

成都的农家乐经营者由于大多为城市居民，表现出比上海、武汉的农家乐经营者较强的对乡村田园生活的喜爱、事业追求和远离城市喧嚣的动机。上海和武汉农家乐经营者由于均为农村居民，其对乡村田园生活的喜爱、事业追求和远离城市的喧嚣等动机较弱，上海由于地区经济发达，赚钱动机最强，其对乡村田园生活的喜爱、事业追求和远离城市的喧嚣等动机业表现出比武汉经营者略高的特点。

(二) 三地农家乐经营者开业原因各自不同

经营者整体上对开办农家乐的认同、传统农民纯朴好客的天性、对乡村生活方式的喜爱、对市场需求的敏锐的洞察力、较好的投资意识和乐意把开办农家乐作为社交扩展的一种手段等原因是经营者开办农家乐的主要原因。

上海经营者由于地区经济发达、收入多元化、政府的支持和农民经营者等因素，好客、乡村情结、敏锐的市场嗅觉、较好的投资意识和政府的支持成为经营者开办农家乐的主导原因。

武汉经营者由于地区经济发达程度一般，收入较为单一，政府支持有限和农民经营者等因素，好客、乡村情结、提高家庭生活状况与养老、其他农家乐的赚钱效应等构成了经营者开办农家乐的主导原因。

成都经营者由于地区经济发达程度较差，收入多元化，政府支持和多数为城市经营者等因素，经营者好客、乡村情结比武汉、上海经营者略低，良好的投资意识、政府的大力支持和开业追求的多元化等成了成都经营者开办农家乐的主导原因。

(三) 最满意"游客喜欢我的农家乐"

经营过程中，农家乐经营者最为满意方面表现为"游客喜欢我的农家乐"和"看到游客玩得愉快"，游客的愉快与认同让经营者感到对自身价值的认可，说明大部分经营者对开办农家乐做经营者还是充满了自豪感的，但有 1/3 的经营者对农家乐这样的经营者似乎没有自豪感而言。"生意经营得很好"、"圆满的一天或一个季节的工作"和"完成既定的生意目标"的满意比例不高，说明了大部分经营者对经营现状还不满意。经营者对"独立"和"可以自我做决定"认可度也不是很高，表现出他们对自我做决定缺乏兴趣，认为只有结果才是最重要的。

经营者对农家乐的季节性特点即"农家乐的季节性，我有时间休息"相当认同，并表示出对这种季节性的喜好。但是超出一半的经营者认同这一点说明相当一部分经营者表现出对经营业务冷淡的忧虑，而不是对旅游旺季的担心。超出一半的经营者对"一家人一起工作"的"团队精神"表现出了浓厚的兴趣，但整体来讲三个城市的农家乐经营者，至少有一小部分经营者，缺乏现代企业管理理念，对团队精神还不够重视，说明了大部分农家乐规模小、经营不好、还处于初期阶段、亟待提高的现实。

农家乐经营者的满意在地区上的差异表现在以下几个方面：①武汉的经营者的团队精神较差；②在"生意经营得很好"、"完成既定的生意目标"、"看到游客玩得愉快"和"圆满的一天或一个季节的工作"四个方面，武汉经营者显示比上海和成都经营者较低的满意比例，说明了武汉的经营者整体自豪感不强，可能是因为经营效果不好，农家乐效益低下的原因；③自立方面，成都的经营者满意感最高，上海经营者对"独立"不太感兴趣，而武汉的经营者对"可以自我做决定"不太感兴趣，这说明上海和武汉的经营者还过多地关注农家乐的收益，而成都的农家乐由于发展早，经营者相对较为成熟，显示出对"自立"方面较高的关注；④在农家乐的季节性认知满意方面，武汉的经营者不太体会到农家乐的季节性特点，这是因为武汉农家乐的生意惨淡，还没有淡旺季的区别，而不是一年四季生意兴隆。

(四) 农家乐经营的确侵占家庭时间

农家乐经营者回答问题最多的是与时间相关的问题，其中，"占用大量的休闲时间"、"占用时间"、"家庭成员之间交流时间的丧失"和"每天长时间工作"的问题比例均超过30%，比例位居前列，说明了农家乐经营的确侵占了经营者家庭原来的共同度过的家庭时间。

关于家庭和工作关系方面的问题，"平衡家庭和生意"和"寻找远离游客的空间"等比例不高，说明了大部分农家乐的生意还不够好，业务还不足以繁忙到每天长时间工作、平衡家庭和生意、寻找远离游客的空间的程度。

家庭内部冲突方面问题也是令经营者感到棘手的问题，有超过1/3的经营者为家庭成员就农家乐的"有关问题无法统一意见"而苦恼，"上了年纪而不得不放弃农家乐"和"完成不同的目标"等认同比例较低，说明了大部分经营者还处于青壮年，还没有考虑养老的问题。也反映出虽然目前农家乐生意不好，但还不足以让经营者为完成不同目标而疲于应付。

有关农家乐经营管理方面的问题，有超过 1/3 的经营者认识到"始终如一地提供优质的服务"和"市场的促销和营销工作"的重要性，说明农家乐经营者对现代服务意识和管理理念的接受，但是对"办公财务工作"等认同比例极低，则说明了三个地方的农家乐规模小，多是小型家庭式的家族企业，财务往来有限，交易数目不大，管理尚需规范的状况。

农家乐经营者在实际的农家乐经营过程中遇到的问题在地区差异方面表现为：和时间相关的问题"占用大量的休闲时间"、"平衡家庭和生意"和"每天长时间工作"以及家庭内部冲突问题的"完成不同的目标"，还有经营管理问题的"办公财务工作"等，都出现了上海和成都经营者的问题比例高于武汉的情况，说明了武汉的农家乐因经营效果不好，生意差，各方面问题较少的现实。家庭内部冲突问题的"有关问题无法统一意见"的问题比例，上海、武汉和成都的经营者呈逐渐上升的趋势，而"上了年纪而不得不放弃农家乐"的问题比例，上海、武汉和成都的经营者呈逐渐下降的趋势。对经营管理问题的"市场的促销和营销工作"问题的反应，武汉经营者的问题比例最高，上海和成都的问题比例较低，说明了上海与成都的营销、促销问题由于政府的出面帮助已经很少，而武汉的营销、促销工作由于政府的直接帮助不够，经营者个人努力占绝对地位。

第十章　中西方乡村旅游经营者多维目标比较

不同的社会发展背景和旅游业在不同阶段所承担的不同功能，导致中西方乡村旅游经营者的多维目标具有一定的差异性。中西农家乐经营者目标的共同点和差异性分析，主要从乡村客栈经营者的开业起始目标、正式经营目标和家庭相关目标三个方面展开分析，分析主要探寻中西方乡村旅游经营者多维目标的共同点和差异性。

第一节　中西方经营者开业起始目标对比分析

上海、武汉、成都三市分别代表了中国的东、中、西部三个区域，也是我国经济比较发达的城市。以三市农家乐经营者为代表的中国乡村旅游经营者与西方发达国家乡村旅游经营者之间的多维目标差异，是值得进一步研究的问题（表 10-1）。

表 10-1　中西方经营者开业起始目标对比

隐性目标	显性目标	澳大利亚西澳大利亚州					中国上海、武汉、成都					
		显性目标认同		隐性目标认同比例/%	显性目标认同度		隐性目标认同度	显性目标认同		隐性目标认同比例/%	显性目标认同度		隐性目标认同度
		比例/%	排序		比例/%	排序		比例/%	排序		比例/%	排序	
生活方式	居住在喜欢的乡村环境中	88.3	1		4.51	1		88.2	1		4.40	1	
	享受一种喜欢的生活方式	84.7	2	71.5	4.37	2	4.04	85.3	3	77.7	4.22	3	4.09
	满足业余的兴趣爱好	53.9	8		3.57	7		73.6	6		4.04	5	
	可以让家人在一起	59.1	6		3.71	6		63.8	9		3.68	9	
经济需求	多赚钱	31.6	10		2.88	10		76.5	5		4.03	6	
	把乡村旅游企业作为家庭的财产	56.7	7	41.7	3.45	9	3.30	72.1	7	72.6	3.96	7	3.93
	赚钱养老	53.4	9		3.56	8		69.1	8		3.79	8	

隐性目标	显性目标	澳大利亚西澳大利亚州					中国上海、武汉、成都				
		显性目标认同		隐性目标认同比例/%	显性目标认同度		隐性目标认同度	显性目标认同		隐性目标认同比例/%	显性目标认同度		隐性目标认同度
		比例/%	排序		比例/%	排序		比例/%	排序		比例/%	排序	

隐性目标	显性目标	比例/%	排序	比例/%	比例/%	排序	认同度	比例/%	排序	比例/%	比例/%	排序	认同度
追求自立	经济上独立	71.8	4		3.97	3		86.3	2		4.29	2	
	提高自己的名声和知名度	18.2	11	53.9	2.16	11	3.36	60.3	10	64.5	3.65	10	3.72
	为了自己做老板	71.6	5		3.94	5		47.0	11		3.21	11	
社交需求	结识更多有趣的人	75.0	3	75.0	3.96	4	3.96	80.9	4	80.9	4.16	4	4.16

一、开业起始隐性目标对比分析

(一) 隐性目标共同点

中西方乡村旅游经营者的"社交需求"和"生活方式"隐性目标认同比例和认同度均居前两位,而"追求自立"隐性目标的认同比例和认同度均居末位,说明社会交往动机和追求乡村生活方式动机的考虑是中西乡村旅游经营者开办乡村旅游家庭客栈的重要目的,而对自立的目的考虑最少。

(二) 隐性目标差异性

我国上海、武汉、成都三地农家乐经营者对开业起始四个隐性目标的认同度和认同比例均高于澳大利亚西澳大利亚州的乡村旅游经营者,说明我国三市农家乐经营者对开业起始四个隐形目标的认可较多。

我国三市农家乐经营者"经济需求"隐性目标认同比例和认同度均明显高于澳大利亚西澳大利亚州的乡村旅游经营者,说明我国三市农家乐经营者开办农家乐的经济目的更明显,更多地把农家乐开办视为一种生计方式,这也反映了我国农家乐经营者开办农家乐主要出于致富谋生考虑的现实,说明中国农民生活仍然较为艰辛(图10-1)。

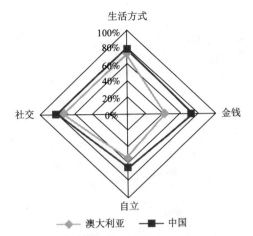

图 10-1　中西方乡村旅游经营者开业起始隐性目标对比

二、开业起始显性目标对比分析

(一) 显性目标共同点

中西方经营者的"居住在喜欢的乡村环境中"、"享受一种喜欢的生活方式"、"经济上独立"和"结识更多有趣的人"显性目标认同比例和认同度均居前，而"满足业余的兴趣爱好"、"可以让家人在一起"、"把乡村旅游企业作为家庭财产"、"赚钱养老"和"提高自己的名声和知名度"等显性目标认同比例和认同度均居后，说明中西方乡村旅游经营者开办乡村客栈的目的主要是考虑了乡村美丽的自然环境、乡村的生活方式、为了经济上不依靠他人实现经济独立以及结识更多的朋友等方面，而开办乡村客栈时，经营者较少考虑满足自己的兴趣爱好、家人团聚、把乡村客栈作为家庭财产、赚钱养老以及提高自我的名声和知名度等方面。

(二) 显性目标差异性

我国三地农家乐经营者"多赚钱"显性目标认同比例和认同度均明显高于澳大利亚西澳大利亚州的乡村旅游经营者，而"为了自己做老板"则正好相反，说明我国三地农家乐经营者开办农家乐出于致富的经济动机更明显，是一种生产型经营者，而对做老板羞于启齿，更多地表现出一种忸怩的经商行为。澳大利亚西澳大利亚州的乡村旅游经营者则对自己做老板实现自身的价值追求直言不讳，更多地体现为一种生活型经营者。从需求层次论来说，其追求目标相对较高，而赚钱的经济目的则不是其开办乡村客栈的主要目标(图 10-2)。

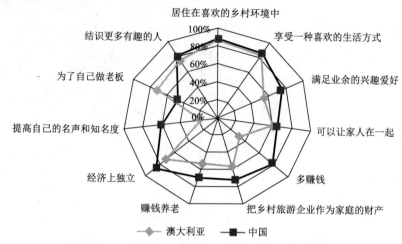

图 10-2　中西方乡村旅游经营者开业起始显性目标对比

第二节　中西方经营者正式经营目标对比分析

中西方乡村旅游经营者正式经营目标分析主要是考察在乡村旅游运营阶段，经营者的目标追求和心理诉求（表 10-2）。

表 10-2　中西方经营者正式经营目标对比

目标		澳大利亚西澳大利亚州					中国上海、武汉、成都				
隐性目标	显性目标	显性目标认同		隐性目标认同比例/%	显性目标认同度		隐性目标认同度	显性目标认同		隐性目标认同比例/%	显性目标认同度		隐性目标认同度
		比例/%	排序		比例/%	排序		比例/%	排序		比例/%	排序	
生意口碑	我想树立良好的企业形象	91.7	3	94.6	4.57	3	4.73	95.6	1	95.1	4.71	1	4.67
	提供高质量的产品和服务是我的第一要务	97.4	1		4.83	1		94.1	3		4.65	2	
	以很高的道德水准经营企业	94.8	2		4.79	2		95.6	1		4.65	2	
生意优先	想让企业发展壮大	78.1	5	58.8	4.24	5	3.63	86.7	4	62.1	4.35	4	3.69
	赢利赚钱	88.0	4		4.51	4		76.5	5		4.13	5	
	应该纯粹按商业理念经营乡村旅游	35.1	10		2.95	10		55.9	9		3.66	9	
	我想最后把企业以最好的价钱卖掉	33.8	11		2.80	11		29.4	12		2.63	12	

续表

目标		澳大利亚西澳大利亚州				中国上海、武汉、成都				
隐性目标	显性目标	显性目标认同		隐性目标认同比例/%	显性目标认同度		隐性目标认同度	显性目标认同		隐性目标认同比例/%	显性目标认同度		隐性目标认同度

隐性目标	显性目标	显性目标认同 比例/%	排序	隐性目标认同比例/%	显性目标认同度 比例/%	排序	隐性目标认同度	显性目标认同 比例/%	排序	隐性目标认同比例/%	显性目标认同度 比例/%	排序	隐性目标认同度
家庭优先	我更愿意把企业控制在适当规模而非无限的发展	76.6	6		4.21	6		63.2	7		3.84	6	
	经营乡村旅游接待，我的/家庭的兴趣是第一位	55.3	8	58.0	3.61	8	3.62	67.7	6	61.0	3.81	7	3.69
	从事乡村旅游接待的工作比赚很多钱更重要	72.4	7		4.05	7		60.3	8		3.68	8	
	正式的经营目标没有必要	27.6	12		2.59	12		52.9	10		3.41	10	
经营效果	目前我的企业经营水平达到了我的预期目标	50.6	9	50.6	3.43	9	3.43	42.6	11	42.6	3.10	11	3.10

一、正式经营隐性目标对比分析

(一) 隐性目标共同点

中西方经营者的"生意口碑"隐性目标认同比例和认同度均居首位，然后依次是"生意优先"、"家庭优先"和"经营效果"，"经营效果"隐性目标认同比例和认同度均居末位。相对其他三项隐性目标，"生意口碑"隐性目标认同比例和认同度明显较高。这说明在家庭客栈实际的经营过程中，"生意口碑"考虑是中西乡村旅游经营者开办乡村旅游家庭客栈首要考虑，而对"生意优先"和"家庭优先"则考虑较少。但从经营效果上来看，乡村客栈的经营收益并没有达到乡村客栈开办者的最初期望，说明其经济收益还不甚理想的现实（图 10-3）。

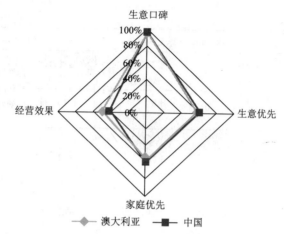

图 10-3　中西方乡村旅游经营者开业正式隐性目标对比

(二) 隐性目标差异性

我国上海、武汉、成都三市农家乐经营者"生意优先"和"家庭优先"隐性目标的认同度和认同比例均高于澳大利亚西澳大利亚州的乡村旅游经营者，而"生意口碑"和"经营效果"则基本上呈相反的趋势，说明我国三市农家乐经营者在实际的农家乐经营过程中对"生意"和"家庭"的考虑比澳大利亚西澳大利亚州的乡村旅游经营者略高，而对"生意口碑"的考虑则相对较低。同时，澳大利亚西澳大利亚州乡村旅游客栈的经营效果相对我国三市农家乐较好，估计与其对经营效果的多元化考虑有关，而国内农家乐经营者更注重经营的经济收益。

二、正式经营显性目标对比分析

(一) 显性目标共同点

中西方经营者的"我想树立良好的企业形象"、"提供高质量的产品和服务是我的第一要务"、"以很高的道德水准经营企业"、"我想让企业发展壮大"和"赢利赚钱"显性目标认同比例和认同度均居前，而"应该纯粹按商业理念经营农家乐"、"我想最后把企业以最好的价钱卖掉"、"正式的经营目标没有必要"和"目前我的企业经营水平达到了我的预期目标"等显性目标认同比例和认同度均居后。

以上说明二者乡村旅游经营者在实际旅游经营的目的主要是考虑了树立乡村客栈的形象、经营农家乐的高道德水准要求、提供高质量的产品和服务、赢利赚钱和家庭客栈的规模扩大等方面。西澳大利亚州乡村旅游经营者较少考虑的则是纯粹商业理念下的经营、把乡村客栈卖掉以及正式的经营目标没有必要，这说明其开办乡村客栈更多考虑生活方式和结交更多朋友，不会轻易把客栈卖掉。而经营效果不甚理想则说明目前的经营状况还没有达到经营者的预期（图 10-4）。

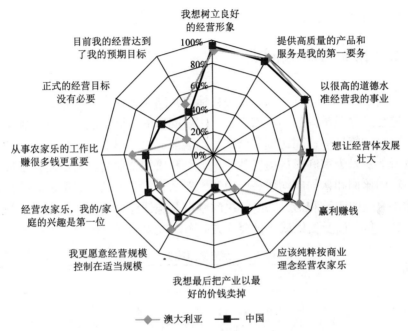

图 10-4　中西方乡村旅游经营者开业正式显性目标对比

(二) 显性目标差异性

我国三地农家乐经营者"想让企业发展壮大"、"应该纯粹按商业理念经营企业"、"我的家庭的兴趣是第一位"和"正式的经营目标没有必要"显性目标认同比例和认同度均明显高于澳大利亚西澳大利亚州的乡村旅游经营者，而"赢利赚钱"、"从事乡村旅游接待的工作比赚很多钱更为重要"和"目前我的企业经营水平达到了我的预期目标"则正好相反，说明我国三市农家乐经营者的商业意识更浓，对家庭和自我兴趣的考虑较多，估计是出于家庭小企业容易管理的考虑，认为正式的经营目标即使没有也不妨碍农家乐的经营。而澳大利亚西澳大利亚州的乡村旅游经营者则对自己能够工作以及从事工作赚钱更为重视，其预期目标也更容易达到。

第三节　中西方经营者家庭相关目标对比分析

中西方乡村旅游经营者的家庭相关目标主要是考虑了家庭的团结和谐、共同解决问题以及赚钱谋生等方面，而对乡村客栈未来的发展与传承以及提供就业机会等方面考虑较少。

一、家庭相关目标共同点

中西方乡村旅游经营者家庭相关目标的共同点表现为（表10-3、图10-5）：二者的"避免家庭成员间的不和谐"、"主要问题的共同解决"和"挣到足够的钱来养家糊口"等目标认同比例和认同度均居前，而"培养孩子成为未来的乡村旅游经营者"、"为家庭成员提供就业机会"和"把企业传给自己的孩子或家人"等目标认同比例和认同度均居后，说明二者乡村旅游经营者的家庭相关目标主要是考虑了家庭的团结和谐、共同解决问题以及赚钱谋生等方面，而对乡村客栈未来的发展与传承以及提供就业机会等方面考虑较少。

表 10-3　中西方家庭相关目标对比

项目	澳大利亚西澳大利亚州				中国上海、武汉、成都			
	显性目标认同比例/%	显性目标认同比例排序	显性目标认同度	显性目标认同度排序	显性目标认同比例/%	显性目标认同比例排序	显性目标认同度	显性目标认同度排序
避免家庭成员间的不和谐	73.1	2	4.04	2	72.0	3	3.85	3
主要问题的共同决策	81.3	1	4.34	1	88.2	1	4.44	1
培养孩子成为未来的乡村旅游企业经营者	34.3	6	2.72	6	32.4	9	2.94	9
为家庭成员提供就业机会	28.9	7	2.44	8	58.8	7	3.47	7
有和配偶同等工作的机会	58.1	4	3.58	4	60.3	6	3.50	6
把企业传给自己的孩子或家人	28.0	8	2.60	7	41.1	8	3.16	8

续表

项目	澳大利亚西澳大利亚州				中国上海、武汉、成都			
	显性目标认同比例/%	显性目标认同比例排序	显性目标认同度	显性目标认同度排序	显性目标认同比例/%	显性目标认同比例排序	显性目标认同度	显性目标认同度排序
挣到足够的钱来养家糊口	68.1	3	3.86	3	66.1	4	3.73	4
提高家庭在社会中的地位	10.4	9	1.83	9	64.7	5	3.68	5
确保家庭成员有很多在一起的空闲时间	50.2	5	3.39	5	72.1	2	3.87	2

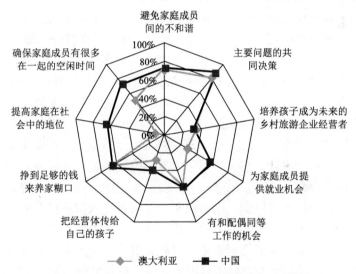

图 10-5　中西方乡村旅游经营者家庭相关目标对比

二、家庭相关目标差异性

我国三市农家乐经营者"提高家庭在社会的地位"和"确保家庭成员有很多在一起的时间"等目标认同比例和认同度均明显高于澳大利亚西澳大利亚州的乡村旅游经营者，说明我国三市农家乐经营者通过开办农家乐赚钱、致富的同时，对提高自己家庭和自身的社会地位更为在意。另外，我国三市农家乐经营者出于传统考虑，更想通过开办农家乐把家庭成员团结到一起，从而分享在一起工作生活的快乐。

第四节　经营者经营目标差异原因分析

中西方乡村旅游经营者多维目标的差异实质上在一定程度上反映了中国农民、特别是农家乐经营者的一些生存和发展状况以及他们的追求，在这个现象的背后蕴藏了很多很深刻的社会问题，值得进一步思考和研究。

一、乡村认知差异

中西方对乡村认知的差异。许多中国人把乡村等同于农村，实质上，农村和乡村两者之间有较大的差别。农村是一个面积广阔，人口稀疏，有共同生活方式及相互关系，以农业生产为主业的区域，无法容纳除农业以外的多种产业，非农业为主业的区域被排除在"农村"之外。所以，农村是乡村的一种类型。"乡村"概念，既能容纳"农业"，也能容纳"非农业"的多种产业，这是因为"农村"的概念是静态的，而"乡村"的概念是动态的(王洁钢，2001)。发达的乡村是可以承载旅游等第三产业的，而落后的农村难以承载更多的产业类型。

中西方经营者对乡村旅游认知的差异。不同的国家和发展阶段，旅游所承载的功能也有巨大的差别：在发展中国家，旅游更多的是一种产业功能，旅游业是促进国家经济发展的手段；在发达国家，旅游更多的是一种服务功能，旅游经营主要是满足居民旅游休闲需要的途径。旅游业承载的不同功能，势必造成旅游经营者对于经营行为的不同认识。国内农家乐经营者把农家乐更多地看成是一种旅游产品类型和经营方式。他们原来的生活状况较差，农家乐主要是一种农业生产的替代生计。国外乡村旅游经营者把乡村旅游更多地看成是一种具有"乡村性"的生活方式，乡村旅游经营已经不是谋生手段，只是另外一种生活方式。

二、社会制度差异

在中国，城乡不只是地域的概念，也有制度的概念和社会福利的差别。因为我国长期以来存在"二元社会结构"，即实行城市、乡村二元分割的不同社会制度，通过一系列分割城乡、歧视农民的制度安排而人为构建的城乡隔离的社会结构。二元社会结构包括的户籍、住宅、粮食供给、副食品供应、教育、医疗、就业、保险、劳动保障、婚姻、征兵等 10 余种制度，成为判断农民与市民阶层的依据(刘宁，2004)。城乡实施的不同制度，造成城乡居民的社会福利差别很大。改革开放后有一部分城乡的差距就明显缩小甚至消除了，如粮食、副食品供应纳入市场调节。但以户籍属地为先决条件的城乡二元结构不但没有消失，局部的差距甚至制度化了，如征兵，城市兵源可以安排就业，农村兵几乎很少安排；又如社会保障，城市阶层大多数可以享有，但农村大多数人不享有。目前阶段，由于中国社会保障不够完备，而且生存压力很大，特别是农村地区的社会保障更为欠缺，中国农民的生活更为艰辛，这种社会制度的压力自然体现在乡村旅游经营者的经营动机方面。

在美国和加拿大已经没有了中国传统意义上的农民，准确地讲应叫农业和农业食品业从业人口。农业从业人口与其他行业人员一样，享有相同的医保、养老保险等国民待遇，一样可以 60 岁退休，可以自由流动。农村社会保障体系完全建立起来，建立起了高福利社会，农业工人也享有最低工资和社会保障。而且，加拿大政府非常重视农业，支持农业的力度高于支持旅游等服务业的力度如补贴、税收等，兼营农家乐的种植、养殖业者没有必要也不会轻易迎合乡村旅游者而改变自己的做法。

三、文化背景差异

中国文化以家庭为本，注意个人的职责与义务。中国人的传统观念历来崇尚"四世同堂"、"合家团圆"，自古就有"父母在，不远游"的良言古训。在经营过程中，我国三市农家乐经营者的家庭共同决策以及家庭兴趣相对较高，实际上一部分农家乐经营是以家庭为单位运营的。同时，中国文化中对个人及家庭荣誉的考虑较多，追求的是家庭价值、家族荣誉，光宗耀祖、衣锦还乡等中国人引以为豪的。而中国人等级观念较强，家庭结构较复杂，传统的幸福家庭多为四代同堂等。具体表现在：开业时，我国三市农家乐经营者更喜欢通过开办农家乐提高自己和家人的名声和知名度以及提高自己家庭在社会中的地位。

西方文化以个人为本，注重个人的自由与权利。西方的个人本位的主要表现在：强调个人自由、个人权利、个人的独立性，而缺乏个人对家庭的责任感和义务感。西方文化背景下，个人主义的兴起导致家庭、家族纽带关系功能的相对松弛。西方人平等意识较强、家庭结构简单，由父母以及未成年子女组成核心家庭。既然要以个人、以自己为中心，当然就不可能以家庭中的某一成员，例如父母，为中心，也就不会产生强有力的孝敬观念。具体表现在：澳大利亚西澳大利亚州农家客栈经营者开业时更喜欢自己做老板，追求的目标更多的是一种生活方式。

Hofstede（1984）对于个人与他们所组成的整个社会之间的关系进行了研究。研究表明：为了让某种文化得以生存，每个人都必须在沟通的天平上放上调节"考虑自己"和"考虑他人"的砝码。"群体主义"强调的是共同利益，遵守习俗，团结合作以及互相依赖；而"个人主义"是一种对群体和个人区别对待的态度，其中每个人应该对自己的目标和行为采取"个人负责制"。由此可见，通过"个人主义"和"群体主义"这一对文化因素可以鼓励某群体的人们变得特立独行还是遵从权威。在全世界选取的 53 个国家中，美国、澳大利亚、英国以及加拿大等西方国家民众个体特征排在"个人主义"最普遍的排行榜上，而中国、马来西亚、新加坡和印度尼西亚等东方国家民众个体特征属于典型"群体主义"价值取向。

四、经济发达程度差异

由于乡村旅游的客源主要来自城市，国外乡村旅游发达的地区主要集中在发达国家，如美国、加拿大、日本、以色列等国，而发展中国家城市化程度较低，乡村旅游的发展也相对滞后。发达国家拥有较高的人均 GDP（不是 GDP 总量）和社会发展水平。根据 2005 年的标准，人均 GDP 在 10 000 美元以上（按名义汇率计算）加上一定程度的社会发展水平就可基本定义为发达国家。2005 年世界基金组织（IMF）报告表明，世界主要的乡村旅游发达国家的人均 GDP 都比较高：英国 36 977 美元、法国 33 126 美元、德国 33 099 美元、意大利 29 648 美元、西班牙 24 627 美元、美国 42 076 美元、加拿大 32 073 美元、日本 36 486 美元、澳大利亚 29 761 美元、新西兰 23 276 美元、以色列 16 987 美元；而我国的人均 GDP 刚刚超过 3000 美元，与这些乡村旅游发达国家的经济水平还有很大的差距。

根据国家统计局的数据，2007 年我国的城镇化率仅 44.94%，同发达国家和地区 80% 以上的城镇化率有较大的差距。在乡村旅游发达的国家，其乡村和城市到处是连在一起的。首先是基础设施完善，道路四通八达，停车场设施完备，标识系统完善；其次是服务设施完善，购物超市、医院、图书馆等公共服务设施配套齐全。最后农业生产方式先进，农业和农业食品业生产、加工和流通的机械化程度非常之高。现阶段的乡村旅游发达国家，整个社会的物质基础较好，相对而言，个人更具强调精神层面的价值追求的物质基础。国外的乡村旅游经营者，由于农业的收入比较稳定和可观，其收入来源主要不是旅游业本身。如澳大利亚西澳大利亚州乡村客栈经营者，更想结识更多的朋友以及更多地认为从事农家客栈的工作比赚钱更重要，乡村旅游经营不是他们的主要收入来源，乡村旅游作为一项产业运行的特征并不明显，这使得乡村旅游发展处于一种普遍但规模偏小的格局。

我国的乡村旅游经营者多为乡村社区原居民，原来的生活状况较差，开办农家乐主要是农民的一种致富手段，因此经营者对经济方面的考虑较多，对农家乐赚钱多少很在意，这也是他们开办农家乐的主要目的和动机，具体表现在开业时我国三地农家乐经营者更喜欢多赚钱、赚钱养老以及实现经济上的独立。有一部分非农村居民的投资者和经营者把农家乐视为一种投资手段和赢利方式，更多地具有产业运行的特点。乡村旅游承载了产业发展的功能，势必使得国内的农家乐经营向规模化经营的方向发展。

五、人口特征差异

城乡人口分布差别。在发达国家，城市地区集中了大部分的国民，而农村地区人口的比重很小，像法国，它的农业人口比重仅为2%。随着经济的发展，农村人口还在不断流失，为了保持传统的农业文化和缓解城市压力，解决农村地区劳动力不足的问题，政府想促使更多的人留在乡村，发展乡村旅游就是各国政府为之采取的一项重要措施。而在中国，情况恰恰与之相反，在中国的13.39亿人口中，超过一半以上的人口分布在乡村，农村地区劳动力严重过剩，中国政府发展乡村旅游，更多的是让更多的农民离开农村。

乡村人口构成差异。Mormont(1990)认为乡村人口可以划分为三种类型：乡村→乡村型(Rural-rural)，乡村→城市型(Rural-urban)，城市→乡村型(Urban-rural)。第一种类型包含的乡村人口有着典型的乡村生活方式，大多数人依赖对土地的所有权或直接通过土地而生存。乡村→城市型和城市→乡村型则在不同程度上拥有城市和乡村的生活方式，如经常往返于城市和乡村的乡村居住者、乡村的文职服务人员等等。在中国，乡村旅游经营者大都属于第一种类型(乡村→乡村型)，都力图向城市化过渡，摆脱乡村束缚；而在国外，乡村旅游经营者大都属于第二种、第三种类型(乡村→城市型、城市→乡村型)，没有乡村和城市的束缚，相对自由。不同类型的乡村人口和人口流向都造成了对待乡村旅游经营态度的巨大差异。

年龄结构差别。大部分发达国家步入老龄化阶段，劳动力是一种稀缺资源，就业条件较为充分，中青年人很容易在城市找到工作。同时，发达国家的人均工资较高。目前，如果中国的劳动力成本为1的话，美国的劳动力成本则为3.1，日本为3.0，中国香港为2.9，南非为2.6，韩国为2.2，印度为1.3。也就是说美国、日本等发达国家，劳动力的人均成本是中国劳动力的人均成本的三倍。另外一个方面，也说明了西方国家劳动者收入的高水平。[①]导致这些国家的中青年不愿意留在农村，更是很少人有从事乡村旅游经营，乡村旅游经营者也难以招到员工。中国有部分发达地区进入老龄化阶段，但总体而言人口红利仍然具有很大潜力，劳动力是一种丰富资源。中国已经有部分农民在城镇生活，但总体竞争激烈，很多农民难以在城市找到工作机会，不得不留在农村，一部分成为农家乐经营者，一部分成为农家乐企业员工。对于大多数中国农民而言，从事农家乐经营和服务是一种比农业生产更具有效率的生产行为。

六、生活方式差异

不同的气候条件和地理环境造成了中西方许多不同的生活方式。如美国、加拿大、澳大利亚都是地广人稀，居民喜欢安静，不喜欢大规模的群居生活；而中国的人口比较集中，而且喜欢热闹，愿意大家庭群居生活。这也在乡村旅游经营者身上有所体现：中国乡村旅游经营者大部分都想走集约化、规模化的道路，以实现其经营的规模经济，同时中国乡村旅游者也能够接受这种规模的乡村旅游经营方式；而西方国家的乡村旅游，其规模都比较小，经营者走家庭化、小型化道路，旅游者也相对习惯这种方式。

生活方式差异还体现在吃的方面。西方人不太注重吃，不太注重菜肴的形式及味道。西餐首先讲究的是营养搭配，其次再是味道；而中国人"民以食为天"，将吃放在最首要和最高位置。中餐首先讲究的是色香味形，其次再是营养搭配。中国乡村旅游经营者都比较重视"吃"的开发和经营，"吃"甚至成为最主要的旅游吸引物，而西方的乡村经营者对餐饮的关注很少，很多乡村旅游经营者甚至不提供餐饮服务。

---

① 牛文元. 中国劳动力成本依然具有全球竞争力. http://politics.people.com.cn/GB/1026/11980312.html。

参 考 文 献

保继刚, 孙九霞. 2006. 社区参与旅游发展的中西差异. 地理学报, 61(4): 401–413.

北京市旅游局. 2010. 乡村旅游"北京模式"研究. 北京: 中国旅游出版社.

陈蕾. 2004. 浅析农家乐的兴亡与发展. 四川经济管理学院学报, (3): 10–20.

陈翔, 孙志. 2008. 武汉市农家乐旅游发展的现状及未来. 全国商情(经济理论研究), (4): 122–123.

程道品, 梅虎. 2004. 桂林市郊农业旅游开发模式研究. 广西社会科学, (12): 117–119.

代则光, 洪名勇. 2009. 社区参与乡村旅游利益相关者分析. 经济与管理, 23(11): 27–32.

德鲁克 P. 2005. 卓有成效的管理者. 北京: 机械工业出版社.

杜江, 向萍. 1999. 关于乡村旅游可持续发展的思考. 旅游学刊, (1): 15–19.

范春. 2002. 论乡村旅游的开发. 渝州大学学报, (10): 20–23.

冯小霞, 张红. 2008. 农家乐旅游者出游决策的目的地相关因素分析——以西安市农家乐旅游者为例. 江西农业学
 报, 20(4): 127–130.

付方东. 2006. 乡村旅游对我国新农村建设的双重作用. 农村经济与科技, (11): 83–84.

高科. 2010. 文化遗产旅游原真性的多维度思考. 旅游研究, 2(2): 14–19.

郭焕成, 刘军萍, 王云才. 2000. 观光农业发展研究. 经济地理, (2): 119–124.

郭焕成, 任国柱. 2007. 我国休闲农业发展现状与对策研究. 北京第二外国语学院学报, (1): 66–71.

何红. 2003. 从休闲旅游到生态旅游——分析国内农家乐的发展趋势. 当代电大, (1): 20–22.

何景明. 2003. 国外乡村旅游研究述评. 旅游学刊, (1): 76–80.

何景明. 2004. 国内乡村旅游研究述评. 旅游学刊, (1): 92–96.

何景明. 2005. 成都市"农家乐"演变的案例研究——兼论我国城市郊区乡村旅游发展. 旅游学刊, (6): 71–74.

何景明, 李立华. 2002. 关于"乡村旅游"概念的探讨. 西南师范大学学报(人文社会科学版), 28(5): 125–128.

何景明, 马泽忠, 李辉霞. 2004. 乡村旅游发展中存在问题的调查与思考. 农村经济, (7): 36–38.

贺小荣. 2001. 我国乡村旅游的起源、现状及其发展趋势探讨. 北京第二外国语学院学报, (1): 90–93.

胡卫华, 王庆. 2002. "农家乐"旅游的现状与开发方向. 桂林旅游高等专科学校学报, (3): 79–83.

胡召芹, 贾倩. 2007. 构建和谐旅游目的地利益相关者关系. 武汉职业技术学院学报, 6(5): 32–34.

黄燕玲, 黄震方. 2008. 农业旅游地游客感知结构模型与应用——以西南少数民族地区为例. 地理研究, 27(6):
 1456–1465.

姜亦华. 2004. 发挥农业的生态功能. 生态经济, (2): 56–57.

李鹏. 2005. 农业旅游和农业关系的经济学透视——以云南罗平为例. 曲靖师范学院学报, (1): 60–64.

李鹏, 杨桂华. 2006. 多功能视角下的农业旅游. 社会科学家, (1): 120–122.

李星群. 2008. 乡村旅游经营实体创业影响因素研究. 旅游学刊, 23(1): 19–25.

梁微, 徐红罡, 托马斯 R. 2010. 大理古城生活方式型旅游企业的动机和目标研究. 旅游学刊, 25(2): 47–53.

刘德谦. 2006. 关于乡村旅游、农业旅游与民俗旅游的几点辨析. 旅游学刊, 21(3): 12–19.

刘静艳. 2006. 从系统学角度透视生态旅游利益相关者结构关系. 旅游学刊, 21(5): 17–21.

刘娜, 胡华. 2001. 成都郫县友爱农家乐现状剖析与发展思路. 国土经济, (1): 43–44.

刘宁. 2004-02-26. 我国城乡二元结构存在的主要问题及立法建议. 法制日报.

刘雪梅, 保继刚. 2005. 从利益相关者角度剖析国内外生态旅游实践的变形. 生态学杂志, 24(3): 348–353.

龙花楼, 刘彦随, 邹健. 2009. 中国东部沿海地区乡村发展类型及其乡村性评价. 地理学报, 64(4): 426–434.

卢璐, 刘幼平. 2002. 关于湖南乡村旅游突出分片发展的思考. 零陵学院学报, (12): 45–47.

卢云亭. 2006. 两类乡村旅游地的分类模式及发展趋势. 旅游学刊, 21(4): 6–8.

罗宾斯 S P. 2008. 管理学. 第9版. 孙健敏, 等译. 北京: 中国人民大学出版社.

马波. 1996. 开发关中地区乡村旅游的构想 // 中国地理学会旅游地理专业委员会等. 1996. 区域旅游开发的理论与实践. 南京: 江苏人民出版社.

马斯洛. 2007. 动机与人格. 第 3 版. 许金声, 等. 北京: 中国人民大学出版社.

马勇. 2007. 中国乡村旅游发展路径及模式——以成都乡村旅游发展模式为例. 经济地理, 27(2): 336–339.

彭兆荣. 2005. 旅游人类学视野下的"乡村旅游". 广西民族学院学报, 27(4): 2–7.

邱继勤, 保继刚. 2005. 国外旅游小企业研究进展. 旅游学刊, 20(5): 86–92.

任虹. 2004. 昆明乡村发展旅游的思考. 昆明冶金高等专科学校学报, 20(2): 93–96.

邵祎, 程玉申. 2006. 国外度假旅游的双轨现象及其对我国的启示. 旅游学刊, 21(3): 93–96.

宋瑞. 2007. 生态旅游: 全球观点与中国实践. 北京: 中国水利水电出版社.

田喜洲. 2002. 休闲旅游"农家乐"发展探讨. 北京第二外国语学院学报, (2): 72–74.

仝志辉. 2002. 农民选举参与中的精英动员. 社会学研究, (1): 45–46.

王兵. 1999. 从中外乡村旅游的现状对比看我国乡村旅游的未来. 旅游学刊, (5): 38–42.

王春香, 张志强. 2006. 企业目标与社会责任. 大连学院学报, 27(1): 80–84.

王广强. 2010. 基于乡村性的乡村旅游精英治理模式探讨. 湖南财经高等专科学校学报, (26): 22–24.

王洁钢. 2001. 农村、乡村概念比较的社会学意义. 学术论坛, (2): 126–129.

王梦奎. 2004. 中国现代化进程中的两大难题: 城乡差距和地区差距. 农业经济问题, (5): 4–12.

王秀红. 2008. 上海、武汉、成都城市近郊农家乐家庭相关目标实证研究. 旅游学刊, (4): 77–81.

王秀红, 许芳. 2009. 上海·武汉·成都城市近郊型农家乐经营者满意实证调查研究. 安徽农业科学, 37(19): 9254–9255.

王秀红, 徐静. 2009. 上海·武汉·成都城市近郊型农家乐存在问题实证调查研究. 安徽农业科学, 37(20): 9802–9803.

王秀红, 杨桂华. 2007a. 上海、武汉、成都近郊型农家乐经营者开业起始目标实证研究. 旅游学刊, (4): 36–42.

王秀红, 杨桂华. 2007b. 上海、武汉、成都近郊型农家乐经营者正式经营目标实证研究. 农业现代化研究, (7): 53–58.

王秀红, 杨桂华. 2009. "农家乐"对新农村建设的作用机制实证研究——以河南"农家乐"为例. 旅游研究, 1(4): 35–43.

王莹. 2006. 杭州国内休闲度假旅游市场调查及启示. 旅游学刊, (6): 44–48.

王云才. 2002. 国际乡村旅游发展的政策经验与借鉴. 旅游学刊, (4): 45–61.

魏从贤. 2008. 企业目标集中战略研究. 江汉石油职工大学学报, (3): 75–77.

文军, 李星群. 2007. 广西乡村旅游经济实体现状调查研究. 经济与社会发展, 5(2): 59–62.

乌恩, 蔡运龙, 金波. 2002. 试论乡村旅游的目标、特色及产品. 北京林业大学学报, 24(3): 78–82.

奚大中. 2010. 发展上海农业旅游产业的对策建议. 上海农业经济, (1): 43–45.

项辉. 2001. 乡村精英格局的历史演变及现状—土地制度—国家控制力—因素之分析. 中共浙江省委党校学报, (5): 24–26.

肖佑兴, 明庆忠. 2001. 关于开展云南乡村旅游的思考. 桂林旅游高等专科学校学报, (1): 33–35.

肖佑兴, 明庆忠, 李松志. 2001. 论乡村旅游的概念和类型. 旅游科学, 16(3): 8–10.

辛国荣. 2006. 观光农业的理论与实践. 北京: 中国大地出版社.

熊凯. 1999. 乡村意象与乡村旅游开发刍议. 桂林旅游高等专科学校学报, 10(3): 47–50.

杨多贵, 周志田, 陈劭锋. 2002. 发展观的演进——从经济增长到能力建设. 上海经济研究, (4): 3–9.

杨桂华. 2005. 生态旅游可持续发展四维目标模式探析. 人文地理, (5): 74–77.

杨桂华, 王秀红. 2006. 农家乐经营手册. 北京: 中国旅游出版社.

杨建翠. 2004. 成都近郊乡村旅游深层次开发研究. 农村经济, (5): 33–34.

杨旭. 1992. 开发"乡村旅游"势在必行. 旅游学刊, 7(2): 38–41.

杨振之, 黄葵, 周坤. 2010. 城乡统筹与乡村旅游. 北京: 科学出版社.

姚素英. 1997. 浅谈乡村旅游. 北京第二外国语学院学报, (3): 42–46.

约翰斯顿 R J. 2004. 人文地理学词典. 第 4 版. 柴彦威, 等译. 北京: 商务印书馆.

詹玲, 蒋和平, 冯献. 2010. 国外休闲农业的发展概况和经验启示. 种业导刊, (1): 36–38.

张静, 谭福庆. 2010. 云南西山乡村旅游游客满意度分析. 经济与法, (5): 294–295.

张利民. 2003. 乡村旅游开发刍议. 商业研究, 272: 172–174.

张利民, 董永仲. 2003. 乡村旅游开发与"体验经济"发展刍议. 经济经纬, (6): 117–119.

张骁鸣. 2006. 体制精英的个人经验及其对农村社区旅游的影响——皖南 X 村案例. 中国农村观察, (1): 30-38.

张小林. 1998. 乡村概念辨析. 地理学报, 53(4): 365–371.

张新. 2006. 武汉乡村休闲旅游发展研究. 商业经济文荟, (6): 53–55.

张艳. 2008. 旅游市场中各利益相关者分析. 黑龙江对外经贸, (1): 75–109.

郑健雄, 施欣仪. 2005. 新田园主义兴起与乡村旅游发展. 第三届休闲农业与乡村旅游学术研讨会.

郑群明, 钟林生. 2004. 参与式乡村旅游开发模式探讨. 旅游学刊, (4): 33–37.

周荣华. 2004. 成都"农家乐"发展现状调查研究. 社会科学家, (5): 93–94.

周三多. 2000. 管理学——原理与方法. 第 4 版. 上海: 复旦大学出版社.

周笑益. 2008. 上海农家乐旅游产品的创新开发. 中国商界, (6): 126–127.

邹统钎. 2005. 中国乡村旅游发展模式研究——成都农家乐与北京民俗村的比较与对策分析. 旅游学刊, 20(3): 63–68.

邹统钎. 2006. 乡村旅游发展的围城效应与对策. 旅游学刊, 21(3): 8–9.

Albacete-Sáez C A, Fuentes-Fuentes M M, Lloréns-Montes F J. 2007. Service quality measurement in rural accommodation. Annals of Tourism Research, 34(1): 45–65.

Albaladejo-Pina I P. 2009. Tourist preferences for rural house stays: evidence from discrete choice modelling in Spain. Tourism Management, 30: 805–811.

Aliza F, Abraham P. 2002. Tourism constraints among israeli seniors. Annals of Tourism Research, 29(1): 106–123.

Ateljevic I, Doorne S. 2000. Staying within the fence: lifestyle entrepreneur ship in tourism. Journal of Sustainable Tourism, 8(5): 378–392.

Bascom J. 2001. "Energizing"rural space: the representation of countryside culture as an economic development Strategy. Journal of Cultural Geography, 19(1): 53–73.

Breed M D, Robinson G E, Robert E. 1990. Division of labor during honey bee colony defense. Behavioral Ecology and Sociobiology, 27(6): 395–401.

Budowski G. 1972. Conservation as a tool for development. Tropical Countries Geoforum, 3(2): 7–14.

Budowski G. 1976. Tourism and environment conservation: conflict, coexistence or symphysis? Environment Conservation, 3(1): 27–31.

Carland J F, Boulton W, Carland J C. 1984. Differentiating entrepreneurs from small business owners. Academy of Management Reviews , 9 : 354-359.

Clarke J, Denman R, Hickman G. 2001. Rural tourism in Roznava Okres: a slovak case study. Tourism Management, 23(2): 193–201.

Cloke P, Edwards G. 1986. Rurality in England and Wales 1981: A replication of the 1971 index. Journal of Rural Studies, (2): 289–306.

Cloke P. 1977. An index of rurality for England and Wales. Regional Studies, (11): 31–46.

Daugstad K, Rønningen K, Schmied D. 2007. Winning and Losing. The changing geography of Europe's rural areas, ashgate, aldershot. Journal of Rural Studies, 23(1): 119–122.

Deegan D. 1997. Development and validation of an estuarine biotic integrity index. Estuaries, 20(3): 601–617.

Deller D. 2010. Rural poverty, tourism and spatial heterogeneity. Annals of Tourism Research, 37(1): 180–205.

Dewhurst P D.1996. Most Visited Tourist Attractions: An Evaluation of Success and Taxonomic Review. Manchester Meropolitan University.

Dewhurst P, Horobin H. 1998.Small business owners // Thomas R.The Management of Small Tourism and Hospitality Firms. London: Cassel.

Fan C N, Wall G, Mitchell C J A. 2008. Creative destruction and the water town of Luzhi. China Tourism Management, 29(4): 648–660.

Frater J M. 1983. Farm tourism in England—planning,funding,promotion and some lessons from Europe. Tourism Management, 4(3): 167–179.

Garcia-Ramon M D, et al. 1995. Farm tourism, gender and the environment in Spain. Annals of Tourism Research, 22(2): 267–282.

Gartner W C.2004. Rural Tourism Development in the USA. International Journal of Tourism Research, (6): 151–164.

Getz D, Carlsen J. 2000. Characteristics and goals of family and owner operated businesses in the rural tourism and hospitality sectors. Tourism Management, 21(6): 547–560.

Gilbert D, Tung L. 1990. Public organizations and rural marketing planning in England and Wales. Tourism Management, 11(2): 164–172.

Goffee R , Scase R. 1983. Class Entrepreneurship and the Service Sector : Towards A Conceptual Clarification. Service Industries Journal, (3): 146–160.

Halcro K, Buick I, Lynch P. 1998. A preliminary investigation into small Scottish hotels. CHME Research Conference, April, Glasgow.

Hall D R, Roberts L, Mitchell M. 2003. Rural Tourism and Sustainability a Critique. London: Ashgate Press,Ltd.

Hjalager A M. 1996. Tourism and the environment: the innovation connection. Tourism Marketing, 4(4): 201–218.

Hofstede G. 1984. Hofstede's culture dimensions: an independent validation using rokeach's value survey. Journal of Cross-Cultural Psychology, 15(4): 417–433.

Iakovidou O, Turner C. 1995. The female gender in Greek agrotourism. Annals of Tourism Research, 22(2): 481–484.

Inskeep E. 1998. Tourism planning: an emerging specialization. Journal of the American Planning Association, 54(3): 360–372.

Knight J. 1996. Competing hospitalities in Japanese rural tourism. Annals of Tourism Research, 23(1): 165–180.

Lane B. 1994. Sustainable rural tourism strategies: a tool for development and conservation. Journal of Sustainable Tourism, 2(1-2): 102–111.

Lane B. 1994. What is rural tourism? Journal of Sustainable Tourism, 2(1-2): 7–21.

Lerner M, Haber S. 2000. Performance factors of small tourism ventures: the interface of tourism, entrepreneurship and the environment. Journal of Business Venturing, 16(1): 77–100.

Long P. 1998. Rural Tourism Foundation Information Piece. University of Colorado: Boulder.

Luloff A E, et al. 1994. Assessing rural tourism efforts in the United States. Annals of Tourism Research, 21(2): 46–64.

Lumsdon L M, Swift J S. 1998. Ecotourism at a crossroads: the case of costa rica. Journal of Sustainable Tourism , 6(2) : 155–172.

Maestro R M H, Gallego P A M, Requejo L S. 2007. The moderating role of familiarity in rural tourism in Spain. Tourism Management, 28(4): 951–964.

McGehee N G. 2007. Gender and motivation for agri-tourism entrepreneurship. Tourism Management, 28(1): 280–289.

Mormont M. 1990. Who is rural? Or, how to be rural: towards a sociology of the rural // Marsden T, et al. Rural Restructuring: Global Processes and Their Responese. London: David Fulton.

Morrison A.1998.Small firm co-operative marketing in a peripheral tourism region International. Journal of Contemporary Hospitality Management, 10(5): 191-197.

Morrison A, Rimmington M, Williams C. 1999. Entrepreneurship in the Hospitality, Tourism and Leisure Industries. Oxford: Batter worth Heinemann.

Murphy A, Williams P W. 1999. Attracting Japanese tourists into the rural hinterhind: implications for rural development and planning. Tourism Management, 20(4): 487–499.

Oppermann M. 1996. Rural tourism in Southern Germany. Annals of Tourism Research, 23(1): 86–102.

Patmore J A. 1989. Countryside commission, planning for change: development in a green countryside, a discussion paper: countryside commission. Journal of Rural Studies, 5(4): 422.

Reichel A, Lowengart O, Milman A. 2000. Rural tourism in Israel: service quality and orientation. Tourism Management, 21(5): 451–459.

Richard S, David J T. 2002. Tourism and development: concepts and issues. Channel View Publications.

Robinson G M.1990 .Conflict and change in the countryside: rural society, economy, and planning in the developed world. London : Belhaven Press.

Rodenburg E. 1980.The effects of scale in economic development : tourism in Bali. Annals of Tourism Research, 7 (2) : 231–244.

Rowson W, Lucas R. 1998. The role of pay structures and labour costs in business success and failure with particular reference to small hotels. CHME Research Conference.

Shailer G. 1994. Capitalists and entrepreneurs in owner managed firms. International Small Business Journal, 12(3): 33–41.

Sharpley R. 2002. Rural tourism and the challenge of tourism diversification: the case of Cyprus. Tourism Management, 23(3): 233–244.

Shaw G , Williams A M. 1994. Critical Issue in Tourism: A Geographical Perspective. OxfordP/Cambridge: Blackwell.

Sheryl R, Geoffrey W. 1999. Ecotourism: towards congruence between theory and practice. Tourism Management, (20): 123–132.

Smith W L. 2006. Goals and characteristics of family owned small businesses: an international replication and comparison between Middle America and Western Australia hospitality providers. International Journal of Management and Enterprise Development, 3(3): 212–222.

Sokolov A V, Pulina M O. 2006. A study of recombinant human lactoferrin secreted in milk of transgenic mice. Doklady Biochemistry and Biophysics, 411(1): 336–338.

Sundgaard E, Rosenberg L, Johns N. 1998.A typology of hotels as individual players: the case of Bornholm, Denmark International. Journal of Contemporary HospitalityManagement, (5): 180–183.

Swarbrooke J. 1999. Sustainable Tourism Management. Washington. D. C: CABI.

Thomas R, et al. 1998. The national survey of small tourism and hospitality firms: annual report 1997–1998. Emerald Group Publishing Limited.

Thomas R. 2000. Small firms in the tourism industry: some conceptual issues. International Journal of Tourism Research, 2(5): 345–353.

Tim Ang, 姜旭平. 2008. 我的管理课堂: 目标管理课堂. 上海: 上海交通大学出版社.

Weaver D B, Lawton L J. 2001. Resident perceptions in the urban-rural fringe. Annals of Tourism Research, 28(2): 439–458.

Wight P A. 1993. Sustainable tourism: balancing economic, environmental and social goals with an ethical framework. Journal of Tourism Studies, (4): 56–64.

William C G. 2003. Small Firms in Tourism. Oxford: Pergamon Press.

Williams A, Shaw G. 1989. From tourist to tourism entrepreneur, from consumption to production: evidence from Cornwall. England Environment and Planning, 21: 1639–1653.

Williams R. 1975. The Country and the City. Oxford: Oxford University Press.

Ying T, Zhou Y G . 2007. Governments and external capitals in China's rural cultural tourism: a comparative study of two adjacent villages. Tourism Management, 28(1): 96–107.

后　记

　　我们都在乡村社会中成长，对乡村有很深的依恋情结，从事旅游研究自然也对乡村旅游更为关注。2005年，为编写导师杨桂华教授主编的《农家乐经营手册》，我们就在全国各地调研、摸底农家乐的发展情况，那时的工作为本书写作奠定了良好基础。后来，我们一直对全国各地乡村旅游和农家乐发展高度关注，积累了大量一手资料，也发表了一系列相关研究论文。期间，我们相继完成了各自的硕士、博士论文。

　　2009年，我们意识到前期工作和研究成果可以沉淀成一本书了，于是集中很长一段时间来充实文字、补充材料，利用两次出国的机会去考察国外乡村旅游经营者的经营情况。我们想通过农家乐这个切入点来看待和认识新时期的中国农民问题，从旅游的视角来认识中国农民问题，理解和知晓中国农民的困惑和困难。

　　本书凝聚了许多人的成果。江春雪参与了第四章第一、第二节的资料收集和初稿写作，柳青参与了第五章第二节的资料收集和初稿写作。本书写作过程中，李向明、李柏文对书稿大纲提出了建设性意见，张一群、戴艳、葛国保、冯艳滨、莫延芬、孙俊明、张凡、刘玉婷、陈曦、马建、朱俊伟、崔媛媛等参与了资料整理、文献收集、排版编辑、文字校对等辛苦的工作，深表感谢！

　　我们的老师——教育部工商指导委员会成员、中国旅游研究院学术委员、云南大学工商管理与旅游管理学院院长田里教授，我们的导师——"国家百千万人才"、"国务院特殊津贴"获得者、中国生态学会旅游生态专业委员会副主任、云南大学工商管理与旅游管理学院杨桂华教授拨冗为我们作序，以示鼓励。我们定当不辜负各位前辈的勉励，在学术的道路上走得更远。

作　者

2011年6月